河南省培育新型
小麦生产经营主体研究

刘 宁 著

中国农业出版社
农村读物出版社
北 京

　　本书由"河南省普通高校人文社科重点研究基地（河南农业大学农业政策与农村发展研究中心）""河南省软科学研究基地（河南省农村区域经济发展研究中心）"资助。

创新粮食生产经营方式（代序）

民以食为天，食以粮为先。食物的来源可以是植物、动物或者其他生物，人类借由采集、耕种、畜牧、狩猎、渔猎等许多种不同的方式获得食物。谷物因可再生种植、营养丰富、便于储藏等优势，成为全人类的主要食物，也是中国人的传统食物，几千年来一直是老百姓餐桌上不可缺少的食物之一，在我国的膳食中占有重要的地位，大米、小麦、玉米成为我国人口三大食粮之一。

粮食事关国运民生，粮食安全是国家安全的重要基础。农村实行联产承包责任制以来，我国农业连年丰收，粮食储备充裕，粮食产量从1982年的3.55亿吨增加到2021年的6.83亿吨，增长92%。在粮食种植面积有所下降的情况下，粮食产量却有了大幅提升，展示了粮食和重要农产品供给的保障能力，筑牢了国家粮食安全防线。然而，曾几何时，忍饥挨饿、食不果腹的年代令太多的人心有余悸。在经济全球化遭遇挫折、国际市场动荡不安的背景下，使得国人对粮食的重要性认知再次提升，守牢粮食安全底线，成为当前我国十分重要的任务。

在社会主义市场经济条件下，不仅要保证粮食生产的数量和质量，还要不断提高保证粮食生产经营的比较效益。唯此，才能真正夯实粮食安全根基，"把中国人的饭碗牢牢端在自己手中"。近年，我国现代化进程不断加快，农业的经营收入尤其是粮食生产种植的收入相比其他产业来讲，出现了持续下降的趋势。近些年出现的土地"非粮化""非农化"现象从一个侧面反映出粮食生产的比较效益低、粮食生产者积极性受挫的客观现实，从而引发了人们对粮食生产安全的担忧。

党的十八大以来，以习近平同志为核心的党中央把粮食安全作为治国理政的头等大事，提出了"确保谷物基本自给、口粮绝对安全"的新粮食安全观和大食物观，确立了"以我为主、立足国内、确保产能、适度进口、科技支撑"的国家粮食安全战略，始终坚持走中国特色粮食安全之路。习近平总书记指出，"对我们这样一个有着14亿人口的大国来说，农业基础地位任何时候都不能忽视和削弱，手中有粮、心中不慌在任何时候都是真理"。在新冠肺炎疫情反复发作、经济下行压力加大、外部环境发生深刻变化的复杂形势下，需要充分发挥好"三农"的压舱石作用，依靠自身力量端牢自己的饭碗，为应对各种风险挑战赢得主动，为保持经济持续复苏、社会大局稳定奠定基础。

然而，始终存在的"谷贱伤农"和"籴贵伤民"的经济社会实践悖论，使得粮食生产经营活动市场化受到很大限制，绝大多数国家重视本国粮食生产，尤其是具有一定人口规模的国家，采取了各种为保证粮食安全、保护农民利益的干预粮食市场的支农政策。但总的说来，效果并不理想。一是费用很高，要维持粮价，政府就要按保护价收购在市场上卖不掉的粮食，为此纳税人要支付相当大的粮食库存费用。二是由于种粮补贴方法的不完善和补贴对象选择的非精准性，一定程度上减缓了粮食生产的调整，对粮食生产的支持性干预总是显得力不从心。

长期以来，我国对粮食生产经营的基本稳定十分重视，不断采取多种措施对粮食生产和经营活动进行主动干预。一是根据生产力发展状况调整生产关系，改进粮食生产经营方式。从互助组、合作社到人民公社再到联产承包责任制，主要是调整以农民与土地的关系为核心的生产关系。二是采取地租和价格手段对粮食生产进行生产供给能力的调整。从农业税的收取到取消，从统购统销到国家定购，从价格保护到生产补贴，都是对粮食生产经营市场稳定性的干预。三是通过大力推广农业生产技术不断提升粮食产量。从农业生产技术研究与实验，到土地耕作、种子培育、播种收割、水肥施用、病虫害防治和灾害防范等多方面的技术服务，为我国粮食产量的持续提升提供了有效支撑。

当前，粮食生产安全最大的隐患主要有三个方面：一是我国种质资源的保护意识不强，优质良种的自给率不高，存在粮食"芯片"卡脖子隐患。二是粮食安全守护责任担负的不合理性和区域经济发展不平衡性。主要表现在区域及省份土地供给指标的不均衡性和粮食自给产出的不均衡性，使得部分粮食主产区承担了更多的粮食安全责任，但却没有得到相应的收益，以致粮食主产区城市以外乡村土地的产出效益还不足发达地区的三分之一，从而导致粮食主产区的人口、土地、资金、技术等生产要素大量外流。三是农村土地的碎片化、分散化、粗放化经营导致的粮食生产的比较效益低。农村土地双层经营及联产承包责任制存在的"统弱分强"的现状及以家庭为基本生产单位的分散经营，导致粮食生产成本高、产品单一、品质低下，进而导致粮食生产的比较效益低下，在国际粮食市场上竞争力较弱。

因此，筑牢粮食安全底线，一是要加强种质资源保护利用和生物育种产业化，加强农业生产特别是粮食生产的技术研发和成果推广，将"藏粮于地"与"藏粮于技"相结合。二是要加大粮食生产政策支持力度，保障种粮基本收入，保持粮食播种面积和产量稳定，主产区要努力发挥优势，产销平衡区和主销区要保持应有的自给率，共同承担起国家粮食安全的责任。三是要以大粮食观和大食物观为指导，创新粮食生产经营方式。从供给侧调整粮食生产产品结构，满足人们对粮食作物的多样化需求；将碎片化、分散化、粗放化的小农经营方式转换成集约化、规模化、机械化、数字化、绿色化的社会化经营方式，提升粮食生产的比较效益；以股份合作的经营机制构建和改造农业生产经营组织，重塑农业及粮食生产经营的市场主体地位，提升生产经营主体的市场博弈能力。

本书以河南新型小麦生产经营主体的典型案例为研究对象，总结出了"公司＋合作社＋家庭农场或农户"和"公司×合作社×家庭农场或农户"的粮食生产经营模式，并从如何培育新型小麦生产经营主体入手，有针对性地提出了以供给侧结构性改革为契机，建设优质专用小麦生产基地；以统筹城乡发展为目标，逐步减少传统农户的生产；加大对合作社和家庭农场的支持力度，使其成为新型小麦生产经营主体中的主力；做强小麦面粉业和食品加工业，使其真正成为新型小麦生产经营主体中的龙头；以三产融合为抓手，培育大型的小麦产业化经营联合体等方面的政策建议和主张，对着力解决我国农业发展中存在的深层次矛盾和问题，搞好农村集体经济组织与龙头企业、农民合作组织、规模化农场等粮食生产组织的有机结合，创新粮食生产经营方式，培育新型粮食生产经营主体，提高农业现代化水平，都具有一定的理论意义和参考价值。

河南农业大学乡村振兴研究院院长　张锟

2022 年 8 月 20 日

目　　录

创新粮食生产经营方式（代序）

1 绪 论

　　河南是我国的小麦生产第一大省，小麦生产经营的好坏直接关乎国家粮食安全，河南省如何在中央"深入推进农业供给侧结构性改革"的要求下培育新型小麦生产经营主体至关重要。近年，河南省小麦生产经营出现了一些新的特点，土地流转模式的规模经营遭遇困境，除了家庭农场、农民专业合作社、龙头企业等新型农业经营主体之外，由多个主体组成的新型小麦产业化经营联合体显示出很强的优势，值得关注。为了更好地研究河南省新型小麦生产经营主体的培育，课题组于 2016 年 6—9 月奔赴豫南、豫东、豫北的四市（南阳市、驻马店市、商丘市、安阳市）八县进行了系统和深入的调研，走访了 24 个小麦生产经营主体，发放 1 015 份调查问卷，对新型河南省小麦生产经营主体的现状和影响因素进行了认真梳理，并从中精心挑出有代表性的各类新型小麦生产经营主体进行了详细的案例分析。在此基础上，结合当前国家农业政策和今后小麦生产经营的发展趋势，就如何更好地培育新型河南省小麦生产经营主体提出对策和建议。

1.1　培育新型小麦生产经营主体的重要意义

　　小麦是河南省第一大农作物，以市场化为导向，培育新型经营主体，创新小麦生产经营体系，实现规模化、标准化和产业化发展，做大做强小麦产业，是河南省农业供给侧结构性改革的重中之重，是提高小麦品种，增加农民收入的重要举措，是统筹城乡发展，实现三产融合发展的基本路径。

1.1.1　做强小麦产业，实现供给侧结构性改革的第一抓手

　　河南是全国小麦生产大省，多年来，小麦产量占全国的比重都

在 27％以上，比排在第二位的山东省高出近 10 个百分点，是名副其实的全国小麦生产第一大省。然而，随着社会经济的发展，人民群众对生活品质的要求越来越高，不仅要吃饱，更要吃好，河南省作为小麦的主产区，竟然出现了向外地甚至国外购买小麦的现象，即所谓的"买粮难"。一方面是产量不断增加，库存爆满，供过于求；另一方面则是面粉加工企业到处寻找货源，以便生产出适合市场需求的面粉。供求双方的矛盾显而易见，供方的主要目标是"量"，需方则是追求"质"。小麦的供求双方的交易语言并不一致，生产者有国家的托市价格保障，产量越高越好，需方完全是市场主体，追求利益最大化。

为了破解供求双方的矛盾，在 2017 年中央 1 号文件《中共中央　国务院关于深入推进农业供给侧结构性改革加快培育农业农村发展新动能的若干意见》中，提出了农业供给侧结构性改革，优化产品产业结构，着力推进农业提质增效。统筹调整粮经饲种植结构。按照稳粮、优经、扩饲的要求，加快构建粮经饲协调发展的三元种植结构。粮食作物要稳定水稻、小麦生产，确保口粮绝对安全，重点发展优质稻米和强筋弱筋小麦。2017 年中央 1 号文件的发布，为全国粮食生产指明了方向，也是河南省建设小麦生产强省的一次重大历史机遇。

由于地理气候等各种原因，决定了河南省夏季作物只能是以小麦为主体，小麦播种面积每年占耕地面积的比例都在 80％左右。这说明农作物结构性调整任务很重，目前只能在小麦内部进行调整。但是，农户分散经营，严重制约了小麦生产结构的优化，国家的保护性收购价格又进一步强化了农户分散经营的不合理性，增加了结构调整的成本。创新生产经营主体，实现标准化、规模化生产，小麦分类生产、收储，就是小麦供给侧改革的突破口，是河南省农业供给侧结构性改革的第一抓手。

1.1.2　统筹城乡发展，实现一二三产有机融合的基本路径

小麦生产在河南省农村经济生活中占有最重要的地位，一方面，确保了饭碗的绝对安全，为国家做出了巨大的贡献；另一方

面，也限制了农业生产其他功能，强化了农民对土地的依赖，制约了城镇化的发展。统筹城乡发展，就是要把大部分农民从农业生产中解放出来，进入二三产业，缩小城乡差距，建设新型城镇化，实现一二三产业的有机融合。河南省农业做大的优势是小麦生产，通过新型经营主体的培育，引进小麦加工企业和社会资本，实现一二三产业融合发展，将河南省小麦产业做成特色与品牌产业，替代进口，在国内甚至世界市场确立领导地位。

1.1.3　落实中央政策，提高政策执行效率的重要平台

农户分散生产，其优势是制度与管理成本大幅度降低，生产积极性大幅度提高，其劣势是对市场反应不敏感，国家的政策传导客体分散，难以进行有效的调节，从而降低了政策的效率，政策执行的效果大打折扣。通过建立新型经营主体，有利于落实中央的各项农业政策，减少了中间的传导环节，放大了政策效应，有效提高了政策执行效率。如供给侧改革政策，不论是结构调整，还是降低成本，规模化生产的新型主体，远比一般的农户更加敏感，执行起来更加灵活和富有效率。还有农业保险政策，在分散的农户中实行，不仅效率低，效果也十分有限，但对于新型经营主体而言，农业保险的政策效果就非常好。

1.2　河南省小麦生产经营情况的整体评价

经过课题组的深入调研发现，目前河南省小麦产业从种植到加工、销售已经形成比较完整的产业链，产业链的各环节对接较为紧密；小麦的社会化服务体系比较健全，基本实现随叫随到的方便、快捷、高效服务；小麦生产的全程基本实现机械化，这为小麦生产经营的组织创新提供了很好的契机；小麦的加工实现了多元化的初加工，小麦相关产品越来越丰富，但是深加工亟待提高。普通农户、种植大户、家庭农场、合作社、龙头企业等多元生产经营主体积极参与小麦的生产和经营，由多个主体组成的小麦产业化经营联合体在河南省多地涌现，焕发出强大的生命力，发展前景可喜。

从对河南省农户的调查问卷来看，农户对小麦生产经营体系的

整体评价为"一般",其中认为"很差"和"较差"的分别占比7.17%和5.66%,认为"一般"的最多,占比为68.55%,认为"很好"的仅占比18.62%(图1-1)。在调查对象是否愿意种植小麦等传统作物这个问题上,愿意种植的农户仅占比17.38%,不愿意种植的占比为25.38%,说不清楚的农户占比最多,为52.69%。调研农户对当地农业社会化服务体系的认知,占比73.79%农户持"满意"态度,说明河南省小麦生产的社会化服务比较发达。

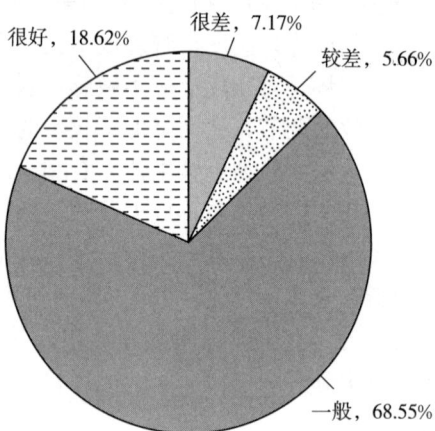

图1-1　调查农户对河南省小麦生产经营体系的整体评价

数据来源:课题组在河南省2016年的调研数据。

1.2.1　土地经营模式

从土地经营的模式来看,小麦的生产经营主要以普通农户的家庭经营为主,从课题组调研的数据来看,土地流转的农户占比为20%,也就是有4/5的小麦种植户仍保持着传统的家庭经营。

从土地流转的难易程度看,根据问卷调查的结果,认为"一般容易"的农户最多,占比为46.62%,有32.69%农户认为"较困难"。农户对土地规模化难易程度的认知和土地流转非常近似。有46.07%的农户认为"一般容易",有29.38%的农户认为"较难"。这说明虽然农户以家庭经营为主,但是如果有土地流转的机会或者规模化种植的机会,农户会比较容易接受土地流转或规模化种植

（图 1-2）。

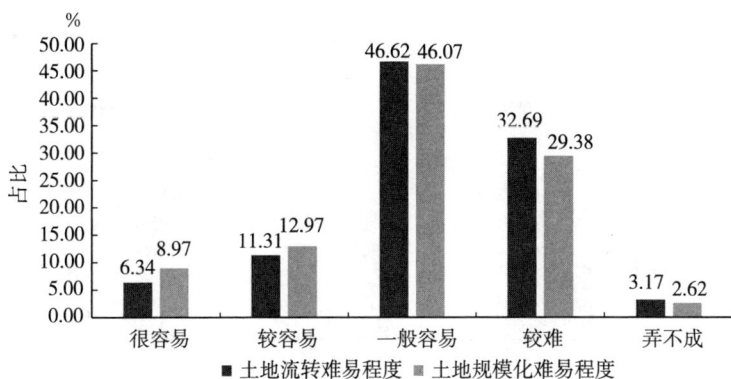

图 1-2 调查农户对土地流转和土地规模化难易程度的态度

数据来源：课题组在河南省 2016 年的调研数据。

1.2.2 成本收益对比

从生产成本看，课题组把小麦每年一亩地花费的总成本分为 1～200 元、201～500 元、501～800 元、801～1 000 元、1 000 元以上五个层次，调研结果显示：每亩的成本主要集中在 201～500 元，占比为 39.72%，成本在 501～800 元的农户占比为 33.10%，有 19.72% 的农户的成本在 801～1 000 元。根据课题组对全省 725 户农户的问卷调查数据整理可知：从小麦近三年亩均成本看，每年的成本均有小幅增长，从 2014 年的 475.64 元，到 2015 年的 481.95 元，增长了 6.31 元，2016 年又增长了 9.65 元，增长至 491.60 元。

从收益的角度看，课题组把小麦每年亩均纯收入分为 1～200 元、201～500 元、501～800 元、801～1 000 元、1 000 元以上五个层次，调研结果显示：每亩的收入主要集中在 501～800 元，占比为 36.14%，收入在 801～1 000 元的农户占比为 27.59%，有 14.76% 的农户亩均收入在 1 000 元以上。根据课题组对全省 725 户农户的问卷调查数据整理可知：从小麦近三年亩均收入看，呈现波动的状态，从 2014 年的 699.25 元，到 2015 年的 720.04 元，增长了 20.79 元，但 2016 年又减少了 29.69 元，减少至 690.35 元（图 1 - 3）。

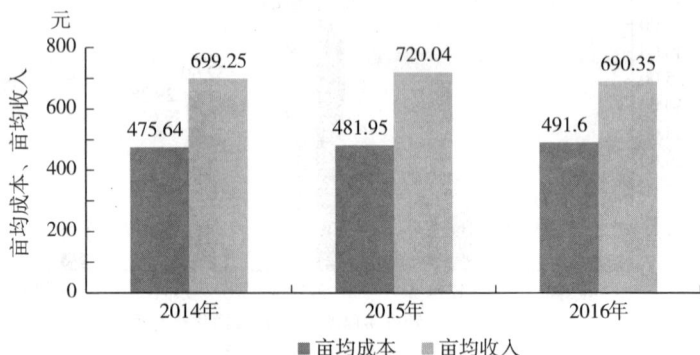

图 1 - 3 2014—2016 年小麦亩成本、亩收益对比

数据来源：课题组在河南省 2016 年的调研数据。

1.2.3 面临的经营困难

从河南省小麦生产经营中面临的困难来看，课题组把这些困难分成 9 个方面，从表 1 - 1 可以看出，占比近一半的农户认为从事农业积极性不高是小麦种植的首要困难，经过改革开放近 40 年的发展，如何进一步激励农民的种植积极性是个棘手的问题；占比

表 1 - 1 调查农户对河南省小麦生产经营中面临的困难评价

困难类型	农户认同比例（%）
从事农业积极性不高	49.66
土地流转比较困难	40.97
农业政策不够优惠	31.45
缺乏规模化组织参与	31.31
小麦价格太低	27.59
种植成本高	26.62
劳动力数量不足且素质不高	19.31
市场和自然风险大	13.10
利润分配不合理	3.45

数据来源：课题组在河南省 2016 年的调研数据。

40.97％的农户认为土地流转比较困难，占比 31.31％的农户认为缺乏规模化组织参与，这两个困难反映了同一个问题：农民渴望规模化种植的呼声越来越高；占比 27.59％的农户认为小麦价格太低，这也是我国这几年小麦市场亟待解决的主要问题之一；占比 26.62％的农户认为种植成本高，这也是为什么要创新小麦产业化经营联合体的主要动力之一，这种联合体可以有效地降低种植成本；占比 19.31％的农户认为农业劳动力数量不足且素质不高，占比 13.10％的农户认为市场风险和自然风险较大，需要农业保险的有效保障。

1.2.4 政府的支持和服务

在调查农户"您对当地政府对农业的支持和服务是否满意"时，分别有占比 14.62％、23.72％和 38.34％的农户认为"满意""比较满意"和"一般满意"，也就是共计有 76.68％的农户持"满意"的态度，说明政府的服务做得比较好。在调查农户"您对我国和当地的农业政策是否满意"时，分别有 17.66％、25.10％和 39.31％的农户认为"满意""比较满意"和"一般满意"，也就是共计有 82.07％的农户持"满意"的态度，说明我国中央和地方政府的惠农政策普遍受到农户欢迎（图 1-4）。

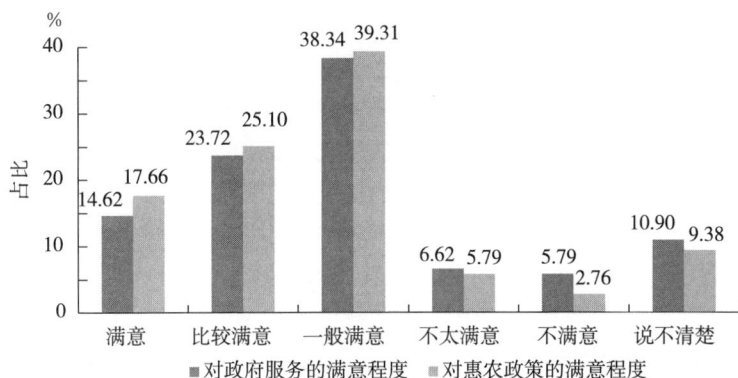

图 1-4 调查农户对政府支持服务和惠农政策的满意程度对比

数据来源：课题组在河南省 2016 年的调研数据。

目前，河南省对农业新型经营主体的支持力度越来越大。以金融支持为例，2017 年 10 月，河南省发展改革委、国家开发银行河南省分行出台《河南省开发性金融支持返乡创业促进脱贫攻坚实施方案》，其中提出，返乡创办家庭农场、农民专业合作社最高可获 300 万元贷款。

2 河南省小麦生产经营主体的发展历程

2.1 分分合合改革阶段（1927—1977 年）

20 世纪初，当时政府实施的是封建剥削的土地制度。农民种了万担粮，却饿断肠，占人口 5％以下的地主却占有了 60％以上的土地。

1927—1937 年，土地革命战争时期，打土豪，分田地，农户获得了土地，经营小麦，受到巨大激励，产生很好的制度效果。1928 年 3 月，在酃县的中村与桂东的沙田开展了最早的"打土豪分田地运动"。1928 年 5 月，召开了中共湘赣边界党的第一次代表大会，制定了"深入割据地区的土地革命"政策，开展了轰轰烈烈的土地革命运动。1928 年 12 月，湘赣边界工农兵政府制定中国共产党领导下第一部成文土地法——《井冈山土地法》，掀起了井冈山革命根据地全面分地的高潮。

1937—1945 年，抗战时期，为了团结农民、地主一致抗日，在抗日革命根据地实施"地主减租减息、农民交租交息"，效果不错。中国共产党领导的各抗日根据地建立了各种形式的合作社，如生产合作社、消费合作社、粮食合作社、信用合作社等。从合作社的建立、合作社的组织、管理原则等方面充分体现了"一切为了群众，一切依靠群众，从群众中来，到群众中去"的群众路线。

1945—1949 年，解放战争时期土地改革政策包括没收地主土地，废除封建剥削的土地制度，实行耕者有其田的土地制度，按农村人口平均分配土地。其路线为依靠贫雇农，团结中农，有步骤分别地消灭封建剥削土地制度。

新中国成立后，废除封建剥削的土地所有制，实行农民土地所有制，开始实施家庭经营。由于国家彻底废除了数千年的封建剥削土地制度，解放了农村生产力，为农业发展开辟了道路。但是由于新中国成立初期我国整体的生产力水平太低，农民连基本的农具都没有，生产关系和生产力不配套，小麦种植的生产力十分落后。于是，1953—1956 年我国开展合作社运动，中共中央于 1953 年 12 月通过《关于发展农业生产合作社的决定》，要求把全面推进农业生产合作、供销合作和信用合作，作为对小农经济进行社会主义改造的三种形式同步进行。全国普遍成立大大小小的合作社，让农民合作起来，共享农具，以利于互相帮助。合作化初期，在实践中遵循了自愿互助的原则，又结合中国农村的实际情况，在保留农民财产私有的基础上，利用互助协作的力量来发展生产力，因而得到广大农民的普遍拥护，小麦经济以较快的速度增长，初级合作化运动取得了显著成效。但是合作化运动后期，合作化运动走上集体化的道路。1956 年年底，参加合作化的农户猛增到占全体农户的96.3％，其中有 87.8％是完全实行集体所有制的高级社。到 1958年，这种规模过大、公有化程度过高的高级社，又被"一大二公"的人民公社所取代。

1958—1977 年，将近二十年的时间里，我国实施人民公社制度，小麦经营主体是人民公社，由于这个制度和生产力不能匹配，这些合作社规模过大，内部管理成本过高，出现了众多弊病，亟待改革。

2.2 家庭联产承包阶段（1978—2005 年）

1978 年以后，我国实施了家庭联产承包责任制，小麦生产经营主体发生较大变化。从以集体经营为主转向以家庭经营为主，个别乡村（不到 10％）保留了集体经营的传统。在这个阶段，家庭经营主体焕发出巨大生机，农户经营积极性得到极大激励，小麦生产的数量和质量都得到快速提升。

2.3 多元主体发展阶段（2006—2016 年）

在这个阶段，小农户、专业大户、家庭农场、农民专业合作社、龙头企业等多个小麦经营主体并存。

2006 年，以《中华人民共和国农民专业合作社法》实施为标志，我国进入了小麦经营主体多元发展阶段，河南省农民专业合作社如雨后春笋般出现，合作社成为小麦经营主体的重要力量。龙头企业的力量也不可小觑，由于这些企业实力强，规模大，虽然数量不多，但是发挥的作用很大。同时，家庭农场也在这个阶段有了较大发展。2008 年，党的十七届三中全会第一次提出将家庭农场作为农业规模经营主体之一。随后，2013 年中央 1 号文件《中共中央　国务院关于加快发展现代农业进一步增强农村发展活力的若干意见》再次提到家庭农场，鼓励和支持承包土地向专业大户、家庭农场、农民专业合作社流转。

2.4　新时代联合发展阶段（2017 年至今）

进入新时代，随着科技发展，为了进一步减少交易成本，河南省出现了多个小麦经营主体联合的趋势。相关政府部门给予大力支持。联合体最早的实践源于 2012 年的安徽省宿州市，刚开始运作就显示出极大的优势，它的生产成本只是传统农户的一半，农产品质量显著提升，农民收益增加，因此迅速发展起来。2017 年，农业部联合有关部门发布《关于促进农业产业化联合体发展的指导意见》，我国第一次将农业产业化联合体提上日程，中央财政开始提供相关项目支持，这标志着农业产业化联合体被国家正式提上议程，在全国范围内开始推广。目前，全国已有十几个省份开展了示范创建，认定省级产业化联合体上千个。

据调研，小麦产业化联合体是河南省农业产业化联合体最主要的种类。农业产业化联合体是我国农村新型的先进的组织创新形式，因此，小麦产业化联合体发展的好坏关系到河南省乡村振兴战略的成败，更关系到我国粮食安全的保障。

3 河南省新型小麦生产经营主体的发展现状

　　新型小麦生产经营主体是相对于传统农户而言的，一般是指在小麦的生产经营过程中，家庭农场、农民专业合作社、龙头企业，以及由两个或两个以上不同类型的生产经营主体通过相加（密切联系）或相乘（交叉融合）的方式形成的小麦产业化经营联合体。

　　根据课题组 2021 年的调研，河南省小麦生产经营的现状为：有 64.55% 的农户以分散经营为主，有 35.45% 的农户属于"大户、合作社、企业等组织参与，形成规模化种植"，可见新型小麦生产经营主体目前在河南省的比重还不是很大。

3.1　家庭农场

　　2013 年中央 1 号文件首次提出，要鼓励和支持家庭农场发展。在河南省，家庭农场是 2013 年前后才兴起的新型土地规模经营主体，其定义为：以家庭成员为主要劳动力，从事农业规模化、集约化、商品化生产经营，并以农业收入为家庭主要收入来源的新型农业经营主体。家庭农场的定义每个地区都不一样，以地方实践为主，中央层面尚未对其做明确定义。从调研的情况看，目前家庭农场的发展不是很好，今后需要进一步调整思路。

3.1.1　数量和规模

　　尽管家庭农场主具备较强的技术能力和生产实践经验，但由于缺少资金，对基础设施和生产资料长期性投入能力不足，加上土地流转不规范引发的隐忧，使农场主扩大生产的积极性受到影响。目前，河南省经营小麦的家庭农场数量不多，不足 3 万户，尚需进一步发展。

　　2016 年，河南省有工商登记的家庭农场 35 392 个，数量只占全国总数的 4.07%。河南省工商注册农民专业合作社数量是家庭农场数量的 3.94 倍,这说明家庭农场还有待加快发展。河南省被县级以上农业农村部门认定为示范性家庭农场的只有 2 282 个,仅占全省家庭农场数量的 6.44%。

根据课题组的问卷调查,河南省家庭农场的平均规模是 101.61 亩[①],基本符合现阶段我国适度规模经营的规律。从分布区间看,六成的家庭农场规模为 50~100 亩,有个别农场超过 200 亩,甚至 1 000 亩。

3.1.2 面临的困境

目前,家庭农场遭遇到一些困难:一是土地资源约束紧,用地困难多。流转土地的交易成本高,土地连片难,租地成本高。2016 年全省家庭农场平均租金超过 800 元/亩。扩大土地规模后设施用地困难。当扩大规模后需要建设晒场、仓库等,但土地审批很难。二是劳动力和农资等要素价格上涨较快,盈利困难。三是融资难。农业是一个资金需求量大的行业,根据调研,相当一部分家庭农场因为土地租金的压力运转困难,有退回所租土地的趋势。目前运转较好的家庭农场基本都在搞循环经济,种养结合的家庭多种经营,同时经营小麦、玉米、蔬菜等多种农作物。四是家庭农场的农业基础设施相对薄弱,相当比例的耕地旱不能浇、涝不能排,雨天粮食拉不出去,致使生产成本大大提高,制约规模化农业的发展。粮食储存投入高,还有农业保险政策落实难,经常有不赔的恶意行为。

3.2 农民专业合作社

农民专业合作社是在农村家庭承包经营基础上,同类农产品的生产经营者或者同类农业生产经营服务的提供者、利用者,自愿联合、民主管理的互助合作性经济组织。农民专业合作社以其成员为主要服务对象,提供农业生产资料的购买,农产品的销售、加工、运输、贮藏以及与农业生产经营有关的技术、信息等服务。

从 2006 年《中华人民共和国农民专业合作社法》颁布以来,

---

① 亩为非法定计量单位,1 亩≈667 米^2。下同。——编者注

经过这些年的探索和发展，河南省的农民专业合作社发展迅猛，各类合作社数量达到13万以上，其中涌现出一批运行较为规范、利益分配较为合理、引领社员共同富裕的合作社。但是经营小麦的合作社数量很少，多数合作社种植蔬菜等经济作物。以2016年河南省农民专业合作社国家示范社为例，30家示范社中仅有10家粮食种植合作社，仅占三分之一，其他都是经济作物、中药、林果类合作社。目前的小麦种植合作社多数由农机合作社发展而来，一般都有比较齐全的农机，甚至有自己的农机修理车间，已经形成相当的规模，基本能够完成小麦种植的全程服务，可以实现土地托管的半托直至全托服务。

3.2.1 发展现状

1. 规模与速度

从总体规模来看，河南省农民合作经济组织的规模较大。截至2016年，河南省共有新型经营主体21.8万家，其中农民合作组织有11万家，居全国第2位，平均每个行政村拥有将近3家合作社。

从农民合作社的数量上看。2007—2016年这十年河南省农民合作经济组织的数量呈快速发展的态势（图3-1）。根据发展速度

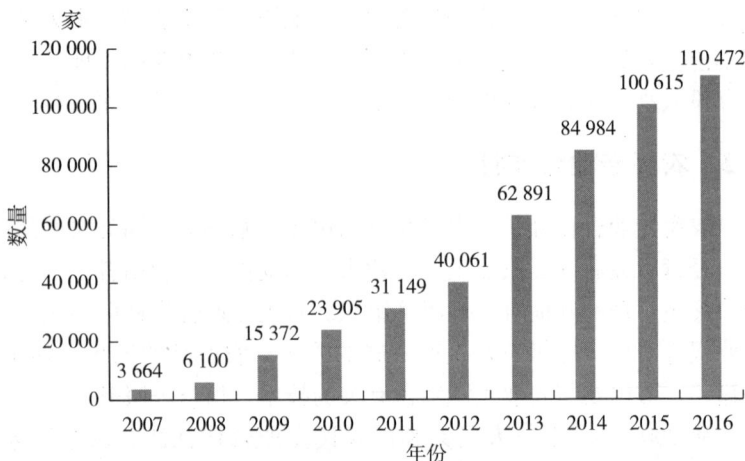

图3-1　2007—2016年河南省农民专业合作社数量变化情况

资料来源：河南省农业农村厅统计资料。

可以分为四个阶段：2007—2008 年，缓慢增加阶段，年增速 2 000
多家；2010—2012 年，快速发展阶段，年增速 8 000 多家，到
2012 年达到 4 万家；2013—2015 年，迅猛发展阶段，年增速 1.3
万家；2013 年是个节点，合作社迈入一个迅猛发展的时期，2013
年一年增加了两万多家，达到 62 891 家，到 2015 年已经突破 10
万家；2016 年至今，稳健增长阶段，年增速 1 万家，截至 2016
年，河南省共有农民专业合作社超过 11 万家（110 472 家），是
2007 年的 30.15 倍，逐年增长的态势明显。

从合作社成员数量来看，2007—2015 年，河南省农民专业合
作社成员数量和带动非成员数量都呈现增长的趋势（图 3 - 2）。
2016 年全省合作社成员数量为 330.84 万人（占全省农村人口总数
的 6.55%），是 2007 年的 10.45 倍，占全省农户总数的 39.25%，
也就是说河南省全省有三分之一还多的农户参加了不同种类的农民
合作经济组织；每个合作社社员数量平均约为 30 个社员；每个村
平均约有 2.35 个农民合作组织，较 2007 年的 1.94 个，多了 0.41

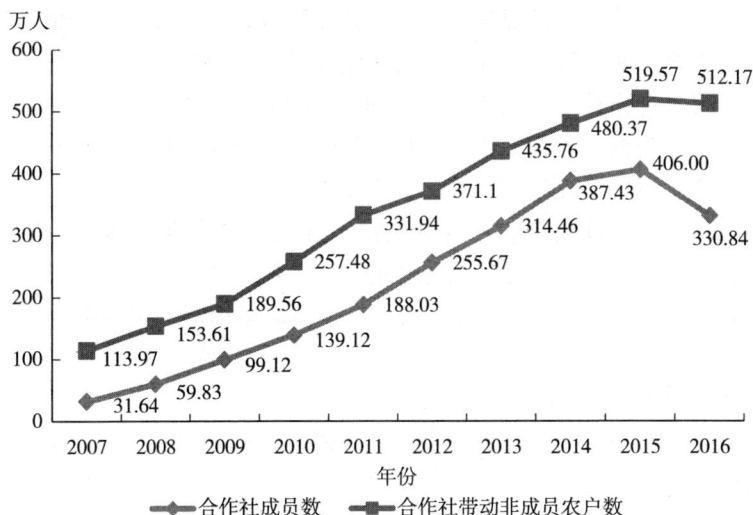

图 3 - 2 2007—2016 年河南省农民专业合作社
成员数量和带动非成员数量

资料来源：河南省农业农村厅统计资料。

个合作组织。农民合作经济组织带动非成员农户数 512.17 万户，培训成员数达 715.71 万人。

从合作社成员内部结构看，普通农户数量最多，所占比例最大；其次是专业大户及家庭农场成员，呈逐年下降趋势，2016 年仅占 2.03%；企业成员也逐渐减少，2016 年仅占 0.49%；最少的是其他团体成员数。由此可见，普通农户日益成为合作社最主要的成员。

2. 服务内容

十年来，合作社的服务内容不断扩展，农民专业合作社由初始的生产、技术、信息服务为主，逐步向销售、运输、贮藏、加工等各个环节延伸，已覆盖整个农业产业链。服务领域从粮、棉、油、肉、蛋、奶、果、蔬、茶等主要产品的生产与加工，到农机、植保、土肥、金融、民间工艺、旅游、休闲农业等多领域都有涉足。随着经营规模的扩大，合作社服务区域也在不断拓展，部分农民专业合作社已开始向跨乡镇、跨县域、跨省市发展。目前，全省超过50% 的合作社为成员提供产加销一体化服务，开展统一生产资料供应、农机作业、统防统治、技术信息、加工储藏、产品销售等服务。很多合作社能带动普通农户连片种植，以"农机、农技、农资"服务为核心，并提供专业化、集约化、规模化地从种到收全程化社会化服务，提升了农业服务规模水平。

按照合作社服务的内容分类：产加销一体化服务最多，2016年该类服务约占当年合作社总数的 50.55%，以提供生产服务为主的合作社占 32.77%，以提供购买、仓储、运销、加工服务为主的合作社分别占 4.81%、0.98%、1.84%、1.85%（图 3-3）。

3. 市场竞争力

虽然河南省的农民专业合作社总体规模居全国第二，但是单体规模不大，实力不够强，市场竞争力仍然缺乏，市场叫得响、社会知名度高的区域性、大品牌合作社少之又少，合作效应尚未充分显现。合作社服务的土地面积普遍偏小，大部分在万亩以下。从社员数量看，每家合作社平均仅有 30 个社员；以注册商标拥有量和通

加工服务为主，1.85%
运销服务为主，1.84%
仓储服务为主，0.98%
购买服务为主，4.81%
其他，7.20%
产加销一体化服务，50.55%
生产服务为主，32.77%

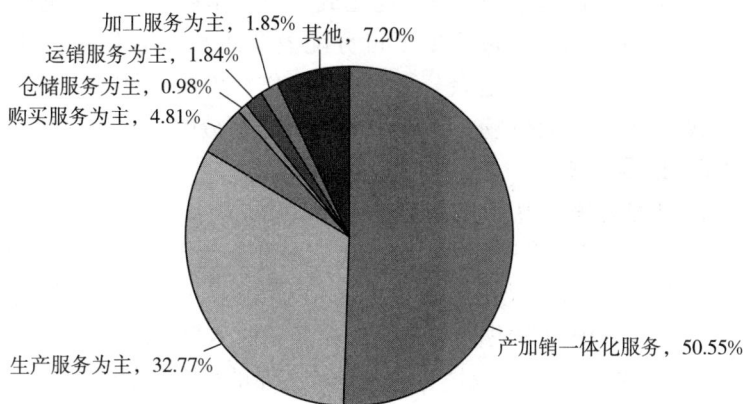

图 3-3 2016 年河南省农民专业合作社按业务类型分类的情况
资料来源：河南省农业农村厅统计资料。

过农产品质量认证为例，虽然拥有注册商标的合作社数量和通过农产品质量认证的合作社数增加，但是拥有注册商标的合作社占比下降，从 2007 年的 7.12％降为 2016 年的 3.69％；通过农产品质量认证的合作社占比下降，从 2007 年的 7.01％降为 2016 年的 1.73％。

4. 规范化程度

经过十年的建设，虽然合作社在规范化建设上面有很大的进步，但是很多方面仍不尽如人意。多数合作社虽然有章程规定和财务管理制度，但是没有真正落实，不能切实做到依章办事。从民主管理上看，多数合作社的"三会"（代表大会、理事会、监事会）制度和一人一票治理机制没有真正建立，普遍存在着理事长一人独大的现象，成员的民主权利不能得到有效保障。从财务管理看，成员账户制度没有好好实行，很多合作社没有档案准确记载每名成员的出资额、公积金量化份额、与合作社交易量（额）、国家财政补助形成财产平均量化份额等，成员的财产权利有所损害。最重要的是盈余分配制度在实践中很混乱，例如，十年来，在提留公积金、公益金及风险金上面，做到提取的合作社数量占比平均仅有

22.36％，可分配盈余按交易量返还成员的合作社数量占比也仅为27.33％，其中返还金额不低于可分配盈余的60％合作社占比更少，仅有21.33％。对盈余分配大多数合作社均按照股金分配，没有按成员与本社的交易量（额）比例返还进行分配。

3.2.2 取得成绩

1. 市场竞争能力有大幅提升

随着合作社的发展壮大，河南省农民专业合作社市场竞争能力有大幅提升，带动产业发展的能力也大大增强，提高了合作社的效益。2016 年，河南省农民专业合作社经营收入共计 305.84 亿元，是 2007 年的 8.08 倍，农民专业合作社上缴的税金总额 4.86 亿元，加入合作社的农户平均收入要比未入社农户的平均收入高出 30％以上。2021 年，全省有 2 000 多家农民专业合作社拥有注册商标，4 000 多家合作社实施了标准化生产，4 100 多家农民专业合作社通过了农产品质量认证。通过"农社对接""农超对接""农校对接"，全省范围内与社区、超市、批发市场、学校等建立稳定产销关系的专业合作社有 2 086 家，年销售农产品金额达到 23.02 亿元。

一是统一化程度和标准化程度迅速提升。

从生产的投入值和产出值看。2007—2016 年，合作社统一组织销售的农产品总值呈上升趋势。2007 年仅有 54.75 亿元，2016 年增长到 446.47 亿元。从农业生产的投入品来看，2007 年，统一组织购买的农业生产投入品仅有 12.46 亿元，而到了 2016 年已经增长到 218.24 亿元（图 3 - 4）。

农民专业合作社组织广大社员进行标准化生产，统一进行销售，提高了农民在市场竞争中的地位。2016 年，实施标准化生产的合作社数量为 4 081 个，农民专业合作社产品通过"农超""农社""农企""农校"对接项目的引导，有 6 000 多家农民专业合作社与超市、批发市场、学校等建立稳定产销关系，农民专业合作社产品的销售渠道逐步拓宽。如图 3 - 5 所示，统一销售和统一购买的合作社的数量呈逐年增长的趋势。其中，统一销售农产品达 80％以上的合作社从 2008 年的 12 308 个增长到 2014 年的 28 191 家，到

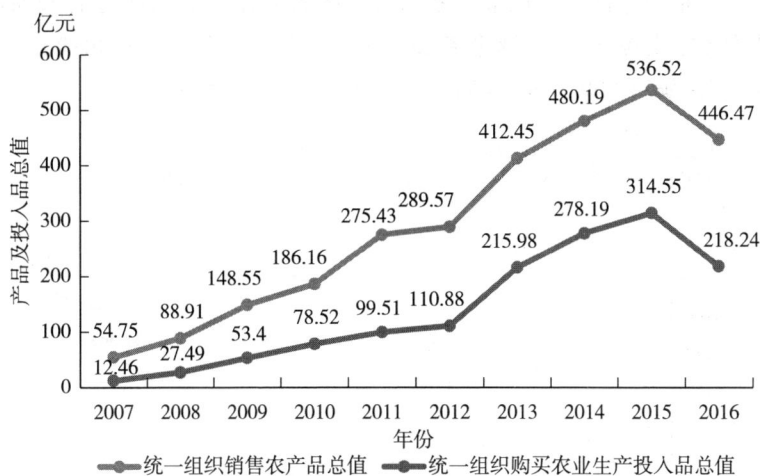

图 3-4 2007—2016 年河南省农民专业合作社统一销售
农产品总值和统一组织购买农业生产品总值
资料来源：河南省农业农村厅统计资料。

2016 年突增到 8.90 万家，占比 80.56％；统一购买比例达到 80％以上的合作社也在逐年增长，从 2007 年的 953 个增长到 2012 年的 2 万家，到 2016 年增至 2.70 万家，占比 24.44％（图 3-5）。

图 3-5 2007—2016 年河南省统一销售和购买的合作社情况
资料来源：河南省农业农村厅统计资料。

二是合作社上缴税金不断增长。随着合作社盈利能力的增加，其为国家上缴的税金越来越多。从 2007 年的 3 924 万元增长到 2016 年的 48 585 万元，增长了 11.38 倍（图 3-6）。

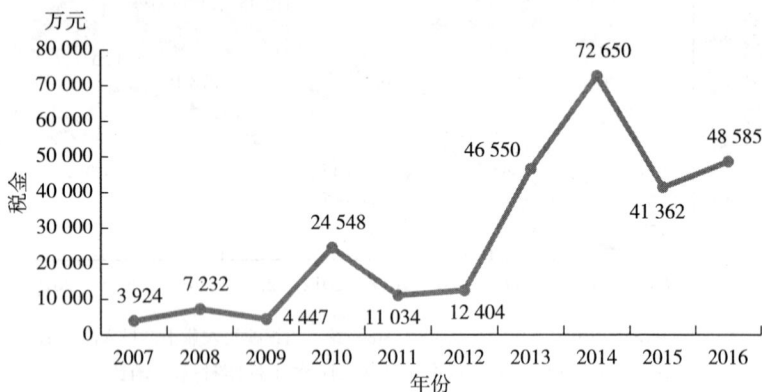

图 3-6 2007—2016 年河南省农民专业合作社上交国家税金情况
资料来源：河南省农业农村厅统计资料。

三是质量认证增长。十年来，河南省的合作社生产的农产品质量逐渐提高。通过农产品质量认证的合作社数量一直在增长。从 2007 年的 261 家直线增加到 2016 年的 4 081 家，增长了 14.6 倍。从拥有的注册商标看，从 2007 年的 257 家直线增长到 2016 年的 1 909 家，增长了 6.4 倍（图 3-7）。

四是合作社的农业技术水平和装备水平显著提高。合作社经过十年的发展，其农业技术水平和装备水平得到显著提高。同业生产经营者有共同的技术需求，通过合作社为成员提供技术服务，提高了农业经营效率。由于合作社规模的扩大，绝大多数的合作社都配备较为先进、齐全的农机。根据有关资料，能够为成员提供农业技术和信息服务的合作社约占合作社总数的 60% 以上。

五是多要素合作趋势非常明显。过去合作社很多就是单一产品的生产或销售，现在多数合作社实行劳动入社、土地入社、技术入股，还有资本入社，这就形成了多种生产要素的合作。多要素合作，就是实现有人出人、有力出力、有钱出钱、有地出地等，有机

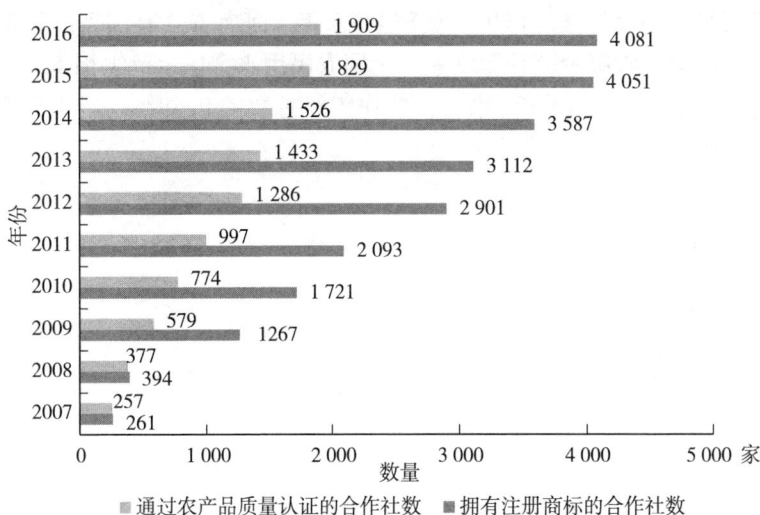

图 3-7 河南省通过农产品质量认证和拥有
注册商标的合作社数量变化

资料来源：河南省农业农村厅统计资料。

整合各种要素的优势，使得合作社更具竞争力。

2. 规范化程度逐渐提高

经过十年的发展，河南省农民专业合作社逐渐走上规范化的道路。首先是组织建设，所有合作社基本上都成立了成员代表大会、理事会和监事会。围绕着合作社的方方面面制定了相关的制度。尤其是民主决策方面、收益分配方面的进步较大。在民主决策制度方面，一人一票和附加表决权制度被逐渐认知并在一定程度上得到有效执行，有越来越多的合作社开始对盈余进行分配。

一是河南省农民专业合作社示范社数量呈快速增长的态势。从2011 年的 3 654 家增长到 2016 年的 1 万多家（10 585 家），增长了1.9 倍。其中发展最快的是 2013 年，仅一年增长了近 3 000 家（2 950 家）示范社。到 2016 年，可以说，从国家级、省级、市级、县级示范社的四级示范社评选体系逐渐完善起来，评选标准日渐成熟。农民合作组织有了可以规范建设的标准，这对其规范化的发展具有很大的推动作用。截至 2016 年，河南省共有国家级示范社 507 家，省级示范社 520 家，全国农民用水合作示范组织 12 家，各级示范社共有 10 585 家，占合作组织总数的 9.58%，近十分之一（图 3-8）。

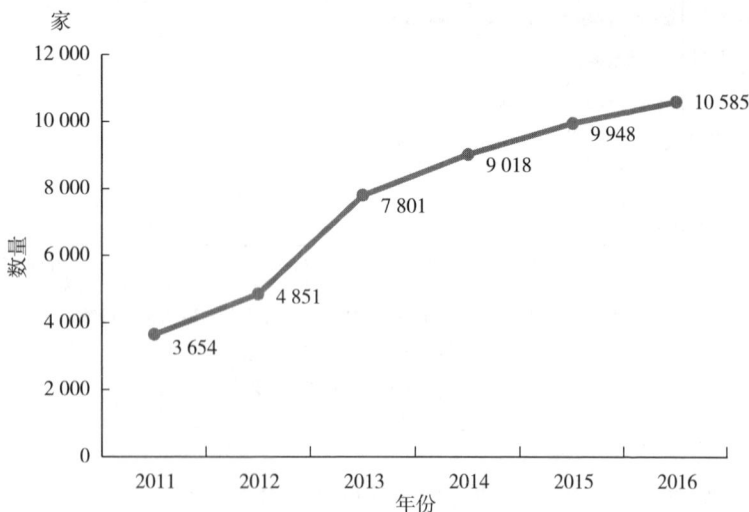

图 3-8　被农业主管部门认定为各级示范社的
河南农民专业合作社数量

资料来源：河南省农业农村厅统计资料。

总的来看，河南省农民专业合作社逐步走上了规模数量与质量效益并重发展的规范化道路。通过各级农民专业合作社示范社的示范带动，大多数农民专业合作社基本建立了各项内部管理制度，部分农民专业合作社提留了公积金、公益金，并按成员与合作社的交易量（额）和社员出资额进行了二次分配，受到入社成员的拥护，农民入社的积极性进一步提高。据统计，2016 年，农民专业合作社可分配盈余 69.01 亿元，比 2009 年增长 3.47 倍；按交易量返还成员总额 40.43 亿元，比 2009 年增长 3.47 倍；按股分红总额 14.46 亿元，比 2009 年增长 3.22 倍；可分配盈余按交易量返还成员的合作社数 31 594 家，比上年增长 29%，提留公积金、公益金及风险金的合作社数 16 479 家，比上年增长 47%（表 3-1）。

表 3-1　2009—2016 年河南省农民专业合作社可分配盈余金额情况

单位：亿元

年份	农民专业合作社可分配盈余	按交易量返还成员总额	按股分红总额
2009	15.44	9.05	3.42
2010	19.15	11.37	3.92
2011	26.08	14.54	6.02
2012	35.39	21.68	6.59
2013	49.23	31.27	10.59
2014	60.45	37.31	13.15
2015	70.29	43.28	15.79
2016	69.01	40.43	14.46
平均	43.15	26.12	9.24

资料来源：河南省农业农村厅统计资料。

从合作社牵头人的身份情况看。农民出身的牵头人比例逐渐增长，占比从 2007 年的 53.59% 增长到 2016 年的 90.74%；其中，村组干部作为牵头人的比例缓慢降低，从 2009 年的 15.55% 下降到 2016 年的 12.14%；企业领办的合作社比例也呈现出下降的趋势，从 2007 年的 3.24% 下降到 2016 年的 2.37%；基层农技服务组织领办的合作社比例也在下降，从 2007 年的 6.55% 下降到 2016 年的 3.26%（表 3-2）。

表 3-2　2007—2016 年河南省农民专业合作社按牵头人身份划分情况

单位：人、%

年份	农民		其中：村组干部		企业		基层农技服务组织		其他	
	数量	比例	数量	比例	数量	比例	数量	比例	数量	比例
2007	2 997	53.59	—	—	181	3.24	41	0.73	366	6.55
2008	5 342	66.62	—	—	255	3.18	32	0.40	382	4.76

（续）

年份	农民		其中：村组干部		企业		基层农技服务组织		其他	
	数量	比例	数量	比例	数量	比例	数量	比例	数量	比例
2009	14 105	81.15	2 703	15.55	372	2.14	385	2.22	510	2.93
2010	21 813	84.17	3 771	14.55	546	2.11	591	2.28	955	3.69
2011	28 110	84.77	4 868	14.68	753	2.27	781	2.36	1 505	4.54
2012	36 717	87.27	6 505	15.46	1 029	2.45	1 002	2.38	1 313	3.12
2013	57 981	88.43	9 863	15.04	1 654	2.52	1 453	2.22	2 465	3.76
2014	78 574	90.32	11 321	13.01	2 123	2.44	1 734	1.99	2 553	2.93
2015	92 988	90.61	12 757	12.43	2 498	2.43	2 042	1.99	3 087	3.01
2016	102 077	90.74	13 654	12.14	2 664	2.37	2 066	1.84	3 665	3.26

资料来源：河南省农业农村厅统计资料。

3. 创新多种服务方式

"谁来种地以及如何种地"如今成为农村亟待解决的难题，十年来各地合作社创新了很多新的服务方式，在一定程度上解决了这个难题。

一是土地流转。合作社与农民签订土地托管服务协议，合作社向农民支付一定地租，打破户与户之间的界限，土地成方连片，实行统一耕种、统一管理、统一收割等服务，农产品收获后全部归合作社所有。

二是土地托管。目前合作社普遍采取两种土地托管服务：土地半托管和土地全托管。土地半托管是根据农民需求，合作社提供农资供应、农机服务等方面的部分托管服务，农产品收获后全部归农户所有。土地全托管是合作社与农民签订托管协议，农民先缴纳一定的托管费，合作社提供从种到收的所有服务，农产品收获后主要归农户所有。

全托的典型在河南省南阳市方城县。河南省方城县供销赵河农作物种植专业合作社联合社探索以"联合社＋专业合作社＋村'两委'＋农户"的全托运作方法，以农民专业合作社为托管方，按照农民的要求，对其责任田实行统一耕种、统一管理、统一收割的土地托管模式。2016 年托管费用为：冬播（小麦）每亩 300 元，秋播（玉米）每亩 400 元（图 3-9）。

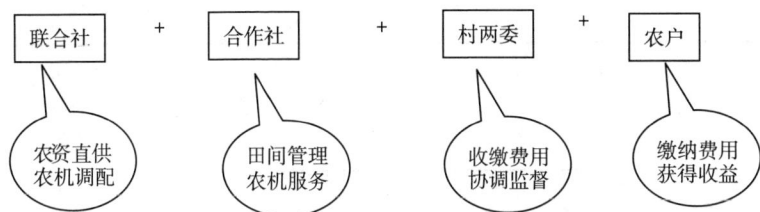

图 3-9　河南省方城县供销赵河农作物种植专业
合作社联合社土地托管模式示意图

资料来源：方城县供销社内部资料。

半托模式的典型在郑州荥阳市，荥阳市新田地种植专业合作社利用工业化的理念进行粮食生产，探索出一套适合大田种植的优质强筋小麦的高产创业模式。合作社在荥阳市的 50 个村建立了"农业生产要素车间"，每个村设置车间主任一个，实行农业生产模块化管理，为农民直接提供"农资、农技、农机、烘干、收储"等全程社会化服务。目前，合作社辐射带动了周边 7 个乡镇 1.2 万户农民统一种植新麦 26 强筋小麦 5 万亩。目前已经辐射到周口市太康县板桥镇，许昌市鄢陵县，焦作市武陟县、修武县，新乡市辉县、获嘉县，濮阳市濮阳县、南乐县、清丰县等地，示范带动能力强。

三是开展资金互助，为社员融资解困。众所周知，农民融资难是普遍现象。为解决农民专业合作社成员发展资金短缺问题，一些合作社内部开始建立信用合作。2016 年，全省开展信用合作的合作社达到 4 589 家（约占 37.55%），合作社成员入股互助资金总额达到 8.3 亿元，成员使用互助资金总额达到 4.5 亿元。2013—2016 年开展内部信用合作的合作社数量逐渐减少，从 2013 年的 6 524 家下降到 2016 年的 4 589 家。比较典型的有兰考县谷雨农业专业合作社联社，该合作社与北京宜信公司开展了贷款项目合作，宜信公司每年批给联合社的额度为 500 万元，每个社员贷款额度不超过

2 万元，贷款期限为一年，每年可以帮助 250 多户农民创业兴业，取得良好的社会反响（表 3-3）。

表 3-3　2013—2016 年河南省农民合作社开展信用合作情况

单位：家、万元

年份	未开展内部信用合作的合作社数量	开展内部信用合作的合作社数量	其中，涉及合作社成员数量	合作社成员入股互助资金	成员使用互助资金总额
2013	56 367	6 524	57 899	84 505.48	59 492.36
2014	80 262	4 722	33 641	32 641.64	21 163.9
2015	95 893	4 722	41 847	32 994.13	18 027.01
2016	105 883	4 589	26 627	8 300.99	4 488.17

资料来源：河南省农业农村厅统计资料。

四是土地股份合作社方兴未艾。一些地方探索了土地承包经营权入股，组建土地股份合作社。从 2013 年的 3 938 家发展到 2016 年的 8 630 家（占比为 7.81%），入社土地面积 41.41 万亩，入股成员数 4.15 万人。

4. 合作社发展新业态不断涌现

出于降成本、保品质的需求，合作社成为新品种、新技术、新工艺、新业态等采用者，成为农业技术推广的重要力量。近年，农民专业合作社已突破传统的种养生产销售领域，涌现出土地股份合作、信用互助合作、休闲旅游农业和传统民间工艺文化产品开发等多种类型的合作社。郑州市约有 26% 的农民专业合作社自发发展农产品精深加工、"互联网＋"农业、全程社会化托管、休闲观光农业、籽种农业、乡村旅游和农村电商等农业产业新业态。焦作市涌现出了以河南菡香生态农业合作社为代表的农产品精深加工的典型，以博爱县春冠樱桃种植专业合作社为代表的"互联网＋"农业、休闲观光农业的典型，以博爱县富源养殖专业合作社为代表的循环农业的典型，以孟州市麦丰种植专业合作社为代表的小麦种子繁育的典型。

5. 扶贫作用越来越大

很多合作社积极响应国家精准扶贫工作的政策,对于贫困户社员,合作社给予技术、人力、资金等多方面的帮扶。例如,鹤壁市山城区晶金食用菌专业合作社创办扶贫创业基地,每年安排一定贫困户到合作社经营或者创业,为贫困户提供就业渠道。鹤壁市淇滨区饮马泉薯业合作社特请省农科院红薯专家深入田间地头,手把手教困难户种植,还有一部分农户白天在外打工,合作社技术人员就进行夜间培训,对特困户赠送优质红薯苗,并订回收合同,红薯收后高于市场价回收,取得了贫困户一致好评(图3-10)。

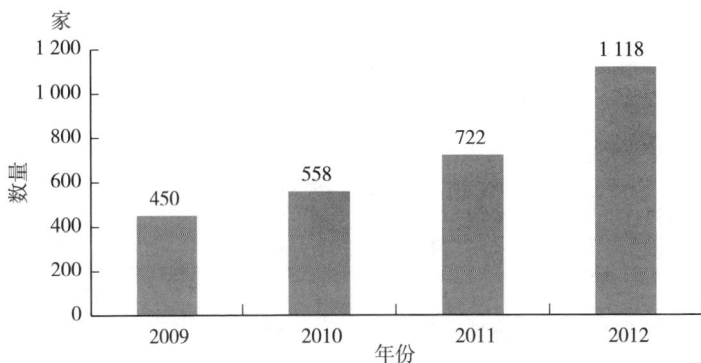

图3-10 2008—2012年河南省建立党支部的合作社情况

资料来源:河南省农业农村厅统计资料。

3.2.3 存在的主要问题

1. 单体规模较小,市场竞争力仍然缺乏

虽然河南省的农民专业合作社总体规模居全国第二,但是单体规模不大,实力不够强,市场竞争力仍然缺乏,市场叫得响、社会知名度高的区域性、大品牌合作社少之又少,合作效应尚未充分显现。合作社服务的土地面积普遍偏小,大部分在万亩以下。从社员数量看,每个合作社平均仅有30个社员;以注册商标拥有量和通过农产品质量认证为例,虽然拥有注册商标的合作社数量和通过农产品质量认证的合作社数量增加,但是拥有注册商标的合作社占比下降，从 2007 年的 7.12％降为 2016 年的 3.69％；通过农产品质量认证的合作社占比下降，从 2007 年的 7.01％降为 2016 年的 1.73％（表 3-4）。

表 3-4　2007—2016 年河南省拥有注册商标和通过
农产品质量认证的合作社数量和比例

单位：家、％

年份	拥有注册商标的合作社数		通过农产品质量认证的合作社数	
	数量	比例	数量	比例
2007	261	7.12	257	7.01
2008	394	6.46	377	6.18
2009	1 267	8.24	579	3.77
2010	1 721	7.20	774	3.24
2011	2 093	6.72	997	3.20
2012	2 901	7.24	1 286	3.21
2013	3 112	4.95	1 433	2.28
2014	3 587	4.22	1 526	1.80
2015	4 051	4.03	1 829	1.82
2016	4 081	3.69	1 909	1.73

资料来源：河南省农业农村厅统计资料。

2. 规范化程度仍然不如人意

经过的十年的建设，虽然合作社在规范化建设上面有很大的进步，但是很多方面仍不尽如人意。多数合作社虽然有章程规定和财务管理制度，但是没有真正落实，不能切实做到依章办事。从民主管理上看，多数合作社的"三会"（代表大会、理事会、监事会）制度和一人一票治理机制没有真正建立，普遍存在着理事长一人独大的现象，成员的民主权利不能有效保障。从财务管理看，成员账户制度没有好好实行，很多合作社没有档案准确记载每名成员的出资额、公积金量化份额、与合作社交易量（额）、国家财政补助形成财产平均量化份额等，成员的财产权利有所损害。最重要的是盈余分配制度在实践中很混乱。例如，近十年，在提留公积金、公益金及风险金上面，做到提取的合作社数平均仅有 22.36%，可分配盈余按交易量返还成员的合作社数也仅为 27.33%，其中返还金额不低于可分配盈余 60% 的合作社占比更少，仅有 21.33%。对盈余分配多数按照股金分配，没有按成员与本社的交易量（额）比例返还进行分配。

表 3-5　2007—2016 河南省合作社资金分配规范情况

单位：家、%

年份	提留公积金、公益金及风险金的合作社数		可分配盈余按交易量返还成员的合作社数		其中：60% 以上	
	数量	比例	数量	比例	数量	比例
2007	642	17.52	782	21.34	546	14.90
2008	1 807	29.62	2 065	33.85	1 427	23.39
2009	3 857	25.09	4 042	26.29	2 947	19.17
2010	5 974	24.99	6 590	27.57	5 116	21.40
2011	7 571	24.31	8 195	26.31	6 595	21.17
2012	10 427	26.03	10 797	26.95	8 676	21.66
2013	11 633	18.50	17 848	28.38	14 557	23.15
2014	16 322	19.21	25 240	29.70	20 776	24.45
2015	16 479	16.38	24 443	24.29	20 185	20.06
2016	24 265	21.96	31 594	28.60	26 480	23.97
平均	9 898	22.36	13 160	27.33	10 731	21.33

资料来源：河南省农业农村厅统计资料。

3. 政府扶持与合作社需求不够匹配

虽然一些合作社拿到了财政的资金，实际上这些资金远远不够使用，而且形式不够多元化，没有充分发挥出财政资金的杠杆作用。今后要创新财政支持的方式，要和金融部门结合，以小资金撬动更多的资金。根据统计，近十年，拿到财政资金的合作社平均每家得到 10.65 万元，这些资金对于规模较大的合作社来讲是杯水车薪,比如一个玉米烘干塔的价格是 10 万元以上。如图 3 - 11 所示,2007 年,每个合作社能拿到 7.86 万元财政资金,到 2015 年之前,上升到 16.13 万元,2016 年又下降到 10.87 万元。核心成员掌握合作社控制权及剩余索取权,普通成员仅处于跟随地位时,获取了政策性资金支持的合作社的普通成员虽能够在一定程度上受益,但其受益程度显著低于核心成员,表现出政策性资金在合作社内部成员间分配不均。合作社政策性资金在现实分配中没有完全体现普惠性与益贫性的原则,偏离了既定政策目标,一定程度上造成了合作社间的不公平竞争,加深了农村地区的贫富差距(图 3 - 11)。

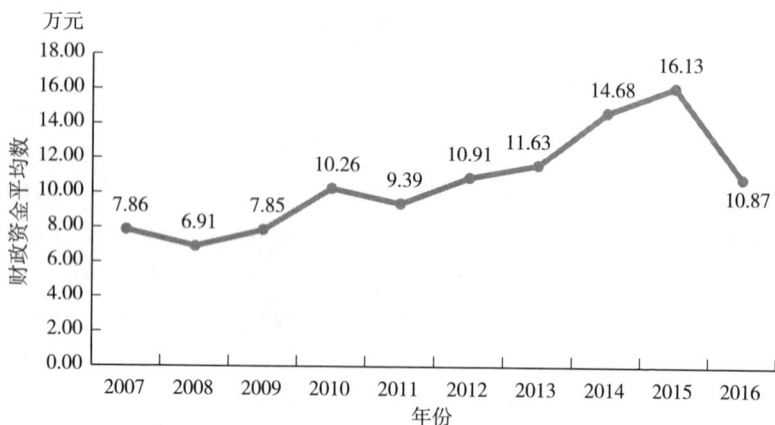

图 3 - 11 2007—2016 年河南省拿到财政资金的
合作社获得财政资金的平均数

资料来源:河南省农业农村厅统计资料。

3.2.4 新时代发展趋势

1. 规模化

今后随着合作社实力的增强,将会出现单体规模不断扩大的趋势。合作社经营和服务的土地面积将逐渐扩大,目前绝大多数合作社的服务面积是 5 000 亩以下,今后将很快突破万亩,甚至 5 万亩。以河南省荥阳市新田地种植专业合作社为例,2011 年合作社经营土地 200 亩,2016 年就增长为 5.1 万亩;从带动农民种粮情况上看，2011 年合作社成员 6 人，2016 年就发展为成员 200 人、社员 1.2 万户。

2. 综合化

今后，河南省农民专业合作社越来越多地由专业性经营向综合性经营发展，将涌现出越来越多的"生产、经营、信用"三位一体的综合性合作社。

合作社将越来越重视纵向一体化发展，参与到农业一、二、三产业融合之中，特别是农业生产合作与农产品营销、深加工合作的一体化。近十年，合作社创办加工实体的数量逐年增加，2016 年，创办加工实体的合作社数 1 570 家，是 2007 年的 85 家的 18.47倍。合作社将会从"公司＋合作社＋农户"的模式，逐步发展到"合作社＋公司＋农户"的模式。合作社将积极探索生产、供销、信用综合合作（图 3 - 12）。

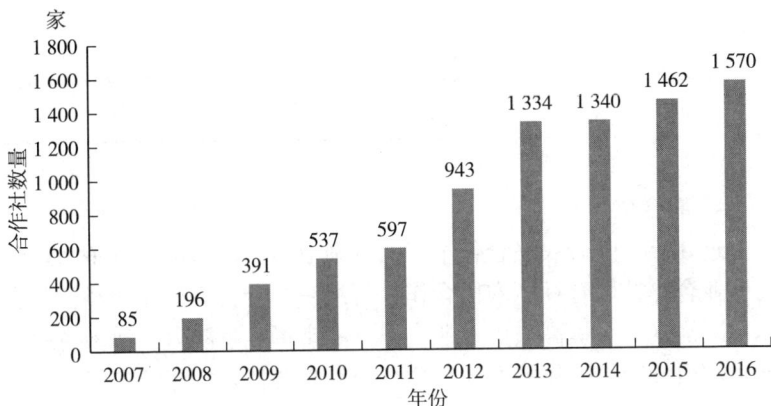

图 3 - 12 2007—2016 年创办加工实体的河南省农民专业合作社数量
资料来源：河南省农业农村厅统计资料。

3. 股份化

今后合作社将日益由成员需求导向向市场需求导向转变，组织结构日益趋于精英专业管理与成员民主控制并重，企业化经营色彩将日益浓厚。相当部分合作社将在《中华人民共和国农民专业合作社法》的基本框架下，越来越倾向于股份化持股、差别化投票以及按股分配，在传统合作基础上引入灵活的资本联合形式。公司领办型合作社将成为农民专业合作社未来一段时间的主要发展模式，但作为转轨时期的一种过渡状态，具有不稳定性的特征（表3-6）。

表3-6 2009—2016年河南省农民专业合作社可分配盈余的构成情况

单位：%

年份	按交易量返还成员的比例	按股分红的比例
2009	57.86	21.87
2010	59.37	20.47
2011	55.75	23.08
2012	61.26	18.62
2013	63.52	21.51
2014	61.72	21.75
2015	61.57	22.46
2016	58.59	20.95
平均	59.96	21.34

资料来源：河南省农业农村厅统计资料。

4. 联合化

近几年，随着农民合作组织的逐渐成熟，提高市场竞争力，农民专业合作社联合社、农民合作经济组织联合会等产业化经营联合体不断涌现。为提高农民专业合作社的市场竞争能力，河南省政府鼓励和引导同类合作社之间组建合作社联合社，抱团闯市场。2016年，河南省已发展联合社265家，比上年增长0.04%；已发展专业联合会66个，比上年增长0.53%。恰逢供销社系统进行"全面深化供销社综合改革"，以供销社牵头组建的联合社，如方城县供销赵河农作物种植专业合作社联合社已经取得了初步的成效。总的来看，这十年联合社的数量不断增长，尤其是从2010年之后，成直线上升趋势，到2015年达到了峰值，达到25 063家；2016年数量有所下降，下降为17 216家（图3-13）。

家

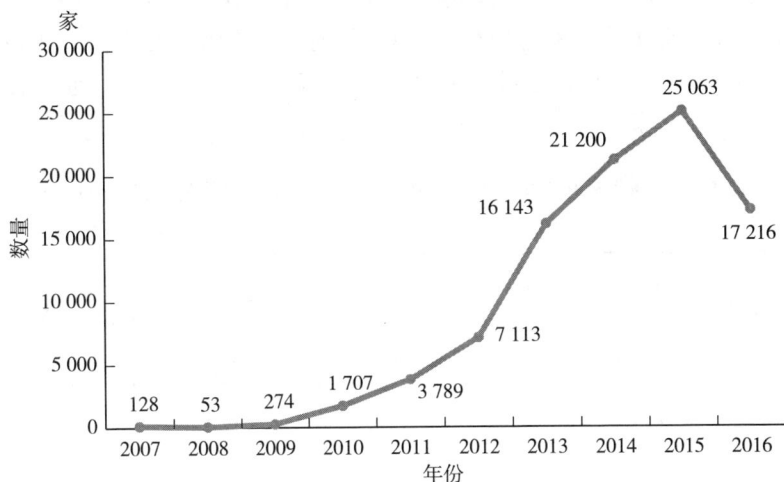

图 3-13 2007—2016 年河南省合作联社的数量变化情况
资料来源：河南省农业农村厅统计资料。

5. 产业化

今后河南省合作社会逐渐加大产业化发展的势头，合作社将成为产业发展新龙头，合作社在农村产业发展中的服务带动作用越来越突出，合作社将会在一二三产业融合中大展身手，将在农业社会化服务、农业技术推广、农产品质量安全控制、农业产业开发、现代商业的业态创新等方面发挥越来越重要的作用。

如表 3-7 所示，合作社的服务内容向农业社会化服务商进一步延伸。占最多份额的是产加销一体化服务，其次是生产服务，然后是其他（金融、信息等服务），接下来依次是购买服务、加工服务、运销服务、仓储服务。

具体来看，产加销一体化服务的合作社从 2007 年的 2 149 家增长到 2016 年的 55 847 家，是 2007 年的 26 倍；生产服务为主的合作社从 2007 年的 503 家增长到 2016 年的 36 204 家，是 2007 年的 72 倍，增速最快；购买服务为主的合作社从 2007 年的 176 家增长到 2016 年的 5 311 家，是 2007 年的 30 倍；仓储服务为主的合作社是 2007 年的 9.88 倍，运销服务为主的合作社是 2007 年的 11 倍，加工服务为主的合作社是 2007 年的 11.44 倍。其他合作社是 2007 年的 21.7 倍，数量也不少，从 2007 年的 366 家增长到 2016 年的 7 943 家。

表 3 - 7　2007—2016 年河南省农民专业合作社按经营服务内容划分情况

单位：家

年份	产加销一体化服务	生产服务为主	购买服务为主	仓储服务为主	运销服务为主	加工服务为主	其他
2007	2 149	503	176	110	181	179	366
2008	3 855	1 277	193	89	130	156	416
2009	7 875	4 343	695	117	475	361	1 506
2010	11 698	7 334	1 013	160	612	517	2 571
2011	15 172	9 250	1 551	303	758	812	3 303
2012	19 799	11 409	2 060	487	931	1 164	4 103
2013	30 053	20 704	3 957	750	1 251	1 763	4 413
2014	44 116	25 802	4 980	944	1 555	1 833	5 754
2015	51 094	31 725	5 209	1 188	1 761	2 191	7 447
2016	55 847	36 204	5 311	1 087	2 032	2 048	7 943

资料来源：河南省农业农村厅统计资料。

3.2.5　小结

回首合作社在河南省的十年发展，整体上呈跨越式发展之势，从数量、质量两方面均有较大的提升。总体规模不断扩大，合作社数量增长，带动社员数量大幅攀升，合作社服务的土地面积快速增长；服务内容不断拓宽，服务质量逐步提高，服务形式逐渐多元化；市场竞争能力增强，统一化程度和标准化程度迅速提高。合作社上缴税金不断增长，合作社的农业技术水平和装备水平显著提高，多要素合作趋势非常明显；规范化程度逐渐提高，民主管理和利益分配机制逐渐规范，示范社数量呈快速增长的态势。政府从政策扶持、财政支持、金融服务、税收优惠等多方面对合作社进行扶持，加快形成完整的政策体系，着力推动农民专业合作社向市场化、专业化、规模化、集约化方向深入发展。另外，随着全国扶贫攻坚的开展，合作社也承担了相当一部分扶贫的任务。

当然，发展中也遇到了很多问题，如单体规模较小，市场竞争力仍然缺乏在市场上叫得响、社会知名度高的区域性、大品牌合作社，合作社服务的土地面积普遍偏小。多数合作社虽然有章程规定和财务管理制度，但是没有真正落实，不能切实做到依章办事。民主管理和规范的盈余分配还有很长的路要走。政府扶持与合作社需求不够匹配，力度不够，形式不够多元化，没有充分发挥出财政资金的杠杆作用。

展望未来合作社发展之路，可以预测的是，规模化、综合化、股份化、联合化和产业化是发展趋势。今后合作社将会出现单体规模不断扩大的趋势；越来越多地由专业性经营向综合性经营发展，将涌现出越来越多的"生产、经营、信用"三位一体的综合性合作社；合作社企业化经营色彩将日益浓厚，部分合作社将越来越倾向于股份化持股以及按股分配，在传统合作基础上引入灵活的资本联合形式；农民专业合作社联合社、农民合作经济组织联合会等产业化经营联合体不断涌现。合作社成为产业发展新龙头，合作社在农村产业发展中的服务带动作用越来越突出，合作社将会在一二三产业融合中大展身手。

3.3 龙头企业

本书研究的龙头企业主要是和小麦生产经营有关的大、中、小型企业，如面粉厂、食品厂、商贸公司等，尤其是农业龙头企业，起的作用更大些，主要指居于某个行业产业链的高端或重要环节，对同行业的产业化经营具有重大的影响力、号召力和一定的示范引导、辐射带动作用，并对该地区、该行业乃至国家做出突出贡献的企业。

3.3.1 数量和规模

河南省目前已经有一大批小麦龙头企业，为小麦产业的发展发挥了巨大作用。从小麦加工产能区域分布看，全国产能超2 000万吨的省份有2个，其一就是河南省。以"中国面粉城"永城为例，截至2021年，全市共有五大面粉集团、37家面粉企业。其中，规模以上面粉企业35家。规模以上企业日处理小麦1 000吨以上的2家、500吨的4家、400吨的10家、300吨以下的18家，设计生产能力总量为日加工小麦12 070吨；规模以下企业设计生产能力总量为日加工小麦1 000吨。

3.3.2 存在的问题

河南省面粉产业存在的问题主要表现为"少""小""缺""弱""同""难""散"七个方面。

（1）"少"，大中型企业偏少。小企业仍占主导，以永城为例，五大面粉集团产量仅占全市面粉企业整体的13%。行业整体规模化、集约化水平低，小麦加工总体呈现"小、散、低"的格局。初加工产品产能过剩，落后产能比重大，深加工产品不足。加工企业产品高度同质化，品种单一，产业链短，附加值低。

（2）"小"，利润空间减小。市场上面粉价格基本稳定，行业利润受副产品麸皮价格波动影响较大。麸皮价格从2015年的1.86元/千克到目前的0.92元/千克，同比下降超过50%。许多小企业受市场影响较大，企业生产形势较差，一个月开工20天左右，开工率不足30%，企业每加工100斤小麦花费8元，企业亏损经营；个别企业经营形势较好，基本保持微利或保本经营。

（3）"缺"，资金、技术、优质粮源缺乏。一是资金短缺。近年，部分面粉企业涉足其他行业，资金占用严重，企业信誉度降低，银行抽贷惜贷，致使本业资金短缺。二是缺技术和先进工艺设备。多数面粉企业负责人，不善钻研，技术改造不到位，研发费用投入低，产品没有竞争力。三是优质原粮短缺。

（4）"弱"，市场竞争力弱。市场竞争不断加剧，虽然在一定程度上对提高加工水平、技术进步和行业竞争起到了积极作用，但也考验了企业的生产技术、管理经验和资金。从争夺市场份额的角度看，一是国际粮食巨头益海集团借助财团势力在我国"攻城略地"，大肆建造分厂。二是一些外省企业如五得利凭借资金、技术、管理等方面的优势，对河南省面粉加工企业形成了较大冲击，一些企业被迫停产。

（5）"同"，产品同质化竞争。目前，面粉集团产能过剩的一个重要原因就是产品同质化严重。以永城为例，其面粉市场已近饱和。一方面很多企业开工不足，生产利用率低，企业陷入停产，甚至破产状态；另一方面仍存在大量重复建设小面粉厂，盲目扩大生产规模，导致整体产能严重过剩的现象。

（6）"难"，贷款融资难。面粉加工属于微利行业，自身积累比较少，原粮收购主要依靠贷款解决。面粉企业目前在贷款上面临一定困难，主要表现为贷款手续复杂、贷款门槛高、银行不愿授信。一些企业反映农信社贷款年利率高达 8.5～9 厘，国开行年利率低（3～5 厘），但贷款门槛高，绝大多数企业只能借高利率的贷款。

（7）"散"，面粉企业多而杂，分散经营。面粉行业前期规模小、起点低，多而杂。面粉企业的整合，可进一步推动企业规模化、集约化、品牌化发展，增强企业风险抵御能力，切实整合面粉资源，推动企业向更高层次迈进。

3.4 小麦产业化经营联合体

除了家庭农场、合作社、公司以外，在调研过程中，课题组发现由多种小麦生产经营主体组合起来的产业化经营联合体在全省呈"星星之火，可以燎原"的趋势蓬勃发展，多地正在以不同的模式进行初步探索，这种联合体因其具有节本增效、提高小麦品质、增加农民收入、促进三产融合等优势而焕发出强大的生命力，因此课题组作为重点研究对象对其进行了深入研究。

3.4.1 联合体内涵

目前，小麦产业化经营联合体没有确切的定义，经过课题组的反复研究认为，小麦产业化经营联合体是在小麦生产经营的过程中，由两个或两个以上不同类型的农业生产经营主体（农户、专业大户、家庭农场、合作社、公司等）通过某种稳定的利益联结机制形成的联系非常紧密的风险共担、利益共享的生产共同体，属于一种新型的小麦生产经营主体，主要形式包括公司＋合作社＋家庭农场或农户、合作社＋家庭农场或农户、公司＋家庭农场或农户、合作社联盟、公司联盟等。

小麦产业化经营联合体的特征是，以分工协作为前提，以规模经营为依托，以利益联结为纽带。它的第一个特点是多元主体的合作不是松散的商业关系，而是有非常稳定的、长期的、科学的利益分配方式，能够保证联合体中的每一个主体能够得到最大化的利益共享；第二个特点是风险共担。小麦生产过程中会遭遇不可避免的自然风险和市场风险，以前都是由生产主体自己承担，在联合体中，每个主体要共担风险，共同承受风险带来的损失。

3.4.2 文献综述

目前，国外没有关于农业产业化联合体的文献，国内的文献从2013年开始出现，这是因为国内从2012年才有这方面的实践。国内的文献主要集中在以下四个方面。

第一，新型农业经营组织体系研究。农业产业化联合体最早是从新型农业经营组织体系这个概念发展而来的。廖祖君等（2015）认为，我国农业经营组织体系经历了从"小农户、农业公司"到"公司＋农户"再到"公司＋中介组织＋农户""公司＋合作社＋农户"的发展轨迹。

第二，概念研究。关于概念最早的研究是张明权（2013），他提出"农业产业联合体"的概念，比"农业产业化联合体"的名称少一个"化"字。最早提出"农业产业化联合体"概念的是孙正东（2015）。随后，很多专家进行了完善，如芦千文（2017）从组织融合的角度进行研究，王志刚（2019）从专业分工、交易成本、规模经济、范围经济、产业融合等角度全方位解释联合体的内涵。

第三，理论研究。禠燕庆等（2016）从"杨格定理"和"科斯定理"两个角度解释了联合体的合理性。郑风田（2016）从产业融合角度出发，认为微观主体是农村产业融合的载体。孙正东（2015）从交易费用理论、专业分工理论和利益博弈理论等方面，全面地分析了农业产业化联合体的演化机制。王志刚（2019）从微观经济学角度研究了农业产业化联合体的组织边界。钟真（2021）从产业链合作的角度研究了联合体的利益联结机制。张笑寒等（2021）从纵向一体化理论角度研究了联合体参与主体的绿色生产行为。汤文华（2021）从土地租期、规模经济等理论角度研究了联合体的绩效。

第四，模式研究。因为安徽省宿州市是农业产业化联合体的发源地，发育比较成熟，因此研究该地模式的文献比较多。例如，陈博（2021）的研究以农机合作社为中心。除此之外，甘肃省定西市的肉羊产业化联合体发展模式（2019）、新疆维吾尔自治区巴音郭楞蒙古自治州焉耆县辣椒产业的农业产业化联合体（2021）、南京市溧水区的蔬菜产业化联合体（2021），河北省邢台市今麦郎、金沙河等粮食产业化联合体（2021），张家口市有科研机构和金融机构加入的马铃薯农业产业化联合体（2021）。

第五，农户参与意愿研究。多数相关文献都是两个视角：有个体视角和认知视角，个别专家从三个或者三个以上视角进行研究，例如，赵想等（2018）总结出三种不同研究视角下的合作社的参与意愿影响因素，即特质视角、认知视角与合作社专业化视角。

综上所述，现有文献没有从农户视角研究农业产业化联合体的文献，属于空白，本书将从农户参与意愿角度分析小麦产业化联合体，希望能为农业产业化联合体研究的完善提供一些理论支撑。

3.4.3 发展概况

根据课题组在河南省小麦生产大县的调研结果，整体上看，小麦产业化经营联合体的发展处于早期的萌芽期，数量不多，多主体的结合不够紧密，还没有步入稳定发展的道路，亟待质与量的稳步提升。根据课题组的调查问卷，约有 66.21% 的农户希望当地建设小麦产业化经营联合体，59.72% 的农户愿意加入小麦产业化经营联合体，有近一半的农户认为当地能够建成小麦产业化经营联合体，有 25.38% 的农户认为"规模化经营应是促进小麦生产的主要形式"，这说明农户对小麦产业化经营联合体比较欢迎，期待加入它，并从中受益。

第一，从地区分布来看，小麦产业化经营联合体在河南全省的发展并不均衡，发展最好的是豫西南地区的南阳市，以方城县的土地托管为代表；此外，豫南地区的驻马店市发展较好，以麦佳集团的"三产融合"为代表；豫西地区的洛阳市发展比较早，于2013年就开始了土地托管的探索，以新安县为代表。发展较好的是豫东的商丘市，以河南华星粉业集团的公司引领型"公司＋合作社＋农户"模式为代表。豫北地区，以安阳市滑县的以"合作社或家庭农场"为核心的订单农业为代表。

第二，从数量上看，小麦产业化经营联合体的数量很少，与合作社比起来，差得很远。因为小麦产业化经营联合体一般是在发展比较好的合作社的基础上发展起来的，河南省合作社的数量虽然很多，但是真正发展好的合作社数量不多。从调查问卷看，认为当地小麦产业化经营联合体数量较少（低于20个）的农户比例最大，占比为44.55%，认为"没有"的几乎占被调查农户的1/5，这反映了河南省小麦产业化经营联合体发展的现状（图3-14）。

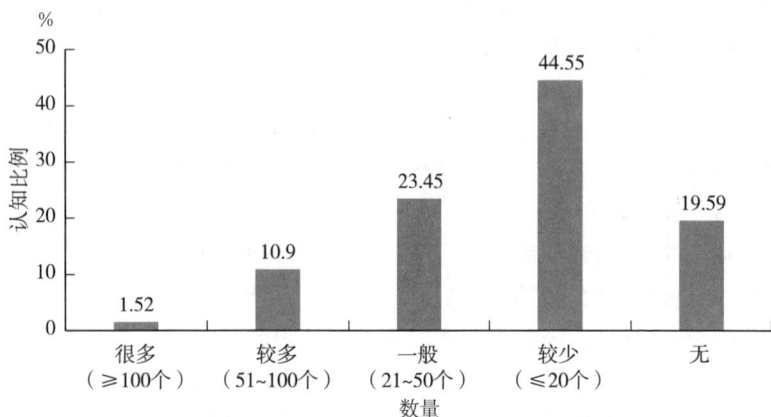

图3-14　调查农户对小麦产业化经营联合体数量的认知比例

数据来源：课题组在全省的调研数据。

第三，从小麦产业化经营联合体的形式看，比较低级的形式包括"合作社＋农户""公司＋农户或家庭农场"；比较高级的形式包括

"公司＋合作社＋家庭农场或农户"、合作社联盟、公司联盟等。根据课题组的问卷，"如果您已经加入了某种小麦产业化经营联合体，属于下列哪种联合体"中，有38.76%的农户选择了"合作社＋农户"的形式，占比最大；占比第二的形式是"公司＋合作社＋家庭农场或农户"，占比为32.27%；有15.31%的农户认同"公司＋农户或家庭农场"，仅有8.00%的农户参加了类似土地托管的合作社联盟，参加公司联盟的农户最少，仅有1.79%。在询问农户"你最看好哪一种小麦产业化经营联合体的发展"时，其统计结果排在第一位的是"公司＋合作社＋家庭农场或农户"的形式，占比为38.62%；第二位是"合作社＋农户"的形式，占比为33.10%；9.93%的农户看好"合作社联盟"（图3-15、图3-16）。

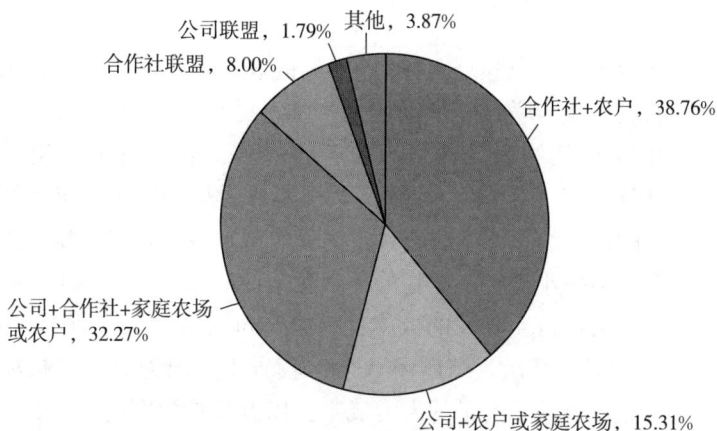

图3-15 农户对小麦产业化经营联合体多形式的认知比例

数据来源：课题组的调研数据。

第四，从小麦产业化经营联合体的优点来看，它有诸多优势，在调查农户"如果您已经加入了某种小麦产业化经营联合体，您认为您得到了什么实惠"时，选项有9个，统计结果如图3-17所示。"成本降低"是农户普遍认同的优点，占比为67.31%，排在第二位的是"小麦售价提高"，占比为29.66%，有15.03%的农户认为小麦产业化经营联合体"要素集约（土地规模化容易、融资容

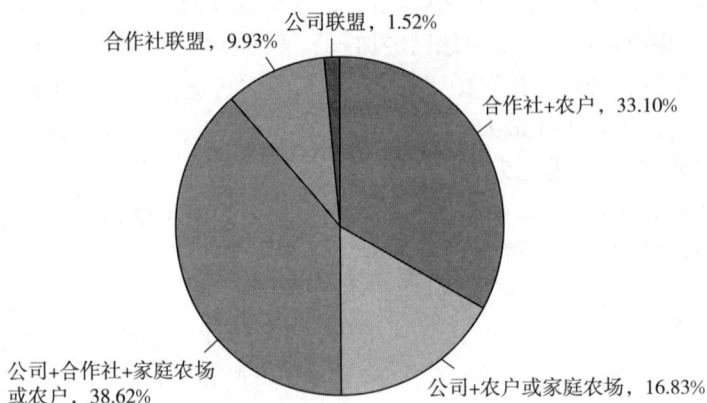

图 3-16　农户最看好哪种小麦产业化经营联合体的发展

数据来源：课题组的调研数据。

易、劳动力容易集中等）"，有 13.24％的农户认为联合体"省工"，9.79％的农户认为联合体可以带来"收入提高"。除此之外，有低于 10％的农户认为联合体可以带来这些好处：与各方打交道的"交易费用降低""有益品牌创建""小麦质量提高"等。统计结果与课题组的调研结果基本吻合，首先就是降低成本，以方城县土地托管为例，冬播小麦每亩全托的托管费为 300 元。与课题组调研的农户自己种植每亩 490 元的成本比起来，每亩节约成本近 200 元，节省成本 63％。其次，课题组认为比较省工，因为有大型机械的规模化作业，节约了大量的人力成本。以方城县为例，一个农民平均管理 100 亩地，河南省户均拥有土地 5.97 亩，100 亩地约占用 17 个劳动力，便可节约 16 个劳动力。此外，比较明显的特点是小麦的质量提高，种植规模化之后，联合体有采用先进技术的动力，通过采用先进的良种、施肥、植保、灌溉、收获等技术，小麦品质有一定的提高（图 3-17）。

　　第五，从小麦产业化经营联合体的利益分配方式看，有很多种分配方式。课题组设计了两个问题："您所知道的小麦产业化经营联合体利益分配方式包括哪些形式"（多选），如果加入了某种小麦

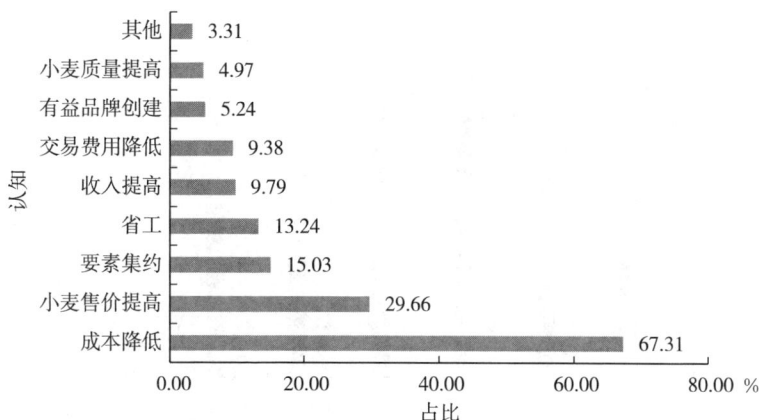

图 3-17　调查农户对小麦产业化经营联合体优势的认知比例
数据来源：课题组在全省的调研数据。

联合生产体，"您希望小麦联合生产体的分配形式属于什么"（多选）。如图 3-18 所示，两个问题的回答分布基本相似。根据问卷调查可知，有 46.34% 农户最期待的形式是"免费农机等服务"，占比最大；排在第二位的是"无偿技术服务"，占比 39.86% 的农户期待技术服务；有 37.24% 的农户期待"现金分配"，有 35.86% 的农户期待"股利分红"；"农资价格降低"排在第五位，占比为 26.62%。

3.4.4　主要模式

目前，河南省主要涌现出三种模式：一是土地托管模式。以南阳市方城县为典型案例，这是小麦一产适度规模经营的典范，课题组认为值得在全省范围内推广。因为它解决了土地不用流转，经营权也可以转移给托管中心进行适度规模经营的难题。二是"公司＋合作社＋家庭农场或农户"，以华星集团模式为典型案例，需要注意的是，公司是负责二产和三产环节，合作社、家庭农场和农户负责一产的种植环节。这种模式的条件是需要有实力强大的企业，如果仅有合作社或家庭农场，此模式难以形成。三是三产融合模式，以新蔡县的麦佳集团模式为典型案例，这是一种高级的联合体的形

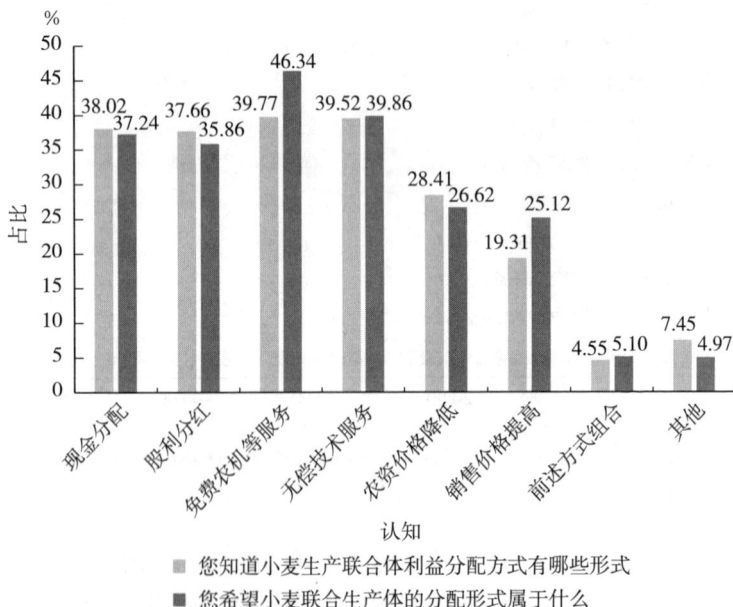

图 3-18　调查农户对小麦产业化经营联合体利益分配方式的认知情况
数据来源：课题组在全省的调研数据。

式，需要更长的时间发育。综合三种模式，能够在全省大面积推广的是第一种模式，在粮食或食品加工业比较发达的地区较易发展第二种模式和第三种模式。种植成本的降低方面，需要看规模，规模越大，成本降低越多。

1. 土地托管——小麦一产适度规模经营的典范

课题组认为，土地托管是河南省小麦规模种植最有发展前途的方向，值得向全省大力推广。典型案例是南阳市方城县案例。这种模式的优点是不需要土地流转，土地还属于农户，农户只是交给托管中心来种植，托管中心没有地租的压力，农户和土地的联系仍然比较紧密。

土地托管的模式类似于合作社联合社或者合作社联盟。它是由多家合作社或家庭农场联合起来形成联合社（或叫土地托管中心），特色是由供销社系统引领发起，供销社作为农资采购方也加入小麦产业化经营联合体。在土地托管模式中，联合社是核心，负责整个土地托管的中心业务。此外，供销社系统和合作社的合作是内生的，不是松散的商业合作关系，而是入股到同一个生产联合体中。方城县成功的经验是供销社系统和县政府的合力支持和推动，构建合理的利益分配方式，有比较规范的和实力较强的合作社联合社为支撑（图3-19、图3-20）。

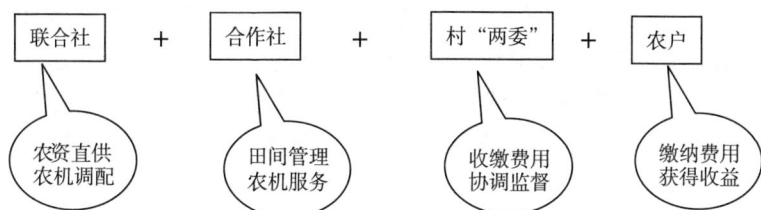

图3-19 方城县土地托管模式示意图

来源：方城县供销合作社。

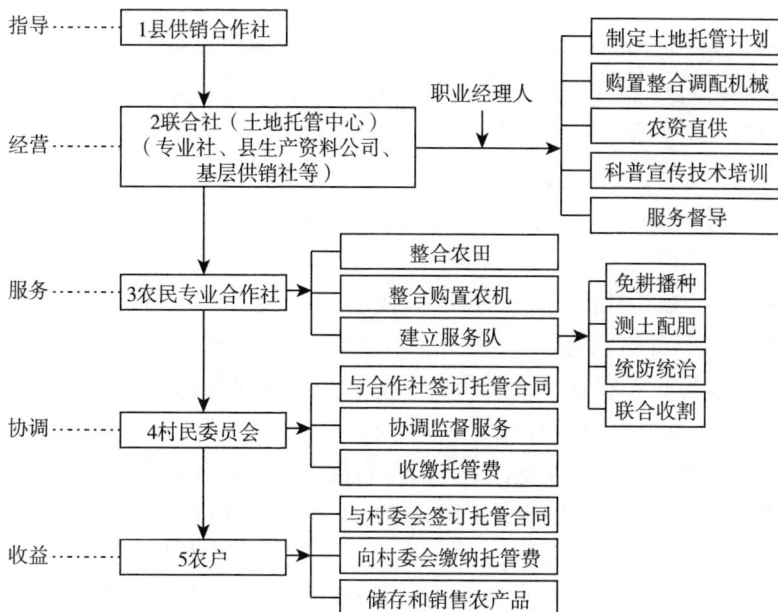

图3-20 方城县土地托管组织流程图

来源：方城县供销合作社。

土地托管分为两种方式：半托和全托。半托就是农户向托管中心缴纳托管费，托管中心负责种植，收获后农产品给农户；全托是托管中心给农户一定资金，农作物的种植和收益全部归托管中心。从半托到全托需要一个过程，一般先从半托做起，经过一段时间的运营探索再过渡到全托。值得注意的是，此种模式的规模很重要，如果托管的规模很小，就很难形成规模效应，农资的价格以及农机服务的价格就不会有较大幅度优惠，目前方城县每个托管中心的平均规模在3万亩。以半托为例，利益分配方式包括以下三个方面。

第一，托管中心和农户之间的利益分配方式为小麦一季的全托的托管费是300元，玉米一季全托的托管费400元，每季可为农户每亩节约100多元。托管中心与农户之间的利益关系包括①确保冬、秋两季每亩小麦、玉米产量各1 000斤，不足部分由托管中心补够。②超产部分按比例分成，农户占70%、托管中心占30%。

第二，联合社和成员社的利益分配关系。①购买农资的利益分配。联合社内，农资销售以后，利润在县生产资料总公司和各个成员社之间按照4：6分成，即公司占比为40%，合作社占比为60%。购买农资时，先由公司垫付资金购买；等合作社收到托管费后把农资费用再给公司。购买农资的资金都来自联合社的生产资料总公司，公司一般在淡季购进化肥，价格为400元/吨，旺季时卖给联合社内的成员社是一吨460元/吨，卖给社会成员是560元/吨。那么对于成员社而言，联合社一吨挣60元，这60元再按四六分成，其中40%分给联合社，60%归成员社。对于普通农户而言，如果是到市场购买农资，需要花费540元，而在成员社社员只需花费440元，也就是联合社在给农民让利100元的基础上每吨还能挣60元。②耕、种、收等各种服务费的利益分配。以耕作费65元/亩为例，成员社负责具体服务，得到60元/亩的服务费，联合社负责总体协调指挥，每亩提取5元。这5元服务费的总利润再按四六分成，联合社得到40%，60%给成员社。③项目的倾斜。没有成立联合社之前，一般的合作社很难得到农业项目，形成联合社之后，由于联合社操作规范，土地经营规模较大，所以很多农业项目向联合社倾斜。联合社拿到项目之后，会优先选择成员社里面实力较强的合作社进行操作。如省里的深耕项目，由联合社内的本庆种植合作社实施，实施农地 6 万亩，该项目本庆合作社共赚 22 万元。目前，由全国中华供销总社、财政部等多个部门下发的配送中心项目，又交由方城联合社完成，其中中央和省级拨付 280 万元，地方配套 280 万元。

第三，托管中心和村委会之间。由于村委会承担了协调土地、收缴托管费、签订合同等工作，所以托管中心按 10 元/亩给村委会付费，以充分调动村委会的积极性。

2. 公司＋合作社＋家庭农场或农户——小麦二产与一产有机结合的典范

这类模式是小麦产业化经营联合体最常见的形式，包含两种方式：一种是公司引领型，就是以公司为核心，公司作为最初发起的一方，通过合作社和农户进行合作，比较典型的代表是河南华星粉业集团公司（以下简称华星集团）的案例。需要指出的是，这里的公司是粮食加工业，公司主业是二产，公司并不直接经营一产，而是通过某个中介和一产联系。以华星集团最为突出。华星集团是生产面粉的龙头企业，需要稳定优质的粮源，通过与国家示范社永城市华星种植专业合作社的合作，示范带动一大批合作社、家庭农场等小麦生产主体为之供应小麦。这类模式的特点是先做强小麦的加工业，通过集团（农产品加工业）接一连三（图 3 - 21）。

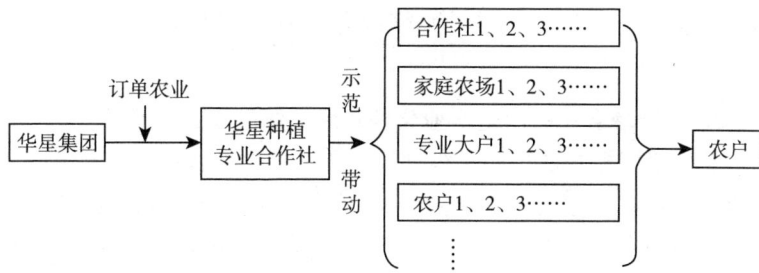

图 3 - 21 华星集团模式运作示意图

资料来源：华星集团内部资料。

其利益分配方式是集团收购价高于市场价（约 1.3 元/斤）10％的标准计算，亩增收 130 元；加上集团提供低于市场价的优质麦种及化肥、农药，免费为其缴纳农业保险，提供富硒肥，可为农民每亩减少费用 200 余元。此外，集团还采取"公司＋合作社（入股）"的利益联结机制，将总收益的 20％以分红形式分给与集团合作的公司、合作社或家庭农场。

另一种是合作社或家庭农场引领型，就是发起方是合作社或家庭农场，由合作社或家庭农场去寻找合作的公司，合作的核心是合作社或家庭农场，比较典型的是滑县焕永合作社和滑县阳虹家庭农场。这两个案例雷同，焕永合作社是和河南省布谷鸟农业公司合作生产小麦种子粮，阳虹家庭农场是和河南农业大学的种子公司合作，合作社或家庭农场是公司的生产基地，除了自己生产之外，还带动周边的农户种植小麦种子粮。这种模式的特点是规模较小，发展不够规范，因为是以合作社或家庭农场为中心，合作社或家庭农场本身的实力不够强大，所以带动农户能力十分有限，和公司的合作较松散，利益分配机制较简单，尚需进一步完善利益分配机制。

现有的利益分配机制是由公司提供种子，种植期间公司提供免费的技术服务，小麦成熟之后，由合作社提供人工简单包装，每千克比普通小麦高 0.5 元销售给公司，其他环节没有利益分配（图 3 - 22）。

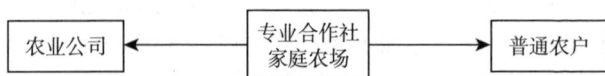

```
┌──────────┐      ┌──────────┐      ┌──────────┐
│  农业公司 │◄─────┤专业合作社 ├─────►│  普通农户 │
└──────────┘      │家庭农场  │      └──────────┘
                  └──────────┘
```

图 3 - 22　合作社或家庭农场引领型的小麦
产业化经营联合体运作示意图

3. 三产融合——小麦产业化经营联合体的高级形式

麦佳集团模式的核心是粮食加工业，首先是做实二产，搞好主食加工产业化。加大自主开发和生产投入力度，着力增加粮食精深加工产品的有效供给，逐步补齐产品短板，提升国际市场竞争力。其次，将二产和三产联结起来，高度重视粮食产品营销，通过麦佳超市、大客户等稳定客源，以销定产，解决了销售的难题。最后，将二产和一产结合。为了得到优质粮源，集团和农民专业合作社合作进行订单农业，带动小麦生产的标准化和优质化（图 3-23）。

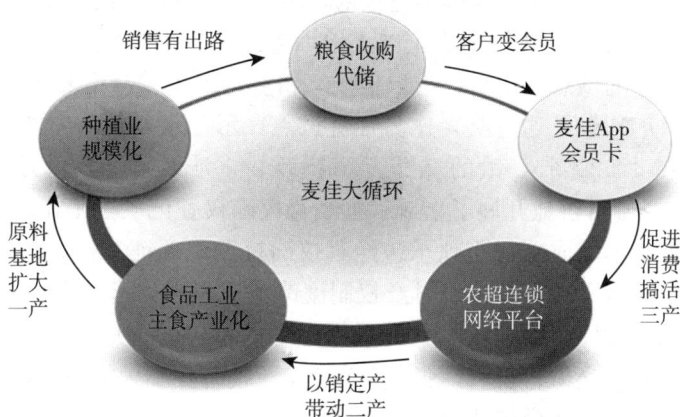

图 3-23　麦佳集团三产融合示意图

　　其利益联结机制是为了将小麦生产经营体系的所有主体紧紧聚合在一起，麦佳集团实施了共赢的科学的利益联结机制。首先建立会员制。所有和麦佳集团打交道的消费者、供货商、销售商、员工等全都是麦佳集团的会员，达到一定的消费量或者业绩之后会成为贵宾，成为贵宾之后可以在麦佳超市享受较大比例的购物优惠，另外还有照片上墙、出国游等多种奖励措施。每年麦佳集团会把 60%～70%的利润分给供货商、销售商、员工以及消费者（贵宾卡）。员工人人有股份，人人可以分红，最大限度地调动每个人的积极性。其与合作社合作时，会以高出市场价至少 10%以上的价格收购农产品。此外，其每年还会拿出一部分利润给予优质种植主体进行奖励。和三产结合时，除正常的工资外，还会给每个麦佳超市的总经理有额外的分红。

　　目前这种模式还比较少，需要一段时间发展，但这将是未来的发展趋势，对于那些小麦加工能力较强的地区比较适用。

　　4. 土地股份合作社——暂时空白，是今后发展趋势

　　目前，河南省范围内没有发现较为成熟的小麦生产的土地股份合作社，主要原因是：一方面河南省的土地确权工作开始较晚，土地股份合作社一般是在确权之后产生的。另一方面，河南省发展土地股份合作社的文化氛围不是很浓，多数人没有这方面的意识。

2015 年河南省被纳入全国土地承包经营权确权登记颁证"整省推进"的试点范围后，选取信阳、新乡等 8 个省辖市和 10 个直管县（市）以及通许县，作为推进试点，示范带动全省。2015 年全省在 1 529 个乡镇的 2.9 万个行政村，涉及 1 053.1 万户的 6 047.7 万亩耕地开展了土地承包经营权确权登记颁证工作。2016 年全省基本完成农村土地承包经营权确权登记颁证工作。2016 年新乡市出台了《新乡市农村产权制度改革试点工作指导意见》，明确提出，发展土地股份合作社，推动农村承包的土地由资源变资产，再通过交易、投资，变资产为资本。期待在不久的将来，河南省会涌现出土地合作社的典型。

3.4.5　参与意愿分析[①]

1. 数据来源

本书研究采用的数据来自 2016 年 6—8 月，由河南农业大学经济与管理学院的师生对河南省的南阳市（方城县）、驻马店市（正阳县、新蔡县）、安阳市（滑县、汤阴县、内黄县）、商丘市（永城市、民权县、虞城县）四地九县小麦种植大县市进行调研，具有一定的代表性。发放问卷 1 015 份，收回有效问卷 725 份。根据研究目的，调查内容主要包括以下三个部分：调查对象个体特征（年龄、受教育程度、工作类型）；农户土地经营特征（经营土地面积、一亩地纯收入、是否愿意种植小麦等传统作物）；农户对小麦产业化经营联合体的认知（对河南省小麦生产经营体系的现状评价如何、是否了解现有小麦产业化经营联合体利益分配方式、当地土地流转是否容易、是否参加了农业保险、对当地的社会化服务是否满意）。

2. 研究假说

在已有文献的基础上，结合河南省 4 地的具体调查情况，本书

---

① 　3.4.5 参与意愿分析部分已经发表于《农业经济》。

将影响农户参与小麦产业化经营联合体意愿的影响因素分为年龄、受教育程度等 11 个指标，具体分为以下三个方面。

一是调查对象的个体特征；包括调查对象的年龄、受教育程度、工作性质三个主要特征。其中，就年龄来说，年轻人比年纪大的人更愿意接受新事物，这里假设其预期影响为正；对受教育程度而言，学历越高，对新事物的理解更快，这里假设其预期影响为正；就工作性质而言，务工的人对农地的爱惜程度较小，更愿意把土地给小麦产业化经营联合体种植，因此假设其影响为正。

二是调查对象的土地经营特征，包括经营土地面积、亩纯收入、是否愿意种植小麦等传统作物。经营土地面积关系到农户从土地中能获得多少收入，经营的土地面积越多，对农业收入越在乎，越愿意参加较为先进的小麦产业化经营联合体，因此假设其影响为正。亩纯收入关系到农户每亩地的收益，对于亩均收益较高的粮食大县，土地的潜力挖掘已经比较多，对参与提高生产率的小麦产业化经营联合体兴趣不大，因此假设其影响为负。是否愿意种植小麦等传统作物关系到当地的种植传统，有些地方种植花生、蔬菜等经济作物，对小麦种植没有兴趣，就不愿意参加小麦产业化经营联合体，如果农户愿意种植小麦，就越倾向参加小麦产业化经营联合体，因此假设其影响为正。

三是对小麦产业化经营联合体的了解程度，包括对河南省小麦生产经营体系的现状评价如何、是否了解现有小麦产业化经营联合体利益分配方式、当地土地流转是否容易、是否参加了农业保险、对当地的社会化服务是否满意。农户对河南省小麦生产经营体系的现状评价关系到农户对改变现状的心理。如果对现状很不满意，就愿意参加可能带来更高收益的小麦产业化经营联合体，因此预期影响为正。是否了解现有小麦产业化经营联合体利益分配方式关系到农户对未来获得收益的预期，越了解小麦产业化经营联合体利益分配方式，越感到能获得更多收益，就越愿意参加小麦产业化经营联合体，因此预期影响为正。当地土地流转是否容易关系到小麦产业化经营联合体的健康发展，土地流转越容易，小麦产业化经营联合体越容易规模化，发展更顺利，农户越愿意参加小麦产业化经营联合体，因此预期影响为正。是否参加了农业保险关系到小麦产业化经营联合体的稳健发展，因为小麦很容易遭受自然风险，如果没有农业保险，小麦产业化经营联合体就可能遭遇重创，因此参加农业保险预期影响为正。对当地的社会化服务是否满意关系到小麦产业化经营联合体是否能够依靠社会化服务更好地发展，如果对当地的社会化服务很满意，小麦产业化经营联合体的发展更顺畅，农户对其发展前景看好，越愿意参加小麦产业化经营联合体，因此预期影响为正。

3. 变量定义

将农户是否愿意参与小麦产业化经营联合体作为被解释变量，其中 $Y=1$ 为愿意，$Y=0$ 为不愿意，将影响农户参与小麦产业化经营联合体的其他因素作为解释变量，具体定义如表 3-8 所示。

表 3-8　变量定义及预期作用方向

一级指标	二级指标	三级指标	预期	备注
小麦生产经营体系参与意愿（A）	个体特征（B_1）	年龄 X_1	+	
		教育程度 X_2	+	
		工作 X_3	+	
	经营情况（B_2）	土地面积 X_4	+	
		亩均收入 X_5	—	元/亩
		小麦种植意愿 X_6	+	
	认知程度（B_3）	现状认识 X_7	+	
		利益分配 X_8	+	
		土地流转 X_9	+	
		农业保险 X_{10}	+	
		社会化服务 X_{11}	+	

4. 数据的描述性分析

在调查对象中有 433 人选择了愿意加入小麦产业化经营联合

体,占调查总人数的59.72%,说明多数人对小麦产业化经营联合体持支持的态度。

(1) 在调查对象的个体特征方面:①年龄。35～55岁的农户占主要部分,说明在家务农的多数是中老年人。其中,35岁以下的占比为12.14%,35～45岁的占比33.38%,46～55岁的占比为41.66%,55岁以上的占比为12.83%。②受教育程度。以高中以下程度为主,占比为89.79%,大中专以上学历的占比10.21%。虽然后者比例不高,但一定程度上表明农业劳动者的文化和科技素质呈现良好的发展态势。③工作类型。农民自己在家务农占主要部分,占比为53.66%,务工的占比46.34%。

(2) 在调查对象的土地经营方面:①目前经营的土地面积多为10亩以下,占比为65.79%。②亩均纯收入多在800元以下。其中,500元以上的占比为43.59%,501～800元的占比为32.97%,800元以上的占比为23.44%。③是否愿意种植小麦等传统作物,愿意种植的占比为17.38%,不愿意种植的占比25.38%,说不清楚的农户占比最多,为52.69%。

(3) 调查对象对小麦产业化经营联合体的认知方面:①对河南省小麦生产经营体系的现状评价整体上为"一般",其中认为"很差"和"较差"的共占比为12.83%,认为"一般"的最多,占比为68.55%,认为"很好"的占比为18.62%。②在是否了解现有小麦产业化经营联合体的利益分配方式方面,"完全不了解"和"了解不全面"的占比为26.48%,"知道一点"的占比为60.83%,"了解"的占比为12.69%。③当地土地流转难易程度方面,认为"容易"的占比为5.79%,认为"较容易"的占比为63.03%,认为"较难"的占比为25.93%,这说明目前河南省土地流转被大多数农户接受。④是否参加农业保险方面,很多农户不知道农业保险为何物,说明河南省农业保险宣传不到位;参加保险的仅占比5.24%,没参加保险的占比为10.62%,不知道农业保险的占比为84.14%。⑤对当地的社会化服务是否满意方面,认为"满意"的占比为51.45%,认为"比较满意"的占比为47.03%,认为"不太满意"和"不满意"的占比仅为 1.52%，说明农户对当地的社会化服务普遍满意。

5. 模型建立

本书所考察的是农户参与小麦产业化经营联合体的意愿，含义为农户是愿意参加，还是不愿意参加，结果只有 2 种，即愿意和不愿意。传统的回归模型由于因变量的取值范围在正无穷大与负无穷大之间，在此处不适用，故采用二元因变量的 Logistic 回归分析模型，通过采用最大似然估计法对其回归参数进行估计。Logistic 回归分析模型为

$$p_i = F\left(\alpha + \sum_{i=1}^{9} \beta_j X_{ij}\right) \qquad (3-1)$$

公式 3-1 中，p_i 表示一个选择分布，X_{ij} 表示影响因素，F 服从一个标准的 Logistic 分布。本书所建立的模型为

$$P(Option = 1 \mid X_i) = \frac{\exp\left(\beta_0 + \sum_{i=1}^{n} \beta_i X_i + \mu\right)}{1 + \exp\left(\beta_0 + \sum_{i=1}^{n} \beta_i X_i + \mu\right)} \qquad (3-2)$$

公式 3-2 中，P 为农户参与小麦产业化经营联合体的概率，X_i 为影响农户参与小麦产业化经营联合体的各种因素，μ 表示随机扰动项。

6. 结果分析

表 3-9、表 3-10 的检验结果说明了上述模型的整体上呈现显著性，适合进行下一步研究和讨论。

表 3-9　模型信度检验

		Chi-square	df	Sig.
	Step	139.305	11	0.000
Step1	Block	139.305	11	0.000
	Model	139.305	11	0.000

表 3-10 模型综合检验

Step	−2Loglikelihood	Cox & Snell R Square	Nagelkerke R Square
1	838.160[a]	0.175	0.236

a. Estimation terminated at iteration number 4 because parameter estimates changed by less than .001.

表 3-11 的结果分析显示，在 10% 的显著性水平上，指标 X_6 具有显著性，在 1% 的显著性水平上，X_5、X_7、X_8、X_9、X_{11} 具有显著性。从二级指标的分布来看，个人特征的三个三级指标 X_1、X_2、X_3 均不显著；经营情况的三个三级指标 X_4、X_5、X_6，除了 X_4 指标外，其余两个指标具有显著性；认知程度的五个三级指标 X_7、X_8、X_9、X_{10}、X_{11}，除 X_{10} 指标外，其余均具有显著性。

表 3-11 包含在方程中的变量估计值及检验值

		B	S.E.	Wald	df	Sig.	Exp（B）
Step1[a]	X_1	0.008	0.099	0.006	1	0.937	1.008
	X_2	0.133	0.257	0.269	1	0.604	1.142
	X_3	−0.016	0.052	0.097	1	0.756	0.984
	X_4	0.000	0.014	0.001	1	0.972	1.000
	X_5	−0.336	0.097	11.939	1	0.001***	0.714
	X_6	−0.233	0.096	5.928	1	0.010*	0.792
	X_7	0.608	0.183	11.082	1	0.001***	1.837
	X_8	0.723	0.173	17.524	1	0.000***	2.060
	X_9	−0.735	0.123	35.541	1	0.000***	0.479
	X_{10}	−0.100	0.170	0.346	1	0.556	0.905
	X_{11}	−0.787	0.161	23.768	1	0.000***	0.455
	Constant	0.884	1.217	0.528	1	0.468	2.420

a. Variable(s) entered on step1: X_1, X_2, X_3, X_4, X_5, X_6, X_7, X_8, X_9, X_{10}, X_{11}.

第一，个体特征对意愿的影响不大。在预期中课题组根据实际调研情况做出了个体体征对参与小麦产业化经营联合体可能出现或正或负的影响，但是模型运行结果显示个人特征的三个指标均不显著，这说明年龄、受教育程度、工作类型对参与小麦产业化经营联合体的意愿影响不大，在宣传发动小麦产业化经营联合体的过程中，可以忽略农户的个体差异。同时也说明，个体特征对意愿影响的结果是比较复杂的，需要从当地的风俗习惯、经济水平和接受新事物的能力等多角度来综合考虑。

第二，经营情况对意愿的影响较大。除了土地面积指标 X_4 不显著外，收入指标 X_5 和小麦种植意愿指标 X_6 均呈现显著性。面积指标不显著说明了农户种植的面积与其参加的意愿没有必然的联系；在预期中，课题组原本预计种植面积与参加意愿呈反向的关系，即土地越少的农户，越是愿意加入经营联合体；事实上，在调研中课题组发现农户对土地有特殊的偏好，土地的就业功能还比较强，土地的养老保障功能虽淡化但是仍没有消失，很多原因导致了预期的不确定性。收入指标 X_5 与意愿有着相关性，在预期中课题组提出了反向相关，即收入越少的人越希望加入小麦产业化经营联合体，希望给自己增加收入，模型结果符合课题组的预期。小麦种植意愿指标 X_6 与意愿呈正相关，符合课题组的预期，农户越愿意继续种植小麦，参加小麦产业化经营联合体的意愿越强烈。在调研中课题组发现河南省的农户多采用轮作的方式，小麦—玉米占到大部分，这些地方小麦种植是农业收入的重要部分，所以种植小麦的意愿很强烈，参加小麦产业化经营联合体的意愿也很强烈。正阳县采用的小麦—花生轮作方式具有地方特色，对小麦种植不是很重视，参加小麦产业化经营联合体的意愿不强烈。

第三，认知程度对意愿的影响很大，五个三级指标中，只有 X_{10} 农业保险指标不显著，经过进一步的调研分析，多数农户认为小麦的自然风险较低，故不愿意参加农业保险，尤其是种植规模较小的农户更是如此。对小麦生产经营体系的现状认知指标 X_7、小麦产业化经营联合体的利益分配指标 X_8、土地流转指标 X_9 和社会化服务 X_{11} 与意愿具有相关性，说明农户在加入经营联合体时，非常关注这四个问题，因此在以后的推广中需要大力宣传这些因素。

3.4.6 小麦产业化经营联合体特征

小麦产业化经营联合体是现代农业产业化组织形式的最新表现。就内涵来说，小麦产业化经营联合体是落实农业供给侧改革，保障国家粮食安全，促进农业增效和农民增收，以市场为导向，以龙头企业为核心、种植大户和家庭农场为基础、专业合作社为纽带，以订单、增值、共享形成相关产业集群、优质要素集约和各方利益共赢，集种植、加工和服务于一体的新型农业产业化经营的组织联盟（图3-24）。

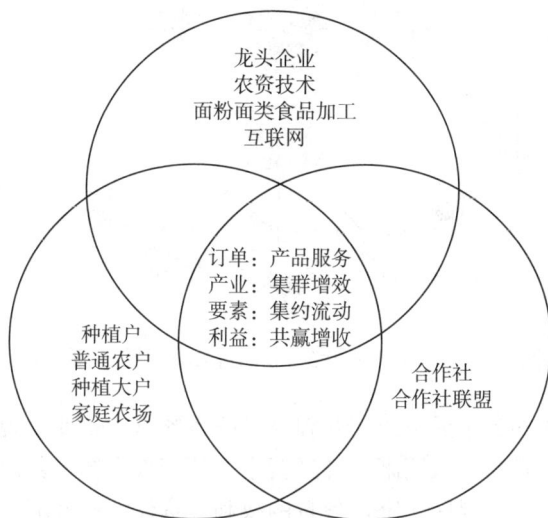

图3-24 小麦产业化经营联合体不同类型成员联结方式示意图

1. 产权明晰的经营联盟

小麦产业化经营联合体由两个及其以上类型的独立的生产经营主体所组成的紧密型组织联盟，主要包括三大类：种植户（普通农户、种植大户、家庭农场）、种植合作社（含合作社联盟）、公司（农资公司、面粉和面类食品加工公司、互联网公司等）。通常，加工公司是引领主体和联合体的龙头和核心，合作社是服务主体和联合体的桥梁和纽带，家庭农场是种植主体和联合体的基础和根本（图3-25）。

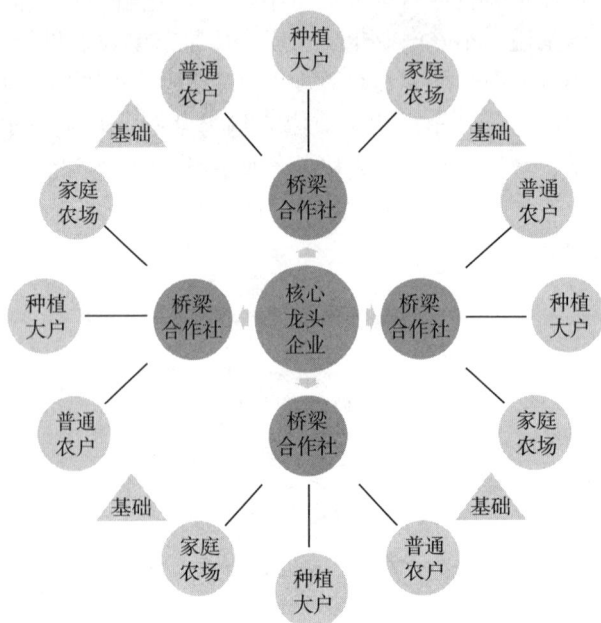

图3-25　小麦产业化经营联合体的成员结构示意图

联合体的各个成员既相互独立又联系紧密，主要表现如下。

第一，各自产权明晰。各经营主体的产权主体及其内部产权的法律归属明确、界区明晰，各自的权利、责任、义务清楚，解决交易摩擦有制度保障。

第二，市场有效配置。各个经营主体即产权所有者完全能根据市场经济有效行使其权利、表达意志、实现利益，诸如与谁联合、如何联合、获益最大等，以发挥产权对所有者的激励与约束作用，从而达到产权结构优化配置。

第三，相互合作制衡。各个经营主体之间主要通过协议规范合作双方的责权利和业务，以达到促进联合和防范违约；同时各个经营主体的资产所有者、支配者、管理者之间的委托—代理关系及各种权能之间相互制衡，使各自的权利与责任明确、利益与风险对称，最终有利于提高产权的运行效能，如龙头企业的公司治理结构、合作社的合作制、股份制和股份合作制管理。

第四，平等公平交易。各经营主体作为独立的产权主体，在市场交易和联合体内部交易、利益分配方面，无论地位、待遇还是交易规则一律平等，同时按照市场经济的自由竞争、进退灵活的规则选优汰劣，以不断优化成员构成，提高联合体的整体素质，保证联合体的高效运营。

2. 三产融合的产业集群

联合体的各成员如加工公司等龙头企业和合作社、种植户之间，通过协商沟通达成共识，出于相互信任和美好愿景进行联合，基于产业链、价值链进行专业化分工和社会化协作，建立了融农资供应、耕种施肥、灌排植保收获粉碎、运输销售、烘干晾晒、储藏制粉、精深加工、面类食品、互联网运销等三产高度融合的全产业链于一体的小麦产业化集群。在生产经营主体筛选方面进行强强联合，如华星集团选择国家级示范社永城市华星种植专业合作社，华星合作社再选择当地较规范、信誉好、素质高的其他小麦种植合作社、家庭农场、种植大户和普通农户进行合作。在小麦产业链的上下环节之间通过订单协议和利益共享机制进行纵向联合。

第一，农资供应方面与省内外著名的公司进行直销合作。如良种供应，与河南金粒种业有限公司合作，集团先以 2.2 元/斤的出厂价购入并赊销给种植户；如果种植户履行订单约定，小麦种子价格按 2.6 元/斤从订单收入中扣除，若种植户不愿履行约定，小麦种子价格则按 3 元/斤收取。

第二，小麦种植方面，积极探索灵活的小麦规模化种植模式。方城县积极探索灵活的小麦规模化种植托管模式。

一是半托管，即在充分尊重农民意愿的前提下，由村委会协调组织农民与合作社联合社的成员社签订半托管协议（合作社给协调费 10 元/亩）。农民先缴纳一定的托管费（小麦 300 元/亩，9 月份及小麦收割后各缴一半；玉米 400 元/亩，4 月份及玉米收割后各缴一半），成员社在合作社联社的统一调配下，负责半托管土地的小麦、玉米种植的全程作业和服务，包括统一化肥、种子供应，统一技术指导，统一农机作业如耕旋、播收、除草、病虫害防治等，若遇自然干旱需要浇地时每亩浇灌一次收费 30 元。成员社作为托管方的责任是，确保冬、秋两季每亩小麦、玉米产量各 1 000 斤；不足部分由成员社补够；超产部分按农户 70%、成员社 30%分成；若遇人为不可抗拒的自然灾害造成的减产（经相关农技专家审定），合作社不负责补偿。但合作社所投的农业保险，扣除保险费后保险赔付部分归农户。

二是土地全托管，即土地流转。合作社与农民签订土地托管服务协议，合作社向农民支付一定地租，打破户与户之间的界限，土地成方连片，实行统一耕种、统一管理、统一收割的全程托管服务，农产品收获后全部归合作社所有。

其特点是：①坚持"三权不变"，盘活农地使用权，扩大农民土地收益权，即土地集体所有权、土地家庭承包权、承包土地经营权不变，农民经营主体不变、农民受益主体不变，不用进行土地流转。一是打消了许多农民害怕失去土地的顾虑，与农户容易进行沟通谈判。二是无需支付巨额的土地流转费或租金，大幅减轻成员社的资金压力，既有效分散了资金链断裂的风险，又使成员社腾出资金购买大面积的农业保险，防止发生严重自然灾害导致合作社破产倒闭，农民利益严重受损。②农产品归农户和确保单产基数、超产分成机制，充分调动了双方的积极性。一是成员社精心管护，农户积极监督，有效避免了偷盗破坏农作物生产，尤其是玉米；二是合作社精心挑选高素质的职业经理人担任合作社管理人员，农户积极推荐、挑选高素质农民到合作社打工。③"联合社＋专业合作社＋村'两委'＋农户"协同运作。一是成立联合社。县供销社下属的农资公司为控股方，因其资金实力雄厚和购销渠道众多、人脉网络广泛，既解决了合作社购买大批量农资的压力，也确保了农资产品和服务的质量；联合社整合各成员社资源，进行统一调配，有效提高了农机、场地、人才等资源的利用率和合作社的经济效益。二是培育成员社。联合社不仅负责成员社的负责人、农机手的培训和农业技术培训，而且帮助各成员社规范管理，建立健全各项管理制度，帮助成员社做大做强。三是调动村委会。合作社和村委会签订托管合同，不和农户直接打交道，大大减少了阻力和工作量。因村委会距农户最近、与农户最熟悉，沟通更方便，充分发挥了村委会的沟通、协调、组织、监督作用。

第三，小麦产业链延伸方面与海内外知名的公司进行优势互补联合，发展精深加工，提高产品附加值。如华星集团投资 5.2 亿元人民币，在永城市产业集聚区食品产业园内，与台湾三叔公食品有限公司合作，成立河南硒麦食品有限公司，采用先进的食品加工工艺和管理模式，对强筋富硒小麦进行精深加工，主要生产差异化功能的休闲食品以及其他富硒面包、富硒糕点等产品，积极打造国内一流的规模化、标准化、品牌化的高端有机食品精深加工示范园。

3. 合作共赢的利益机制

在市场经济条件下，联合体成员均是理性经济人，都是追求自身利益最大化，但各成员的利益大小与联合体的效益、分配、激励密切相关。因此，共赢的利益机制应包括各成员齐心协力共谋联合体效益最大化的行为机制、效益合理化的分配机制和稳定有效的激励约束机制等。通过上述三个机制的有序的协同作用，联合体的各成员均能实现自己利益的最大化。效益最大化机制是联合的目标，效益合理分配机制是联合的核心，激励约束是联合的保障。

首先，各成员在联合体构建及其运行过程中，从维护自身利益和联合体的共同利益出发，按照联合体的组织架构、规则等协同行动，并对外部环境中各种经济现象及其变动做出正确的反应，以实现联合体效益最大化。

其次，在联合体效益一定的情况下，各成员的效益分配必定是零和式的此消彼长。与处在产业链高端的核心成员如精深加工公司相比，普通农户、大户、家庭农场甚至合作社，无论是在对联合体效益的贡献，还是经济实力等，均处于相对弱势地位，故在利益分配上的话语权和表决权等也相对弱势。因此，更需要各成员沟通协商博弈最终签订上下环节的合作和效益分配协议，确立权责利关系，相互监督各方行为，大幅降低联合体内交易费用，既严格约束小麦精深加工企业拒收、压级压价以转嫁市场风险，又有效防范小麦生产经营主体发生逐利掺假、外销等违约行为。

最后，通过公正合理有序的效益分配，诸如按专长定合作、依市场下订单、按质论价、按股分红等，把各成员紧密联结，形成风险共担、利益共享的共同体，对各方实现有效的激励约束，强化各方的诚信意识，确保各方联合的紧密与稳定。

居于小麦产业链顶端的精深加工企业是创新小麦最终价值、实现小麦大幅增值的生产经营主体，也是拥有联合体效益合理分配话语权和决定权的重要一方。其能否向联合体成员或小麦产业链各个环节让利、让利多少、让利方式等，直接影响联合体的构建及其能否可持续发展。

与联合体内的小麦种植户的利益联结方面。以华星集团模式为例：①其订单收购价高于市场价（约 1.3 元/斤）10%，按小麦亩产 1 000 斤计算，种植户亩增收 130 元；②以赊销方式向其提供低于市场价（0.4 元/斤）的优质麦种及化肥（40 元/亩）、农药（5 元/亩）；③免费为其提供富硒肥、缴纳农业保险（5 元/亩），既大幅减少了农户的种植费用，也确保了自身优质专用小麦的原料来源稳定。

与联合体内的农民专业合作社的利益联结方面。以永城市的华星集团模式为例，由于永城市华星种植专业合作社在优质专用小麦种植和收购以及联结集团与种植农户方面发挥了重要的组织管理和桥梁纽带作用，因此集团通过合作社在小麦收割期按合同约定高于市场价10%～15%收购；待小麦入仓后，集团将小麦收购费的5‰给合作社作为协调费；集团拿出加工订单优质麦利润的20%给合作社，以激励其对一产加强统一管理和培训，确保优质专用小麦的品质和产量，同时带动小型合作社规范化管理和发展，引导更多农户加入合作社，从而联结数万农户为一体，使集团和合作社、种植户真正形成一个稳定紧密、利益共享的新型小麦产业化经营联合体。

4. 优质要素的高效集约

现代农业经营要素包括土地、资本、技术、劳动等传统要素和信息、知识、互联网等新兴要素。优质的经营要素的流动和配置直接决定着经济组织的活力和效益。通常，经营要素流动追逐经济利益。在市场机制作用下，优质的要素自然流向高收益的经营项目，并通过规模增减、转换替代、联结融合等实现优化配置，加速产业和组织的转型升级。

第一，土地使用权流转或土地托管奠定了联合体形成和运营的基础。党的十八届三中全会以后，打破了农村土地家庭联产承包责任制所固化的土地所有权为集体所有、土地承包经营权为农户所有的"二权"关系，土地承包经营权分解为承包权农户持有、经营权放活、使用权流转的"三权"分离，尤其是目前农村土地承包经营权的确权登记颁证，明晰了农用地用益物权和担保物权，加快了土地和农民利益关系的分化，促进了土地通过租赁、托管、银行、股份合作等多种形式向经营能手流转，实现了适度规模经营。土地使用权按照依法自愿有偿原则，通过搭建土地流转平台、规范土地流转程序、引入事前准入审核、事中监督管理等机制，向新型小麦产业化经营联合体内的经营主体流转，流转价格（租赁费、托管费、利息、股息红利）由市场定价，通常高于农户自己经营的收益，结算方式采取货币或实物结算，流转收益全部归承包农户所有。土地托管由于不打破现有的土地家庭承包经营的格局、不需要土地流转就可实现土地的规模化经营、大中型农机具的高效利用和机械化作业、减少谈判交易时间和费用、享受农资价格优惠等，从而达到农业增效、农户和托管者各取所需，实现互利共赢，即农户得到足够的粮食等农产品及其收益、托管者得到规模经营的高效益。所以，联合体受到广大农民的欢迎，得到了快速发展壮大。

第二，资金流动有效缓解联合体内种植主体资金不足。一是联合体内的龙头企业利用自身雄厚的经济实力和资信，赊购或垫资购买、再以优惠价向种植户提供农资，以高于市场价收购小麦，待收购小麦时扣除，有效解决了种植户及其合作社等流动资金不足的问题；或利用自身优质的资产和信用，为其生产经营性贷款提供担保。二是种植经营主体可以自有的土地经营权、流转的土地使用权及大中型农机等资产向龙头企业进行反担保，或开展多种形式联保贷款。三是合作社利用资金互助机制将种植户的闲散资金聚合起来，自我解决种植户及其合作社的资金需求。四是国家财政资金以参股、基金、补贴、奖励、保险等多种方式支持小麦产业化经营联合体的发展。截至2016年底，河南省农业综合开发公司通过财政资金参股经营、基金投资了河南省14家小麦加工企业，总金额5亿～6亿元，平均每个支持强度达4 000万～5 000万元，大大促进了河南省小麦产业化经营联合体的发展壮大，培育了一批像华星集团、麦佳集团在我国同行业的知名企业和品牌。

第三，专用资本有效配置促进联合体可持续快速发展。专用资本主要包括人力资本，如职业经理人、技术人员和种植能手及专用型资产，如小麦种植、加工等大中型农业机械设备等。随着小麦产业化经营的规模化、专业化、智能化水平的日益提高，作为联合体人力资源主力的职业农民和职业经理人员，如家庭农场、种植大户和普通农户及农机大户和农机合作社的员工和负责人，其专业素质急需提高，除了定期参加国家组织的各种公益性培训，还可委托高校和科研院所对自身员工进行专业化培训、实训，甚至与其建立密切的产学研合作关系，聘任专家定期到现场讲学、技术指导，通过借脑借智帮助企业规划策划，与合作方在联合体内共建产品技术设备研发和培训实训、实习实践基地，有效解决高素质技术和经营管理类人才下不来和留不住的难题。为扭转"麦强面弱"现象，华星集团在小麦精深加工、产品研发方面致力于产学研结合，不惜重金投资科研，与武汉工业大学食品工程学院国家公众营养与发展中心签订科研合作协议，中心专家组帮助集团进行生产技术工艺改造，新产品开发制定实施方案。与武汉大学共同研发"富硒强化营养粉",与河南工业大学研发"矿工专用粉",与国家公众营养中心研发"学生营养强化面粉"。

分散在各个生产经营主体的大中型专用型农业机械和烘干、储存、加工设备等,可以通过联合体、合作社及其联合社统一调配或订单服务、入股参股等进行优化配置,提高利用效率,达到共用共享共赢。

第四,"互联网+"全面提升联合体的合作共赢水平。联合体以龙头企业为主,联合内部各生产经营主体,与国内知名的互联网公司联合,创建互联网电商平台,旨在发布品牌、资源、要素和产品信息,将物联网、移动互联网全面覆盖小麦全产业链的各个环节,增强联合体对国家宏观经济、产业政策、产品服务市场、科技进步等外部信息和联合体内各生产经营主体的内部信息的即时获取、实时交换共享和应变处置能力,全面提升联合体的专业化、自动化和智能化管理水平。

新蔡县的麦佳集团以互联网为纽带,贯穿农户种养、企业加工、农超连锁三个产业,推进信息进村入户,实现电商网络与配送体系进入农村社区,解决农村电商配送"最后一公里"难题,让农民分享互联网带来的便利,为农民增加农产品网络销售渠道。一是创立麦佳互联网电商平台,功能强大、操作简单、使用方便,农户点击智能手机屏幕,种子、化肥或生活用品就可送货到家,还可在第一时间获得招工、培训、农产品收购等信息,形成"农户+公司+网络"的网商运营新模式。二是设立农超食材配送、连锁管理公司,借助麦佳互联网电商平台,依托集团优质的清洁粮源基地、原生态的种养加模式,分销商、经销商遍布全国各地,拥有几十个办事处,积极推广安全、健康、美味、放心的食品文化,重点打造从田园种植到消费者餐桌的原生态的天然食物产业链条,采用全程可追溯系统,实现全程冷链配送,致力于让消费者体验到从农田到餐桌的新鲜、便捷和优质的宅配服务;面向农村的近万平方米的农超连锁,融合现代餐饮管理模式和经营理念,建立起原料采购、后勤生产、食品加工、食品包装与餐厅员工操作的五大标准化体系，为农户提供优质价廉的农资产品和生活用品，主食、蔬菜、肉类、果蔬、蛋奶、菌类、调味料共 7 个品项、200 多个的产品品种，均来自集团的清洁粮源基地和原生态的种养加基地，实行严格的七大源头管控，所有蔬果均是当天采摘当天配送；集团计划再建 50 多家覆盖县、乡、村三级农超连锁直营店及县级物流配送中心，打造新蔡县农超连锁第一品牌。三是建立麦佳众创空间，重点瞄准返乡创业的大学生群体，专注孵化"三农"创新项目，实现创新与创业、线上与线下、孵化与投资相结合，为创业者提供良好的工作空间、网络空间、社交空间和资源共享空间；同时，通过创客平台组织专业培训、创业讲座、结对帮扶等方式，做好专业知识普及，促使众多的知识农民转型成为"创客"。

华星集团与市农业农村部门及北京农信通合作，利用"12316"资源服务平台，建设"县级电子商务平台"，提供"一站式"服务，包括农业公益服务、便民服务、电子商务及培训体验服务。一是设置乡镇级店、行政村店、自然村店，根据需求每个行政村、自然村至少配备 1~2 名信息员，要求每名信息员有文化、懂信息、能服务、会经营，做到村村都有店，覆盖全永城，形成"区域品牌"。二是以运营平台开设代买代卖端口服务农民，为农民提供免费和低价服务，使产品销往全国。三是推进村务、商务、服务三务合一的村级综合服务。集团自建有冷链物流配送中心，一个乡镇建设一个物流中转站，配送到村级，确保网上交易及时送货上门，支持货到付款。四是高度重视食品安全的每个环节，应用互联网、物联网等信息技术开展质量追溯体系建设，全面采集小麦全生育期及小麦入仓、出仓、生产加工的数据信息，产品做到一批一码，消费者通过扫描二维码即可全程了解手中产品，实现从田间到餐桌的全过程溯源查询，确保产品的质量安全。

5. 全面精细的经营管理

小麦产业化经营联合体涉及小麦全产业链的各个环节和众多的生产经营主体。小麦产业关系国计民生，是国民经济基础的基础、基础的基石，其最显著的特点是产品需求量大、利润率薄。全产业链的任何一个环节的经营管理不到位都会导致生产经营亏损，任何一类生产经营主体利益没有处理好，就会引起产业链条的断裂和联合体的崩溃。

因此，无论是联合体内部各个环节、各个生产经营主体之间签订的要素合作联合协议、产品和服务订单中各方责权利的规定等，以及协议、订单的履行和监督，还是各个生产经营主体的经营理念、发展战略、企业文化、人财物等要素管理和产品生产、质量控制、销售服务等各项管理，都需要通过前瞻性的运筹谋划、扁平化的组织架构、完善的岗位责任制、严格的规章制度、合情合理的激励约束机制等，做到全面深入细致、切实可行科学，向经营要效益，向管理要效率。

3.4.7 促进联合体发育的主要措施

第一，重视宣传。政府要全方位宣传小麦产业化联合体。通过多种渠道，例如、电视、广播、网络等多种媒体，让小麦经营主体了解联合体的内涵，熟知其优点，重点宣传当地小麦生产经营体系的现状、小麦产业化联合体的利益分配、土地流转和社会化服务情况。不用过多考虑农户个体特征，可向各种类型的小麦经营主体宣传。

第二，政策支持。从国家到省、市、县各级政府要出台多种优惠政策支持和鼓励小麦产业化联合体发展。成立专门的行政组织协调机构，结合当地实际研究制定具体措施，加快出台相关的指导和支持意见。例如，土地政策、金融政策、人才政策、劳动力培训政策等。

第三，培育龙头。各级政府要培育小麦产业化联合体的"龙头"。根据当地实际情况，政府可以选择实力比较强大的农民专业合作社、家庭农场、龙头企业为扶持的主体，让它牵头，联合其他经营主体成立农业产业化联合体。值得注意的是，哪个经营主体作为"龙头"没有固定模式，不是必须由龙头企业牵头。联合体对人才的要求很高，因此相关部门要注意培养具备综合素质的领军人物，比如农学、经济、管理、信息技术等。联合体可以和农业类高等院校建立产学研结合体，提前在学校储备人才，以便更好地解决人才稀缺问题。

第四，示范带动。以小麦主产县为重点，在小麦种植散户比较多的地区，政府相关部门引导，先成立一些示范联合体，通过示范带动更多的联合体发育。各级相关主管部门可以发布示范性农业产业化联合体名录，吸引众多主体参与进来，进而打造功能互补性强、产业关联度高的现代农业产业集群。在调研中课题组发现河南省的农户多采用小麦—玉米轮作的方式，这些地方小麦种植是农业收入的重要部分，所以农户种植小麦的意愿很强烈，参加小麦产业化联合体的意愿也很强烈。反之，如果小麦种植不是农业收入的主要渠道，农户参与联合体的意愿就会降低很多。因此，要选择小麦—玉米轮作的粮食主产县来进行推广。

4 影响河南省培育新型小麦生产经营主体的主要因素

4.1 企业因素

众所周知，龙头企业一直都是小麦产业的骨干力量，对小麦产业的发展发挥着重要的作用。根据课题组的问卷调查，有 14.76％的农户认为"龙头企业缺乏带动能力或带动能力不强"。从华星集团案例和麦佳集团案例，可以看到二者的共同特点是粮食加工业比较发达，这些粮食加工企业为了获得稳健、长远的发展，主动和一产、二产联合，形成了"公司＋合作社＋农户"的联合体模式。这种模式里面，加工企业的健康发展是核心，以二产带动一产和三产的发展。调研发现，粮食大县滑县没有较为高级的小麦产业化经营联合体，仅有比较初级的以合作社为核心的小麦产业化经营联合体，规模很小，作用十分有限。究其原因，主要就是因为滑县没有实力强大的粮食加工企业，滑县农民只能获得微薄的一产收入，无法获得小麦产业化经营联合体的利益共享收入。因此，课题组认为，龙头企业是小麦生产经营体系创新发展中的第二因素。

龙头企业是小麦产业中重要的力量，也是小麦生产经营体系创新的重要来源之一。但是龙头企业在发展小麦产业化经营联合体过程中遇到多重困境。首先是人才困境，企业拥有的人才多数是管理类、技术类的人才，缺乏既懂小麦生产又懂小麦加工经营的复合型人才。以华星集团为例，集团曾和多个合作社有过合作，多以失败告终，后来总结经验，改为和一个实力较强的合作社合作，通过这个大合作社再与其他众多的小合作社来交流，经过几年的探索终获成功。集团目前非常希望招募一些懂得小麦三产的复合型人才。其次是资金困境。由于河南省的小麦加工企业总体上处于深加工能力不强的状态，企业想进一步发展，但是资金不够，自己的本业都没有做好，更没有心思去和一产、三产搞联合经营。而且和其他产业联合，也需要巨额资金的支持，但很多企业难以承受，融资能力远远不够。所以政府要出台政策积极支持小麦加工企业的发展，使其强大起来。

4.2　合作社（家庭农场）因素

河南省现有十几万家合作社和 3 万多个家庭农场，数量虽多，但是规范的、实力雄厚的合作社为数不多。合作社或家庭农场处于小麦生产的第一线，是最有动力，也最有条件进行小麦产业化经营联合体的创新。但是调研发现，多数合作社并没有多大的兴趣做联合体，究其原因，自身实力较弱，在当地的影响力有限，联合体需要协调多方力量，如果农民对合作社没有足够的信任，是很难协调成功的。做得较好的滑县焕永种植农民专业合作社社长是当地人，多年为当地百姓谋福利，获得大家的尊重和信任，才取得了现在的成绩。此外，合作社带头人的综合素质不高也是一个难题，制度创新需要带头人具有较高的素质，很多合作社或家庭农场的负责人尚不具备这些条件。

4.3　农户因素

在调研过程中课题组发现，农户普遍对小麦生产经营体系的现状认知有限，对"小麦产业化经营联合体"不熟悉，有超过一半的农户不清楚什么是"小麦产业化经营联合体"，更不知道其利益分配方式，不知道其能否给自己带来好处。据模型分析，联合体的利益分配方式与农户参加联合体呈正相关关系，农户越了解联合体的利益分配方式，越愿意参加联合体。因此，合作社、龙头企业等新型经营主体在进行"小麦产业化经营联合体"的组织创新时会遇到交易费用较高的困境，需要给农户宣传，做思想工作，协调成本较高，这样十分不利于小麦产业化经营联合体发展。方城县取得较好效果的经验是政府出面进行全方位的宣传，农户对"小麦产业化经营联合体"比较了解，如果没有政府的强有力宣传，方城县的土地托管很难取得那么好的成效。根据前面的模型分析，农户越愿意种植小麦，越愿意参加联合体。因此，要在有小麦种植传统的地区对农户进行宣传发动，尤其要重点宣传联合体的利益分配方式。

4.4 政府因素

在小麦生产经营体系中，小麦产业化经营联合体是一个新生事物，它是一个制度的集合体，需要政府的参与来创新这些制度。因为政府的参与可以降低社会运行的交易费用，消除组织制度创新的政治风险，也会改变社会的激励结构。目前，农村的经济组织面临的制度环境发生了变化，从而出现了新的潜在收益或者获利机会，于是必然导致经济组织的制度出现非均衡，从而诱导或迫使经济组织的制度变迁。南阳市方城县土地托管模式就是很好的例子，它是在省供销社系统大力改革的背景下产生的，由县供销社系统的牵头组织实施，县政府给予了大力支持，全方位地宣传，专门出台了相关文件，从县到乡镇、再到村，每一级均有专人负责推动此事，全县联动才使得土地托管深入人心，推动顺利。同样是土地托管，商丘永城市也曾出现土地托管的萌芽，但是进展并不顺利，调研得知，永城市政府没有方城县那样大的支持力度，县供销社系统也没有牵头，只是几个原来供销社系统退休职工负责，规模很小，影响力较弱。因此，课题组认为政府推动因素仍然是小麦生产体系制度创新的首要因素。

众所周知，政府是制度的主要提供者，也是制度创新的主力军。在小麦生产经营体系的创新过程中，课题组发现政府的制度创新远远不够。以滑县为例，该县是全国知名的粮食大县，虽然以小麦为主的粮食生产如单产、总产均取得了令人瞩目的成绩，但是粮食产业链不完整，尤其是高端如粮食精深加工业不发达，因此滑县虽是粮食大县，但却不是粮食强县，更是财政穷县，农户收入不高，大部分农户要靠外出打工维持生计；很多农户土地流转的意愿不高，即使愿意流转土地的农户，也只愿意租赁土地且亩流转费要价较高，加上滑县的土地肥沃，粮食单产已经很高，增产潜力十分有限，目前的粮价下降且未来发展态势很不乐观，故种粮大户、家庭农场、合作社、农业公司的种植小麦的规模扩张意愿因缺乏收益增长空间而无动力；受此影响，县、乡政府在新型小麦经营体系培育尤其是小麦产业化经营联合体制度创新发展上力度不大。方城县、永城市等"小麦产业化经营联合体"做得比较好的地方，都是政府出台一系列文件来支持小麦生产经营联合体的发展，尤其是供销社系统的公务人员殚精竭虑地推动"小麦产业化经营联合体"的进展，为其发展提供了很好的制度设计，为"小麦产业化经营联合体"的健康发展做出了重要贡献。

5 河南省新型小麦生产经营主体典型案例

5.1 滑县阳虹家庭农场典型案例

5.1.1 产生的背景

1. 身处全国粮食生产先进县

河南省滑县面积 1 814 千米², 耕地面积 171 万亩。辖 10 镇 12 乡, 1 020 个行政村, 总人口 124 万人, 其中农业人口 103 万人。滑县素有"豫北粮仓"之称, 是全国最大的小麦生产县, 常年种植粮食面积 260 万亩以上, 总产量 130 余万吨, 连续 20 年保持河南省粮食生产第一县。自 2005—2015 年连续十年荣获"全国十大粮食生产先进县称号"。

2014 年, 滑县成了河南省直管县, 滑县搭乘"省直管"跨越发展快车, 经济社会发展进入了一个新的发展历史机遇期, 这也给家庭农场的发展提供了很好的契机。滑县产业集聚区位于县城东南部, 主导产业为农副食品加工、电子和新能源, 拥有全国农产品加工业示范基地等多个荣誉称号。全面直管后, 滑县产业集聚区抢抓省直管县的良好机遇, 坚持新型工业化、信息化、城镇化、农业现代化同步发展, 努力推动经济社会实现新的跨越。截至 2021 年, 滑县产业集聚区共招引工业项目 30 多个, 合同金额几百亿元, 其中亿元以上项目十几个。目前, 美的工业园、牧原食品等项目已开工建设。如今, 规划面积 24.2 千米² 的产业集聚区已成为滑县产业隆起高地, 有力助推了滑县农业经济的跨越发展。

2. 国家政策和农业农村部门的支持

2013 年中央 1 号文件提出, 鼓励和支持承包土地向专业大户、家庭农场、农民专业合作社流转, 提倡以家庭成员为主要劳动力，从事农业规模化、集约化、商品化生产经营。农业部门对具有一定规模的家庭农场，给予相应的补助进行政策扶持。工商部门则对开办家庭农场这一新兴农业发展模式，放宽名称登记条件、免收登记费用，而且从注册登记、合同、商标等多方面提供支持和帮助。

滑县农业局非常重视家庭农场的发展，得知种田能手耿爱丽找上门来要求办家庭农场。县农业局党委马上开会研究并上报县主管领导，决定专门派两名业务骨干，帮助耿爱丽创办家庭农场，农业局主要领导事先与县工商部门进行了沟通。在农业局的积极协调下，工商部门也派出了专门人员全程帮助耿爱丽办理家庭农场的相关手续，从2013年3月4日上午8时到下午4时，仅用了8个小时，耿爱丽便完成了滑县阳虹家庭农场的注册。耿爱丽没有想到自己创办家庭农场的梦这么快就变成了现实。她说："现在从中央到县里，对'三农'的支持力度这么大，我得抓住大好机遇，有了自己的家庭农场，我的干劲更大了，今年把种地规模扩大到1 000亩，科学种田、集约经营，努力为社会提供更多的放心农产品。"

为帮助耿爱丽办好农场，滑县农业局专门派出技术人员，帮她安装了3台太阳能杀虫灯，配备了蓝色、黄色诱虫板。县农业部门还通过高标准粮田建设项目，发挥综合协调功能，帮助耿爱丽完善耕地路网建设，实现了500多亩地的水、电、路三配套。县农业局的科技人员还经常到田间地头手把手指导耿爱丽科学种田。耿爱丽想扩大规模，但是资金短缺，希望通过贷款来扩大自己的经营规模。为帮助耿爱丽办好农场，滑县农村信用社专门派出信贷人员，先后支持贷款60万元，帮她实现了土地基础设施的配套，帮她建立了"农产品行情信息预测预报系统"，使她足不出户，洞察全国。耿爱丽说："没有信用社的支持就没有我耿爱丽的今天，信用社是俺家庭农场的脊梁。"

目前，滑县家庭农场发展状况良好，各职能部门高度重视，合力推进家庭农场建设，取得了较好的成效。滑县通过典型带动，整合农业、发改委、财政、水利、农开办、国土、农机等农业项目，重点向家庭农场、种粮大户、农民专业合作社等经营主体倾斜，改善农业生产条件。今后滑县要加大向上级部门争取政策、资金等扶持力度，借力、借势加快发展；要积极破除土地要素制约，创新农用土地审批制度，加大对家庭农场的信贷支持力度；要积极培育一批规模大、有特色、品牌响的家庭农场，通过示范带动，促进家庭农场健康、规范发展。

3. 农民的积极响应

滑县留固镇留固东街村 48 岁的农民耿爱丽是当地有名的种田能手，喜欢琢磨国家政策文件和种地技术。国家出台惠农强农政策之始，她就萌发经营家庭农场的想法。2013 年中央 1 号文件明确提出支持农民兴办家庭农场，耿爱丽眼前一亮，就开始琢磨着能否开办一家属于自己的家庭农场。2013 年 2 月 28 日，河南省第一家家庭农场在洛阳注册成功后，耿爱丽再也坐不住了。3 月 2 日，她在县农业局和县工商局的大力支持下，到滑县工商局办理有关手续。3 月 4 日，滑县阳虹家庭农场完成注册，这也是安阳市第一家家庭农场。此后，滑县许多农民积极响应国家的号召，大力发展家庭农场。截至 2016 年，滑县已注册家庭农场 455 个。其中，395个从事种植业、46 个从事饲养业、14 个从事种养结合。

5.1.2 运作模式

1. 走循环经济生产之路

据调研，阳虹家庭农场整体采用循环经济的模式。第一个环节是小麦等粮食、蔬菜的种植，第二个环节是羊、鸡的饲养。粮食收割后，麦秸和玉米秆回收粉碎，作为饲料喂羊。

如何从土地里刨出"真金白银"？农场主耿爱丽爱动脑筋，她一改小麦—玉米（花生）传统种植方式，采用小麦—辣椒—玉米套种模式。新的模式取得很好的经济效益，每亩地增收 200 元。由于玉米秆、花生秧都是很好的饲料，搞养殖可以废物利用。于是，2014 年 6 月，耿爱丽购进 80 多只小尾寒羊、波尔山羊。通过繁殖，现在达到 150 多只。除此之外，耿爱丽还养了鸡。2010 年栽下的核桃树现已开始挂果，她在核桃树下撒了苜蓿草籽，苜蓿草既不影响核桃树生长，又是羊的美味饲料，100 多只蛋鸡还可以到草丛里觅食。课题组在现场看到，枝繁叶茂的核桃树下，小草已露出了嫩芽，成群的母鸡在草地上觅食。

2. 采用高效套种模式等先进技术

2008 年，耿爱丽凭着对家乡这块土地的热爱和过人的胆识，以每亩 800 元的价格流转了 500 余亩土地，由于懂技术，她先后引进薄膜覆盖、穴盘育苗、有机配方施肥和节水喷灌等新技术，采用大葱—西兰花、蒜苗—大葱—大白菜、辣椒—西瓜—甜玉米等高效套种模式，进行规模化种植，取得了良好的经济效益，2021 年总产值达到 300 余万元。

家庭农场耕种均采用机械化，收割靠雇临时工。工人收割小麦 70 元/亩，比机械收割贵 20 元；人工收玉米 80 元/亩，比机械收割贵 30 元。之所以坚持依靠人工，阳虹家庭农场走的是循环经济模式，即粮食收割后，麦秸和玉米秆回收粉碎，作为饲料喂羊。

3. 实施订单农业的销售模式

阳虹家庭农场的小麦粮食销售方式主要是合作协议销售，即订单销售。阳虹家庭农场与河南省农业科学院、河南农业大学等单位合作，专门培育小麦种子。小麦比市场高 2.30 元/千克。玉米则卖到市场上，随行就市。除了自己开展订单农业，耿爱丽还带动周边农民一起开展订单农业，她为农民提供规范的良种，提供全面的技术支持，负责种子的收购，带动周边农民跟着她一起致富。

5.1.3 典型意义

1. 初步解决农业生产的适度规模化

耿爱丽通过土地流转的方式获得一定规模的土地，耕种均采用机械化。种植和养殖相结合，有效利用了土地资源。农场主要由耿爱丽夫妇共同经营，从事农业规模化、集约化、商品化生产。分散的家庭联产承包责任制不利于农业机械的应用，影响了耕作效率。通过家庭农场模式，打破了责任田之间的界限，土地成方连片，统一耕作、统一收割、统一管理，既有利于大型农机的耕种，又有利于秸秆的综合利用，降低了作业成本，提高了资源利用率。

2. 有助于土地增产和农民增收

种粮产量与自己的切身利益直接挂钩，提高了农民的生产积极性。家庭农场通过土地流转的方式，增加了耕种面积，推进农业生产的机械化，能够提高农民的劳动效率、降低耕种成本。农民们改变传统的种植方式，采用新型的耕种模式，有利于增加自身的收入。同时，政府为家庭农场提供基础设施配套服务，可以让农民更放心，农业生产更有保障。

3. 有助于国家粮食安全的实现

有了国家政策的支持，农户获得了更多更好更优质的科技服务。有困难时，可以向县农业农村部门反映，享受技术指导、科学培训等方面的优惠和服务。同时，家庭农场经营的效益更为可观，使得外出打工的强壮劳动力更愿意回家种田。由于种粮产量与自己的切身利益挂钩，农民生产积极性更高，为粮食作物的稳产、高产作贡献。

5.1.4　面临困难

1. 种植成本高，比较收益低

家庭农场主要靠耿爱丽夫妇共同经营，现固定雇工一名，每月工资 2 000 元。2016 年每亩小麦投资 600 元/年，每亩玉米投资 400 元/年。每亩土地随机成本 40 元/年。每亩土地纯收入 200 元，一年通过种植所得收入约为 10 万元。

2. 基础设施落后，管理水平有待提高

家庭农场的地是从不同的农户手中流转过来的，土地在地力、水源、基本设施等方面差别很大，受流转期限短、资金能力的掣肘，无法进行完全改善，导致农场整体的基础设施薄弱。此外，由于家庭农场是新生事物，没有成型的经验可供参考，摸着石头过河，短期内难以提高管理水平。

经营模式单一。由于家庭农场经营规模不大，容量有限，目前家庭农场只做育种订单，不利于扩大规模，资源没有充分开发利用，不利于家庭农场的健康发展。今后，家庭农场可以拓宽销售模式，由单一的订单销售渠道向订单销售、中介销售、自我营销等多元化销售模式演变。可以在现有基础上慢慢拓展为种植、生产、加工、销售一条龙服务。

3. 与上下游地位不对等，抵御风险能力小

和农户相比，家庭农场的经营规模有所扩大，在耕作、播种等生产环节具有一定的规模效应和现代化效应，但家庭农场在产前生产资料购进、产后、销售环节仍然显得偏小，与相关联的上下游市场主体谈判地位不对等，抵御农业生产资料、农产品市场波动的能力较弱。另外，国家对家庭农场的工商管理登记还没有进一步完善，欠缺专门的扶持政策，影响其健康发展。

种粮同时有自然风险和人为风险。我国北方近年连遭干旱，严重影响粮食产量。另外，种粮保险不够普及，阳虹家庭农场没有相应的保险措施，风险较大。比如麦收时节，庄稼不小心被引燃或者遭遇恶劣天气，损失严重。

4. 土地流转不畅，难以获得稳定地租规模

土地流转不畅通，制约扩大规模。一是流转形式比较单一。目前，滑县家庭农场的土地流转形式主要为承包经营，入股经营的很少。二是流转价格高。目前，滑县的土地流转价格在 1 100 元以上，大部分农户存有"吃大户"心理，流转给家庭农场的土地价格偏高。三是流转期限较短。由于中国农村土地产权模糊和农民的惜地意识，许多农户不愿意长期出租土地，致使多数流转以 3～5 年为主，不利于农场制定远期经营目标。

5.1.5 对策建议

1. 提高政府对家庭农场的扶持力度

国家出台了很多针对合作社和龙头企业的优惠政策，但是对家庭农场的优惠政策不多，今后各级政府要加大对家庭农场的扶持。

第一，政府应加大对家庭农场购置机械的支持力度。机械化是现代化农业的标志之一。家庭农场因为资金缺乏，无法购置急需的机械设备，这会增加其生产成本，不利于家庭农场长远发展，不利于其扩大生产规模。

第二，政府要促成土地的连片流转。家庭农场需要连片的土地，但是目前很多家庭农场流转的土地非常分散，不能发挥土地规模化的优势。政府具有很大的权威性，当地干部做土地流转工作，工作就非常容易开展，政府要积极推动土地连片流转，使农场大规模集约经营。

第三，政府应加大对规范的家庭农场的资金支持力度。目前，河南省的家庭农场由于起步较晚，还不是很规范。对达到一定标准并具有示范辐射带动作用的家庭农场进行合理的补贴和奖励，加强对从事设施农业、生态农业、特色种植、农业标准化和农业产业化等形式的家庭农场的帮助补贴。可以根据种粮面积的大小或者粮食产量的大小给予补贴，引导与规范家庭农场。

第四，政府要引导金融机构积极支持家庭农场的融资。目前很多家庭农场因要扩大经营规模，出现了资金短缺的现象。各级金融机构，尤其是国家的政策性银行要不断创新贷款服务模式和信贷产品，出台农业保险政策，提高资源配置效率，做好跟踪服务，全力促进家庭农场健康持续发展。

第五，各地要切实根据自己的情况制定家庭农场的标准。由于中国家庭农场的认定尚未非常明确，所以相应的政策和经营模式也没有统一的标准。鉴于我国农田土地资源地域性差别较大，各地在制定家庭农场认定标准时不可一刀切地在全国使用统一标准，应根据当地农业生产环境，把经营规模控制在适度范围内。

2. 注重对农场主的培育

农场主不是一般的农民能够胜任的，其既要懂生产，还要懂经营管理。当前我国农村许多地方都面临着"子不承父业"的问题，素质较好的农村劳动力都流动到城市中，缺乏素质高的家庭农场主。针对家庭农场主素质亟待提高的现实，政府可以支持一部分资金，专门对家庭农场主进行培训，以提高农场主素质，提高其管理技能。为促进家庭农场的可持续发展，政府应鼓励支持家庭农场主之间的合作与联合，成立家庭农场协会和家庭农场主联社等，通过协会推进农场主的交流和提高。可以让农场主之间进行交流，提高经营家庭农场的管理水平，避免与世隔绝，闭门造车，单打独斗，墨守成规。

3. 加快发展农业社会化服务体系

应建立健全适合家庭农场发展的社会化服务体系，该体系要以农民专业合作社为主体、龙头企业为辅助、政府机构为基础。值得一提的是，农民专业合作社是家庭农场社会化服务的主要承担者。合作社可以为家庭农场提供农产品生产、加工、销售以及信贷、农资供应、咨询等服务，成为农业产业化经营的重要组织载体。合作社不仅提高了农业生产和销售的组织化和产业化程度，推进了农业结构调整，而且在促进农村地区发展、提高农民收入、缩小城乡差别和地区差别等方面发挥了不可替代的作用。当前，河南省的合作社发展还处于起步阶段，要建立健全合作社，为家庭农场发展提供良好的生产服务。

5.2 滑县焕永种植农民专业合作社典型案例调研

滑县焕永种植农民专业合作社（以下简称焕永合作社）位于滑县万古镇杜庄村，2013 年 1 月 25 日注册登记，注册资金 1 800 万元，杜焕永任理事长。同年，又成立了农机服务合作社，供自用和服务周边群众。合作社成立以来，以流转土地为基础，以服务农民为宗旨，以粮食生产为重点，以现代化机械为依托，以帮农民致富为目标，按照解放农民、服务农民、致富农民的思路，大力走农业规模化经营之路。近几年，焕永合作社与河南布谷鸟农业科技有限公司合作，生产种子粮。不但推动了合作社的快速发展，也帮助大批农民走上了致富路。

焕永合作社于 2015 年 8 月被评为"河南服务三农十佳诚信创新单位"；2016 年 6 月，被河南省农业厅评为"实训示范基地"；2017 年 10 月，被评为"中原农民最信赖的十大农特产基地"；2020 年，被评定为河南省农机合作示范社；2021 年 3 月，被评为"安阳市扶贫龙头企业"；2022 年被滑县人才管理中心授予就业见习基地；人民日报、新华社、中央电视台先后多次对合作社进行了采访报道（图 5-1）。

图 5-1 滑县焕永种植农民专业合作社的新大门

合作社理事长杜焕永先后获得全国粮食生产先进个人、全国百优保供先锋人选、河南省五一劳动奖章、河南省扶贫先进个人、"农行杯"河南省高素质农民创业创新大赛一等奖、优秀农民田间学校校长、全省"十大新型职业农民"、安阳市优秀共产党员、安阳市劳动模范、感动安阳·2019年度人物；滑县道德模范、出彩滑州人等荣誉（图 5-2）。

图 5-2 杜焕永参加省党代表大会

5.2.1 发展历程和现状

1. 合作社发起

党的十一届三中全会以来，我国农村实行的是家庭联产承包责任制，促进了农业巨大的发展。但随着形势的变化，这种一家一户的小农经济制度也暴露出了许多问题，束缚了农民的手脚，制约了我国农业的发展。因为随着我国工业化和城镇化的快速发展，大批农民外出打工，每户农民手里的几亩地成为"鸡肋"：仅靠次收入微薄难以发家致富，想外出打工心里却又放不下。于是，许多农民不得已农闲时外出打工挣钱，农忙时回家种田，路上来回奔波，挣钱辛苦不说，还影响了外出发展。"小农经济"的特点是"麻雀虽小，五脏俱全"，虽然每户就那几亩地，但各种生产农具样样都不可少。尤其是现代科技发展很快，农具几乎年年都要更新添置，大大提高了生产成本。家里的几亩责任田到底种不种，让农民心里十分纠结。怎样让农民从那几亩责任田中解放出来，摆脱"小农经济"的束缚，尽快地走上致富路，这是近年滑县焕永农民种植专业合作社一直在认真思考的问题。

理事长杜焕永以前从事建筑工作，通过做建筑积累了一部分创业资金。由于他老家在滑县，心系家乡发展，一直想返乡创业，为家乡百姓做点事情。契机发生在 2012 年 6 月，杜焕永参加了滑县万古镇政府召开的土地流转会议，深受会议精神启发，认为土地流转是一个将农民从"小农经济"中解放出来的好方法。于是依靠多年打拼的积累资金，当年就从本村和邻村的 150 多户农民手中以每年 1 000 元/亩的价格流转土地 900 多亩，机械化服务面积 1 000 亩次。并于 2013 年 1 月 25 日联系到 5 名合伙人注册资金 1 800 万元成立了焕永合作社，杜焕永任理事长。合作社制订了合作社章程，通过鼓励农民自愿带农机具、土地、资金、技术、劳动力均可入社，使合作社得到了快速发展。2022 年，杜焕永流转土地 2 048 亩，年机械化服务面积达 5 万余亩次，小麦种植辐射周边万古镇东万古村、刘营村、姜营村、凤亭村，以及高平镇梁二庄村等 18 个村。

2. 合作社发展

焕永合作社从 2012 年 10 月开始流转土地 1 000 余亩；2014 年又流转梁北村土地 311.05 亩，凤亭 28.85 亩，东万古南地 408.94 亩，当年末总承包土地 1 700 余亩。小麦种植基地已由最初的 3 个村发展到目前的 18 个村，入社农民达 1 500 余人，合作社服务的土地由 2 000 亩发展到 13 000 亩，仅加入合作社的土地就有 9 000 亩。

合作社每年添置农业机械以发展壮大。2012 年添置悬耕机 1 台、小型小麦播种机 2 台、小型拖拉机 10 台，建仓库 1 780 米²、修理车间 550 米²、农具库房 1 500 米²。2013 年购小麦联合收割机 2 台、玉米联合收割机 1 台、大型玉米播种机 1 台、大型拖拉机 5 台、铲车 1 辆、大型喷雾机 4 台、电动喷雾器 50 台、喷灌机 4 部、抽水工具 15 台、农用车辆 8 台。2013 年 10 月成立农机服务合作社，供自用和服务周边群众。2014 年又根据需要增添平地机 1 部、打捆机 1 台、玉米联合收割机 1 台、小麦收割机 1 台、大型烘干塔 2 台、大型玉米脱粒机 2 台、玉米精选筛 2 部、小型拖拉机 5 台、大型拖拉机 5 台、传送机 3 部、铲车 1 辆、深翻土地犁 1 部、小麦大型播种机 1 台、大型玉米播种机 3 台、抽水工具 12 台，扩建厂房 3 500 米²，烘干塔 800 米²。2015 年增购小麦联合收割机 1 台、大型播种机 2 台、农用车辆 2 台。2016 年购小麦联合收割机 4 台。合作社的农业机械化和规模化经营，让周边一大批农民告别了"小农经济"，从几亩"责任田"中彻底解放出来（图 5 - 3）。

3. 合作社现状

目前，合作社共流转土地 2 000 亩地，现有社员 50 人、技术人员 6 人，占地面积 20 余亩，建筑总面积 8 800 米²，其中库房占 5 600 米²。目前，合作社拥有小麦联合收割机、大拖、中拖、小拖、烘干塔、大马力玉米摘穗收割机、施耕机、液压翻转犁、北斗激光平地仪、植保无人机等合计 136 台套先进农业机械工具。

合作社实行"六统一"管理模式，即统一机械化作业、统一生产资料供应、统一配方施肥、统一灌溉、统一病虫害防治、统一销

图 5-3　滑县焕永种植农民专业合作社的农业烘干塔设备

售。合作社现流转土地 2 000 余亩，机械化服务面积达 39 000 亩，服务农户 2 000 余户。是一家集"耕、种、管、收"于一体的综合式合作社。

　　焕永合作社的服务宗旨为提高社员科学素质与技能水平，培育合作经营的新型农民；脚踏实地带领社员致富，真正做到惠民、利民、为民。积极组织实施提高农民科学素质行动，普及推广现代农业种植先进技术；在合作社理事会成员领导下，突出新技术、新亮点、新服务，把学到的技术传发给每一位社员和周边群众，着力培育有文化、懂技术的现代农民。始终坚持"民力、民管、民受益"的原则，以为农民服务为宗旨，以市场为导向，以科技为依托，以提高农户种植经济效益为目的，自主经营、自负盈亏、艰苦创业、不断开拓服务领域，积极探索自我发展新路。

　　焕永合作社的发展理念是在理事会成员带领下，合作社始终坚持"民办、民营、民受益"的原则，以为农民服务为宗旨，以市场为导向，以科技为依托，以提高农户种植经济效益为目的，自主经营、自负盈亏、艰苦创业、不断开拓发展。以流转土地为基础、以高新科技为支撑、以粮食安全为重点、以现代机械为依托，以社员致富为目标，打造一个生产经营型、社会服务型、专业技能型三位一体的新型职业农民生产专业合作社。

焕永合作社目前采用农业两端发展的链条模式，以品牌化、精品化、全产业链的生产理念为基础，挖掘农业多重价值，丰富农村经济业态，拓展农民增收空间。深入实施"藏粮于地、藏粮于技"战略，在自有种植土地上规模化经营、单元化管理，并成立合作社社会化服务中心，利用北斗导航、北斗平地仪等先进农业机械和先进技术，开展"订单式"服务；为周边农户提供农业社会化服务，包括耕、种、管、收、储等一体化服务；利用合作社大型烘干塔设备对外提供粮食烘干加工业务；进行农业知识技能培训，让农民种地省心省时，鼓励引导群众多种粮、种好粮，为抗稳国家粮食安全做出行动。在农业产业前端招聘有梦想、有能力的年轻人进行乡村产业振兴，开展农产品深加工、电商销售。对于加工的产品找准定位人群，传统加工和现代加工相结合，玉米加工成了糁、谷子变成了米、花生榨成油、小麦变成面、红薯成了红薯粉条，在传统的产业上进一步拉长产业链条，提升农产品附加值，通过传统电商和内容电商平台、线上线下结合电商直播进行宣传，并鼓励周边有资质的厂家进驻店铺进行销售，使产品丰富化。目前，借助店铺售卖的产品包括李琨辣椒酱、冯记香油、绿豆面叶等农副产品（图5-4）。在农业产业末端是合作社的秸秆和花生藤蔓，进行秸秆再利用，通过合作社的机器和设备将传统的小脚料变成牛羊的饲料，提升传统农业的产值，有效促进农业增效、农民增收。

在科技创新方面，结合中国农科院、河南农业大学、全

图5-4　焕永合作社出品的多样化的优质农产品

国农业技术推广中心等单位进行育种、选种、肥料及药剂的选择与技术的推广，设置示范田、试验田、实验种植等地块。目前焕永合作社使用的精量播种机、化肥撒料车、翻转犁等机具有效达成节支增效，每亩地可以降低 30 元的成本。

5.2.2 主要经验

1. 广泛吸收各种生产要素入社

合作社发展初期，各项投入很大。为了充分利用社会各方面的资金发展壮大合作社，一是鼓励农民带机入社，这样既节省了大量的资金投入，同时也能尽快配足配齐合作社急需的农机具；二是鼓励农民带地入社，以减轻合作社的前期投入压力；三是鼓励农民带资入社，以壮大合作社的经济实力；四是动员农技人员带技术入社，为规模化、规范化生产提供技术保证；五是吸收劳动力入社，对流转土地后无技术、无生产机具的群众，可以以劳动力入社，参与农机合作社生产与管理。

2. 实行"六统一"的管理模式

合作社对本社农民种地实行"六统一"的管理模式，即统一机械化作业、生产资料供应、配方施肥、灌溉、防治病虫害、销售所产粮食，抓住农时、农艺、农机三相结合的关键措施，在耕、种、管、收等生产环节上努力为农民种地全程化服务。合作社一方面根据农作物的播种、管理、收割时节统筹安排，机动灵活地进行农机联片作业，有效提高农机作业效率；另一方面，组建了 10 人的病虫害统防统治专业机防队，配备 3 台大型机药防治设备和 5 台机动喷雾器，100 台电动喷雾器，可确保对农作物病虫害进行及时有效防控（图 5-5）。

2014 年，合作社在做好 2 000 多亩流转土地耕种管理的同时，还为入社社员的 3 000 余亩土地提供了全程"六统一"服务。2015 年合作社为社员提供全程化服务的土地又增加了 4 000 余亩，还为周边群众的 2 000 余亩土地提供了农机服务，服务土地总面积达 13 000 亩。2015 年夏季，尽管遭遇了风灾火灾，合作社小麦仍获丰收，亩产达 600 千克，总产达 6 600 吨。

图 5-5 焕永合作社实施统一的农机服务的场景

3. 为农民提供全程机械化服务

合作社目前拥有小麦玉米生产过程所需的各种农业机械，具有全程机械化的优质服务能力，农机化服务面积达 3.6 万亩，服务农户 1 000 余户，使农民在种粮过程中的各个环节更加省心、省力、省钱。合作社在坚持农机服务本社农民为主的同时，还积极开展跨区作业，与种粮大户签订合同，严格按照合同提供服务，并及时进行季后回访；对困难户和五保户等特殊群体，合作社实行低价或无偿服务；通过优质服务与他们建立良好关系，树立合作社的形象，打造合作社的品牌，不断提高合作社的知名度和信誉度。

4. 帮助农民快步走上致富路

合作社在发展壮大的同时，采取多种措施帮助农民降低生产成本，增加种地收入。一是利用自身优势，与种子公司签订长期销售协议，先后繁育出了矮抗病 58、周麦 16、周麦 22、周麦 27、豫教 5 号、兰考 198 等优良小麦品种，按照高于小麦市场价 0.2 元/千克销售给种子公司，亩增收 100 余元；二是统一按优惠价为农民采购种子、化肥，每亩可节约成本 20 多元；三是利用本社的大型拖拉机为农民深耕土地，比小型拖拉机耕深 10 厘米，每亩可增产粮食 50 多千克，增收百余元；四是为本社农民耕地、收割每亩价格均比市场价低 5 元以上。总体计算，合作社农民每亩地收入可比其他农民增收 200 多元。此外，合作社通过大力开展修路、粮食贸易加工等业务，安置闲散劳动力 100 余人。目前，合作社每年用于工资支出的资金就达 70 多万元（图 5 - 6）。

图 5 - 6　杜焕永给社员发放帮扶资金

合作社还大力提高农民素质和科学种田水平，在将生产骨干送出去培训的同时，还开设了现代化的电教培训班，以县农广校为技术后盾，与其合作定期对本社社员、农机手、植保技术人员进行技术培训，让先进的农业技术进村入户，助力农民增收。2015 年 11 月，合作社获县"十大农民田间学校"称号，该社理事长获省"十大新型职业农民"称号（图 5 - 7）。

图 5 - 7　杜焕永带领焕永种植专业合作社社员为
疫情防控大力捐献物资

5. 积极参加农业保险

以前，合作社对农业保险认识不足，不愿意参加农业保险。直到 2015 年合作社发生了较大的风灾和火灾，损失惨重。为了减少损失，增强抗风险能力，鼓励农民增加农业投入，扩大再生产，2016 年合作社吸取教训，为小麦、玉米办理了中原农业保险。小麦参保面积 1 606.5 亩，单位保险金额为 800 元/亩，即如果发生绝收，每亩地保险公司将为合作社赔付 800 元。每亩保费 50 元，其中合作社交保费 10 元占比为 20.00%，其余 40 元保费由各级财政负担，其中中央财政占比为 22.26%，省级财政占比为 52.16%，县区财政补助占比为 5.58%（表 5 - 1、表 5 - 2）。

表 5 - 1　焕永合作社参加小麦和玉米种植保险的保费来源情况

单位：%、元

保费来源	比例	金额
中央财政	22.26	18 595.56
省级财政	52.16	43 573.42
县区财政	5.58	4 661.42
农户自交	20.00	16 707.60

特别约定：小麦因灾倒伏导致收获费用增加，每亩赔偿 30 元。

数据来源：焕永合作社内部资料。

表 5 - 2　焕永合作社参加小麦种植保险的基本情况

单位：亩、元、%

保险险种	保险面积	亩保险金额	保险金额	费率	保险费
中原小麦种植保险	1 606.5	800	1 285 200	6.5	83 538

数据来源：焕永合作社内部资料。

5.2.3　面临困难

1. 高层人员素质较低，技术管理人才匮乏

人才缺乏是制约合作社发展的首要原因。一方面，负责人的综合素质比较低，还没有真正成长为"有文化、懂技术、会经营、高素质"的新型农民。另一方面，缺乏管理类、技术类、营销类等人才，难以保障合作社的可持续发展。此外，合作社制度建设比较滞后，没有严格的规章制度，管理不够科学。以薪酬制度为例，在合作社工作主要靠奉献精神，从早忙到晚，不仅没有加班费，连基本工资也无法保证。

以焕永合作社为例，其核心成员包括理事长、监事长、6名技术人员、18名理事，所有人都没有接受过正规的高等教育；同时，合作社管理人才极为缺乏。随着合作社土地流转规模增大，农业产业链上的环节增多，如农机作业，农产品初加工、销售等，这导致合作社内部治理结构更加复杂，需要更多高素质的管理人才。

2. 事业初创，资金紧缺

焕永合作社正处于事业的初创期，需要投入的方面很多，资金严重不足。一是每年巨额的租金。滑县土地租金较高，约为 1 000 元/亩，合作社流转了 1 606.5 亩地，仅租金就需要 160 万元。除此之外，还有每年农机购置、维修的费用，购买农药、化肥等农资的费用等。目前，合作社理事长以个人名义贷款 30 万元，资金缺口仍然很大。合作社联合社出现资金短缺困境的重要原因一是横向联合重视不够、纵向合作比较盲目。从农民合作组织历史发展的角度看，先有相同生产环节农民之间的横向合作，然后才有产业上下游主体间的纵向合作。但目前很多合作社过多把主要精力放在找项目、找企业，却忽视了成员之间的合作。如果合作社不能很好地把控发展速度，着急上项目、租地，扩张过快，将会带来巨大的风险。二是盲目租地，逐渐背离农民合作组织的创立的初衷。多数农民合作社刚成立时主要通过增加社员来扩大土地规模，但由于成员所属土地比较分散，管理起来非常烦琐，导致合作社走上租地之路。农民合作社如果不以相对独立的家庭经营为基础，就不是真正意义上的农民合作组织。

3. 政府扶持作用有限，惠农政策落实难

2007 年颁布实施的《中华人民共和国农民专业合作社法》明

确了政府应通过财政、税收、金融、项目四种方式扶持合作社的发展。目前，全国已有14个省（区、市）出台了农民专业合作社的地方性法规，而河南省的地方性法规还没有出台，缺乏具体的指导和扶持政策和规范。

近年，中央不断加大对农民专业合作社的重视和支持力度，陆续出台了一系列扶持和优惠政策，但与合作社的需求还有较大差距，在具体执行和落实中还存在一些问题。如合作社与农业公司相比，承担涉农项目数量整体偏少，处于劣势；合作社急需的建设用地使用、信贷支持、联合社运营等方面的政策缺少可操作性办法，难以满足农民专业合作社发展需要；国家允许财政项目资金直接投向符合条件的合作社，允许财政补助形成的资产转交合作社持有和管护，但现实中一些名不副实的合作社利用虚假信息中标农业项目，然后以较低的价格转让给没有中标的合作社，利用国家政策为自己谋利益，而真正的合作社反而受损。

4. 合作社骨干培训急需强化，培训内容有待于进一步创新

针对合作社相关人员开展培训，是2004年以来几乎每年的中央1号文件都要提及的内容。河南省通过实施"阳光工程""农村实用人才"等持续性培训项目对农民专业合作社理事长和业务骨干等人员开展了大量的培训，2013年共计培训7万多人次，在一定程度上普及了农民专业合作社知识，但实践中仍有许多人对合作社认识不清晰，对于"合作社是什么、怎么建、怎么管"等基本问题，如何提高农民专业合作社的经营管理水平等，即使是发展多年的合作社的负责人也对此理解不透。当前，很多合作社还没有力量对社员进行相关知识培训，对没入社农民的宣传培训更是空白，严重制约农民专业合作社的发展壮大。因此，合作社知识的普及和培训亟须进一步强化。

5.2.4 主要对策

1. 加大政府的财政和金融支持力度

建议结合河南省区域实际，尽快出台农民专业合作社发展的地方性法规，进一步推进全省农民专业合作社的规范化发展。各级财政要加大对合作社的扶持力度，逐年提高专项扶持资金并列入财政预算是强化扶持的前提与核心。优化扶持政策的瞄准机制，保证扶持资金最大可能地让普通社员户受益，而非流向精英农户是关键。所以，应创新财政扶持方式以切实体现财政扶持资金应有的导向功能，应优化涉农项目的分配办法以保证在同等条件下合作社能够优先承担。同时，政府监管应该与扶持并重，切实树立"以激励促发展，以监管促规范"的扶持原则，以保证获得扶持的合作社都能在既定框架下运作，以保证政策效应的实现。

一是加大资金奖补力度。进一步加大对示范性专业合作社的扶持力度，各级政府每年要安排专项资金用于奖补。二是加大项目支持力度。政府支持发展农业和农村经济的投资项目，可优先安排有条件的合作社，在筛选合作社时，要真正摸清合作社底细，避免虚假合作社套取国家项目资金。三是加强金融支持力度。农发行、农行、农村商业银行等涉农金融部门要在信贷资金上向合作社予以倾斜，制定合作社贷款优惠条件，解决其季节性、临时性所需资金。四是抓紧时间开展农业政策性保险服务，支持保险机构结合农民专业合作社特点提供保险服务。提高赔付金额，加大保费财政支持力度。

2. 重视人才培养和人才引进

政府和合作社都要重视合作社人才的培养和引进：一是合作社要制定严格的人才资源管理制度，薪酬制度要合理而稳定。可以参照公司管理，除了保证基本待遇，还要给人才以激励和更多的发展空间，增强合作社对人才的吸引力。二是合作社要重视对人才的培养。可以有意识地选择一些出身农村或本地出生的、对农业有深厚感情的大学生，设立一定岗位让其在毕业前锻炼，慢慢培养对合作社的感情。三是政府应加强农民专业合作社负责人的培训。政府实施的"阳光工程""雨露计划"等农村劳动力培训项目可优先安排合作社负责人接受培训。四是政府要鼓励和支持高校毕业生、大学生村官等参与领办或创办合作社。

3. 探索多元化的土地适度规模化经营

农民专业合作社要实现土地的适度规模经营，应以增加和整理成员土地为主，不要盲目进行大规模的土地流转。一要鼓励更多的农民加入合作社，积极推动成片土地入社。合作社可以借助村集体与农户进行沟通和谈判，对于成片土地达到一定规模入社的，政府应给予一定资金奖励。二要稳妥推进土地适度流转。合作社要在自身经济可承受范围内谨慎进行土地流转。不要贪大、贪快，要注意管理成本和资金成本的控制。三要探索多元化的土地经营模式，比如土地托管，初期可以半托，做成熟之后可以全托，这种模式可以有效减轻合作社的资金压力。

5.3 长垣市融禾汇种植专业合作社

长垣市融禾汇种植专业合作社主要开展土地托管、订单农业、农资供应等业务，截至 2021 年，合作社现有员工 68 人，其中农技、农机、粮油等专业技术人员 17 人，完成土地托管服务面积 3.9 万亩。

5.3.1 发展现状

长垣市融禾汇种植专业合作社是 2014 年 10 月由长垣市供销合作社以 35% 的股份入股承办、在市场监督管理部门注册的农民专业合作社，注册资金 101 万元。主要开展土地托管、订单农业、粮食产后服务、市场信息、粮食银行、农资供应、农产品营销、为农服务中心建设、劳务输出、三产融合等为农服务项目，在劳务输出、扶贫脱贫、创新经营的服务理念中实现了高质量发展。

2018 年投资 1 200 多万元建成佘家、武邱 2 个 A 类为农服务中心，几年来，合作社依托为农服务中心，打造"一站式"全程综合化服务平台，辐射带动周边 7 个乡镇 84 个行政村 4 000 多户农民。

截至 2021 年，社会化农业机械入股 30 套（台），自有农作物灌溉喷灌机 10 台，建设为农服务中心 3 处，200 吨烘干塔 1 台，10 000 吨粮仓 1 座，2 000 吨粮仓 3 座，3 000 吨粮仓 2 座，百亩试验田 10 块。代农储粮 1.6 万吨，技能培训 1 860 人，帮助农民就业 1 240 人，助农节支增收 6 000 多万元。

该社于 2018 年和 2020 年分别被中华全国供销合作总社、农业农村部评定为国家级农民专业合作社示范社；合作社理事长刘一华于 2019 年被中国经济学会授予"明星合作社理事长"称号；2020 年 8 月被推荐为"中华全国供销合作社第七次代表大会代表"；2021 年 3 月被长垣市妇女联合会授予三八红旗手荣誉称号（图 5-8）。

图 5-8 合作社理事长刘一华获得全国优秀理事长

5.3.2 主要做法

1. 土地流转和托管相结合，土地规模经营

近年，合作社积极响应国家惠农、富农政策，对农民的土地实行流转和托管相结合的经营模式。从 2015 年拿到的第一块地开始，合作社就邀请农业技术专家，针对不同土质进行检测配方施肥，不同的品种进行分类，精细管理，指导后期病虫害防治、合理灌溉，结合社会化服务机耕队、机收队、灌溉服务队、植保服务队，针对不同的地块地质，联合出方案，铺设灌溉地埋管道，实施移动式喷灌，利用大中型拖拉机、联合收割机、植保无人机等农机具，开展农业全程机械化运作，使农产品的产量和质量都得到了很大提高，并通过一站式购进化肥、农药、种子、优化社会农业机械等生产资料，既保证了质量，也节约了投入成本。

合作社采用的土地托管模式分为两种：半托管和全托管。

半托管也就是菜单式托管，服务内容包括农资供应、耕种耙管收等农业生产环节，供社员一项或多项选择，并支付服务费用，社员有监督权或采取委托监督。

全托管服务内容包括依托当地村"两委"与托管农户达成协议，搭建服务平台，开展土地托管服务，将"两公开、四明白、六统一"的管理办法贯穿于实施全过程，同时引入了第三方监管机制。由托管当地村委会或群众推荐 3 名办事公道、有一定威望的农民负责协调纠纷、作物管护、产量（利润）监督等有关事宜。

全托管收益的核算和结算：合作社按原始土地划分等级，按地质等级给出年亩产保底价。在农作物全部收割完毕后，对农作物进行统一销售和核算工作。在水电设施健全和没有自然灾害的情况下，合作社承诺每亩每年不低于 500～700 元的收益加经营分红，分两次付款，夏粮小麦 7 月底结算，秋粮玉米 10 月底结算。通过土地托管，实现了土地资源的合理流动和优化配置，提高了土地资源的使用效率和农业种植收益，实现了公司和农户的"双赢"。

随着合作社的发展，土地不断增加，合作社又成立了种子代繁育生产技术部门，采用标准化规模化生产方式，大大提高了种子品质和农田专业管理水平。通过土地托管规模化种植，使农业逐步达到全程机械化耕作。在小麦、玉米生产过程中，包括化肥、农药、种子、耕种收、植保、粮食烘干、储存、销售，实现了粮食生产全程一条龙服务。保证了粮食的稳产高产，也极大地提高了土地的利用率和增产收益。

通过土地托管带动规模化服务的同时再延伸到粮食储存业务、通存通兑服务，使其转化为农村消费金融模式，也唤醒了农村沉睡的资本，增加了农产品的订单业务，可以为用粮企业量身种植按需供货，如合作社给茅台镇怀庄酒业供应的优质小麦，为茅台酒厂种植的糯高粱，为光明奶牛场供应的优质青储等，让相关经营主体利益紧密联结，资源共享，达到了多方共赢，也推动农业产业升级，打造了完整的农业产业链，满足农村生产、生活的综合服务需求，提升了城镇居民的生活品质，提升了城镇居民的生活品质，实现了城乡居民生活、生产消费的无缝对接。

2. 建设为农服务中心，建立健全农业社会化服务体系

围绕为农服务这一主线，大力推进为农服务建设，建立健全农业社会化服务体系，在以土地托管为主要内容的农业社会化服务的基础上，打造为农服务品牌。截至 2022 年，为农服务中心建设进展情况：①已完成佘家镇为农服务中心建设项目（A 类）。②已完成武邱乡为农服务中心建设项目（A 类）。③已完成芦岗乡为农服务中心建设项目（C 类）。④满村、丁栾、常村 3 个 A 类为农服务中心建设项目正在筹建中，已完成土地规划、审批手续。

3. 延伸产业链，打造绿色无公害粮食生产基地

合作社不断延伸产业链，目前已注册"融禾汇""盛禾坊"两个商标，投入了石磨面粉机，为农产品深加工奠定基础。全力打造绿色无公害粮食生产基地，使合作社绿色无公害农产品走出长垣，立足河南，进军全国，促进合作社健康稳步发展。除此之外，合作社还正在打造中央厨房，提供多样化的餐饮服务。

4. 培训新型职业农民，就业扶贫

土地托管不仅让农民从土地承包经营权转让中获取稳定收益，而且使他们从农业生产的束缚中解放出来，有了充分的时间，自由去选择感兴趣的或从事更高收益的工作来增加家庭收入。融禾汇合作社审时度势，采取平台推介、组织开展务工培训、内部使用等方式，针对性别、年龄、学历等不同结构的农民群体，推荐联系适合的就业岗位；结合需求举办种植养殖、防腐建筑、水暖安装、家政服务等各类实用技术培训班，截至 2021 年，参加人数 860 人，使 320 人找到了就业岗位，其中贫困农民 23 人，解决农民外出创业就业难，为贫困农民脱贫提供了有利条件，实现创业就业、土地收益双盈利。年均收入可达 2 万～5 万元；组建灌溉服务队，专门吸收留守妇女参与其中，使她们在家门口就能挣到每天 50 元左右的劳动报酬。佘家镇钟家村贫困户钟某某 5 亩耕地被托管后，每年每亩租金收入加上夏秋两季分红可达 729 元，再算上外出务工工资性收入 3 万元，使其走上致富之路（图 5-9）。

图 5-9　融禾汇种植专业合作社年底为优秀社员发放奖品

5.3.3　主要成效

合作社目前已走上正轨，各种效益逐渐显现。

1. 经济效益

在粮食的耕作、播种、施肥、收割、储存、销售等全过程中，全部采用统一的标准化作业，降低了投入成本，提高了粮食产量，取得了可观的经济效益。夏粮以小麦种植为主，2020 年，合作社全托管农资、耕地、播种、浇水、收割、粮食运输入仓等作业全程每亩费用 475 元，农户自种费用 565 元，每亩降低成本 90 元；秋粮以玉米种植为主，合作社全托管每亩费用 325 元，农户自种费用 400 元，每亩节支 75 元。2020 年农产品销售及各项服务费累计营业收入 1 890 万元，年实现利润 108 万元，截至 2022 年 7 月，合作社积累资产总额 1 568 万元。

2. 社会效益

第一，助推农业生产方式转变。通过提供规模化的土地托管服务，实现了化肥农药零增长，以有机肥替代化肥，从源头上促进农业生产方式向绿色、生态、可持续发展转变；实现了土地的集约化经营，便于机械化耕作及现代化的农业生产管理，推进农业的标准化，规模化生产。

第二，加快农业新技术推广应用及提高耕地利用率。加快农业新技术应用，推广绿色模式。针对化肥农药投入量过大、水资源开发过度的情况，推行减肥、减药、节水的绿色生产模式，提高资源利用率。一是推进化肥农药减量增效。二是推进有机肥替代化肥。三是推进节水农业发展。四是极大地提高了土地利用效率。农村闲置土地、荒地及一家一户分散的土地集中起来统一整理，推平垄背沟渠，进行土地成片托管，平均每亩可增加种植面积 13％～15％，实现每亩粮食作物增产 8％～12％，增效 200～300 元。使用优良品种、测土配方、智能配肥，每亩可提高产量 10％以上。

第三，责任担当，回报社会。在社会效益方面，合作社不仅带动大批农户富起来，对家中丧失劳动力的困难户和五保户等特殊群体，杜焕永实行了无偿托管服务。合作社还开展修路、粮食贸易加工、经济作物种植等业务，安置闲散劳动力 100 余人，共帮助 20 余户脱贫户实现脱贫。2016 年以来合作社每逢重阳节都到金色阳光养老院，为老人洗衣、洗脚、洗头、理发等。近年，合作社在佘家镇、丁栾镇、满村镇、武邱乡等乡镇相继建立农作物种植生产基地，优先托管贫困家庭耕地、优先安排妇、弱、病、残等贫困人员培训、优先帮助贫困人员就业、优先销售贫困家庭生产的农产品，免费提供优良品种和优质农资，通过"四优两免"帮扶，23 名贫困人员在生产基地就业，16 人到合作社面粉、糕点、辣酱加工厂就业，人均年收入达 6 000～30 000 元。佘家镇钟家村贫困户钟留申，黄找占村贫困户黄自云、黄秋臣等，从 2018 年以来，夏秋两季，合作社派出农机、植保服务队，免费为他们耕地、播种、打药、送农资等帮扶，两年来减免费用 2 万多元。每年春节为他们送去米、面、油等慰问品，帮助其脱贫致富。

2020 年新冠肺炎疫情暴发，合作社面对疫情的严峻形势，不忘初心、牢记使命，发挥自有无人机优势，积极组织义务服务，为驻地村庄、主要街道、路口及公共场所进行无人机消毒杀菌作业，在市农业农村局和供销合作社指导下免费为部分社区、村庄喷洒消毒液，已在佘家镇、魏庄街道、芦岗乡、常村镇等乡镇实施，消毒面积达 80 多万米^2。所用新型机械消杀作业速度快、效率高、效果好，并为钟家村卡点送上口罩 200 只、84 消毒液 20 千克、方便面 30 箱、火腿肠 10 箱、牛奶 20 箱、水果 50 千克慰问品和新年祝福，2021 年"7·20 洪水"期间，为辉县捐赠大型发电机一台，面包、方便面、火腿肠等食品物资两万元左右，通过长垣市融媒体捐赠食品物资一万元左右！深受政府部门和群众的称赞。

5.3.4　改进措施

第一，合作社围绕农业产前、产中、产后等环节，大力推广"保姆式""菜单式"等多种形式的为农服务"最后一公里"问题，按照"特色突出、布局合理、规模适度、功能完备"的要求，在全市具备条件的乡镇建立"为农服务中心"，流转、托管服务土地面积再新增 3 万亩以上。

第二，逐步投建以"为农服务中心"为纽带的"三农乐园"——农展馆、农学培训部、劳务输出培训部。无人机 4S 店、绿色食品展馆、社区模式养老等项目，为土地托管后的农民解决更多的相关配套服务，拓展延伸农产品加工等功能，提升附加值，为今后推动土地规模化种植，产业链发展，助力乡村振兴夯实百年根基。

5.4　方城土地托管联合体（公司＋合作社＋农户）典型案例

5.4.1　产生背景

1. "农业边缘化"问题日益严重

方城县隶属于河南省南阳市，是典型的农业大县和产粮大县，更是农村劳动力的输出大县，县域面积 2 542 千米^2，耕地面积 150 万亩；人口 110 万，其中 80％以上为农业户口。近年，随着青壮年农民外出打工人数的增加，农村空心化、农业兼业化、农民老龄化问题日益突出。同时，在农业家庭经营模式下，由于大型农业机械难以实施，良种、测土配方、统防统治等农业科技难以推广，从而成本高、效益低的短板日益突出，由于粮食的比较效益低，一些地区粮食非农化倾向更加严重。加之近年，粮价不稳，种地成本提高，部分地区出现土地撂荒和粗放种植现象。农业发展不仅要面对"谁来种地"的问题，更要面对"怎么种地"的问题。

2. 农地流转的弊端逐渐显现

为了改变农业现状，方城县进行了多方面的探索，从早期的引导种植大户进行土地流转，到后来的引导龙头企业直接租赁农地，实施"公司＋农户"的模式，以及鼓励农民专业合作社自主经营等，虽然取得了一些成绩，但是都收效甚微，甚至还出现了一些土地流转大户不堪资金压力中断合同的事情，很多龙头企业在和农户对接时，也出现了管理困难、技术跟不上等问题，从而导致部分企业计划逐步退出农地流转市场，农地流转的弊端逐渐显现。

目前，农地流转的弊端包括如下：一是资金压力大。在方城县农村拥有雄厚资金的农民数量十分有限，田地租金平均在1 000元/亩，如果每年租1 000亩地，仅租金就需要100万，如果再加上一季小麦的成本400元/亩，共需要140万元的资金，这还不包括前期的土地平整、购买农机、兴修小水电等投入。二是风险大。农民拿了租金之后，农作物收了多少，农产品价格如何便与农户没有关系，所有的风险都在流转方，本就资金紧张的大户一旦遭遇比较严重的自然灾害或者较大的市场价格波动，很容易出现资金链断裂。方城县的农业保险不是很完善，覆盖面少，理赔少。不能有效解决流转方的自然风险和市场风险问题。三是管理困难。农户把地流转出去后，经营权不属于农户，地种好种坏与农户无关，这就出现当地农户偷拿农产品，甚至破坏农作物的现象。一些龙头公司贪大，动辄流转几千亩地，没有农地管理经验，出现了效益还不如家庭经营的现象。

3. 供销社系统开展的"全面深化供销社综合改革"提供契机

如今我国已经步入从传统农业向现代农业加快转型的关键阶

段，如何实现农业适度规模经营，如何培育新型农业经营主体……成为亟待解决的难题。在这方面，长期扎根农村的供销合作社既有比较健全的组织体系和服务网络，又有深厚的群众基础，最有条件成为构建新型农业经营体系和社会化服务体系的主渠道。为了使供销合作社更好地发挥为农服务的独特优势和重要作用。2015年我国供销社系统在全国范围内开展了"全面深化供销社综合改革，努力提升为农服务能力"活动，这场改革为土地托管提供了良好的发展契机。

2015年3月中共中央、国务院出台《中共中央　国务院关于深化供销合作社综合改革的决定》（中发〔2015〕11号）（以下简称中央11号文件）文件。决定明确提出，要推动供销合作社由流通服务向全程农业社会化服务延伸。要创新农业生产服务方式和手段，采取大田托管、代耕代种等多种方式，为农民和各类农业经营主体提供农资供应、配方施肥等系列化服务，推动农业适度规模经营。

2015年4月2日，国务院专题召开电视电话会议就深化供销合作社综合改革作出部署。国务院副总理汪洋作了重要讲话，总社主任王侠、国家发改委副主任张勇、财政部副部长刘辉，河北、云南等省政府的领导均做了重要发言。

2015年9月30日，《中共河南省委　河南省人民政府关于深化供销合作社综合改革的意见》（豫发〔2015〕20号）（以下简称省委20号文件）印发，河南成为全国第二个出台文件贯彻落实中央11号文件的省份。该意见下发后，河南省召开了不同层次会议传达学习20号文件精神，通过学习使各级供销社认识到该文件为供销社的改革发展指明了方向。

对于省委20号文件明确的各项政策保障及改革措施，各地政府都进行了相应的细化、强化，并有一定程度的突破。在政策支持上，南阳市明确由供销社负责协调推进全市土地托管工作任务，研究制定了关于推进农村土地托管的《意见》《综合考评办法》和《组织监管办法》等；洛阳市通过出台文件、拨付资金、召开现场会等形式，积极支持供销社做好土地托管工作。

省供销社确定了方城、新密、内乡等 23 个县级供销社作为综合改革试点，围绕重点任务和关键环节进行探索，取得了良好效果。全系统大力推广了新安县供销社开展农村土地托管、延津县供销社发展农民专业合作社联合社、清丰县供销社开展农村经济互助服务等一批成熟、可复制的经验做法。洛阳市供销社在全国供销总社召开的农业社会化服务暨综合改革试点工作现场推进会上介绍了经验。2015 年 9 月，省供销社在洛阳召开了现场会，推进全系统农业社会化服务工作。初步让广大干部职工理解了"为什么改"，明白了"怎样改"，知道了"改成什么样"，达到了预期目标。新安县仓头镇基层社先后投资 200 多万元，建成占地 18 亩，集土地托管、农机维修、农资供应、粮食烘干储藏等多功能于一体的为农综合服务中心，服务周边 3 个乡镇 10 万群众，基层社实现了由濒临倒闭到重现活力的蜕变。

领导重视，高位推进。土地托管服务是一种为农服务的新模式，为做到科学规范推进，方城县委、县政府领导高度重视，派供销社人员赶赴洛阳新安、山东等地调研学习，学习回来之后，县政府多次召开乡镇和有关涉农部门负责人会议，研究探讨土地托管有关问题，县委先后 3 次召开常务会议，成立县委副书记叶挺硕为组长，主抓农业副县长吴宝毅为副组长，17 个涉农部门主要领导为成员的县土地托管领导小组。同时，县财政拿出 60 万元资金作为试点启动资金。为使农民有深入的了解认识，吸引农民主动参与，县供销社组织有关人员，组成宣传工作组，在当地乡镇党委、政府和村"两委"的配合下，进村入户座谈，召开村民组长和群众代表会议，编写印发彩页宣传单 1 万余份，让广大农民群众明白什么是土地托管、怎样开展土地托管、土地托管对农民的好处，提高农民对土地托管的认可度，调动农民主动参与土地托管的积极性。

5.4.2 基本框架

为了顺应农业发展形势新变化，方城县积极探索土地托管的新方式。以县供销社为土地托管牵头单位，赵河镇、券桥乡为土地托管试点乡镇。2015年7月先后在赵河镇的席庄、三张、后王庄、大齐庄、中封、肖营、泥岗、平高台等15个行政村和券桥乡的王台、马庄、埠口、沈营、马岗、土山、小营等12个行政村开展了土地托管。县供销社直属企业农业生产资料总公司和裕诚棉花有限公司分别作为发起人，吸纳当地的家庭农场、农作物种植和农机共39个农民专业社为成员，分别组建了农作物种植专业合作社联合社、农机专业合作社联合社，筹建了赵河、券桥两个土地托管服务中心，中心内规划建设了农资存放区、农机维修存放区、粮食烘干周转区、综合办公及教培中心、图书阅览室等配套设施，建筑总面积约33 000米^2。通过资源整合，已拥有大中型拖拉机、联合收割机及配套农机具275余台套。经过近一年的试点运作，社会反响良好，成效明显。2016年3月，县委、县政府召开了全县土地托管工作推进会，下发了《方城县土地托管服务工作实施方案》，明确了土地托管的方法、步骤、措施和目标。各乡镇在整体推进的同时，选准2~3个示范点（行政村）和托管主体，通过示范整体带动。截至2016年8月，全县已初选土地托管示范点（行政村）49个，成立联合社4家，确定托管实施主体62家，整合大中型农机具380余台套，已托管土地18.3万亩（其中，全托管8.1万亩，半托管10.2万亩）。

1. 方城县供销社赵河土地托管服务中心

方城县供销社赵河土地托管服务中心始建于2015年7月，占地面积18亩，由县供销社直属企业农业生产资料总公司牵头，组建了方城县供销社赵河农作物种植专业合作社联合社、方城县供销赵河农机专业合作社联合社，分别以13个农作物种植合作社和6个农机合作社共19个专业合作社为主体。合作社与农民签订托管协议，提供托管服务，包括农资供应、技术指导、农机服务等方面，并按照约定收取服务报酬。目前，托管服务中心已托管周边席庄、三张、后王庄、大齐庄、中封、肖营、泥岗、平高台等15个行政村土地31 000余亩（其中，全托管20 000亩，半托管11 000

亩），供应化肥 1 800 吨，种子 50 吨，农药 25 吨。赵河土地托管服务中心已拥有大中型拖拉机、联合收割机及配套农机具 150 余台套，建设了农机维修存放区 800 米^2，可同时放置 36 台套农业机械，并为周边农民提供农机具维修服务；农资储存区 500 米^2，可存放化肥、种子等农业生产资料；农业技术培训室 60 米^2，可提供农技图书阅览、农技知识培训、土地托管政策宣传等培训服务；规划的 900 米^2 粮食烘干周转区及储量 3 万吨的周转粮仓正在筹建之中。联合社注册时注册资本共 8 100 万元，生产资料总公司出资 4 100 万元，占 60％股份，本庆合作社出资 1 000 多万元（机械设备），杨合作社出资 1 000 多万元，其他 17 个小合作社出资 2 000 万元，资本比例大小主要体现在话语权和决策权上，后期可以进一步资本扩股。

2. 方城县供销社券桥土地托管服务中心

券桥乡以县供销社直属企业裕城棉花有限公司和南阳市远航商贸有限公司为发起人，组建了泰盛源农作物种植和农机专业合作社联合社，吸纳券桥乡境内的 16 个农作物种植和 4 个农机共 20 个专业合作社为成员社，以村"两委"为见证和监督单位，以农户为土地托管协议签订主体。已托管马庄、王台、埠口、沈营、马岗、土山、小营等 12 个行政村耕地 28 000 余亩（其中，全托管 15 000 亩，半托管 13 000 亩），为农民提供耕、种、管、收及直供种子、化肥、农药和粮食烘干储存等服务。供应化肥 1 000 吨，种子 30 吨，农药 5 吨。

方城县供销社券桥土地托管服务中心，位于县城东南部，券桥乡政府所在地的券桥村，筹建于 2015 年 7 月，占地 60 亩，建筑面积 30 500 米^2。其中，服务中心规划建设了农机维修存放区 500 米^2，可同时放置 30 台农业机械；粮食烘干周转区 29 000 米^2，配套建设了储量 1 万吨的周转粮仓，农资储存 600 米^2，办公及农业技术培训室 400 米^2。截至 2020 年，托管服务中心通过资源整合已拥有大中型拖拉机、联合收割机及配套农机具 125 余台套。

5.4.3 主要内涵

1. 基本原则

（1）坚持农村土地承包关系不变、农民经营主体不变、农民受益主体不变。

（2）坚持自愿、依法、有偿和规范化管理，市场化运作，多方共赢。

（3）坚持政府主导，供销社牵头服务，社村联建，共同发展。

（4）坚持因地制宜，模式多样，突出重点，梯次推进。

2. 核心内容

以土地集体所有为前提，以家庭承包为基础，以盘活农地经营权为核心，以供销社农资供应为抓手，保证农户的决策权和收益权，农户、村"两委"、专业合作社、联合社、供销社、社会化服务组织等多元主体共同经营。

运作重点：①成立联合社。利用供销社的优势，把县供销社下属的县农业生产资料公司作为主要的控股方，由于该公司资金实力较为雄厚，解决了合作社购买大批量农资的压力。此外，联合社把各个专业社的农机进行整合，统一指挥，使得农机的效率发挥得更好。②积极培育合作社。土地托管的具体事务由各个合作社完成，因此，规范、成熟的合作社是托管的重点。联合社负责技术培训，使得合作社负责人、农机手得到很好的培育。③充分调动村委会的积极性，充分发挥村委会的协调、监督作用。合作社和村委会签订托管合同，不和农户打交道。因为村委会是距离农户最近的农村组织，与农户沟通更方便。村委会不是义务劳动，每亩地有 10 元的工作费用。

3. 运作模式

方城县探索在坚持家庭联产承包责任制不变、农民土地使用权不变、农民经营主体不变、农民受益主体不变（简称"四不变"）的情况下，以"联合社＋专业合作社＋村'两委'＋农户"的运作方法，以农民专业合作社为托管方，按照农民的要求，对其责任田实行统一耕种、统一管理、统一收割（简称"三统一"）的土地托管模式。目前，采取两种土地托管服务。

一是土地半托管。在充分尊重农民意愿的前提下，与农民签订托管协议，农民先缴纳一定的托管费，发挥联合社的优势，提供包括农资供应、技术指导、农机服务等方面的托管服务，农产品收获后主要归农户所有。目前，方城县土地托管的土地中，半托管占比为66%。

二是土地全托管。合作社与农民签订土地托管服务协议，合作社向农民支付一定地租，打破户与户之间的界限，土地成方连片，实行统一耕种、统一管理、统一收割的全程托管服务，农产品收获后全部归合作社所有。这种模式和土地流转有区别，土地流转一般时间较长，土地用途容易发生改变；全托一般为1~3年，土地用途不会发生改变。

以2016年的半托管协议为例。

（1）托管费用。冬播（主要种植小麦）每亩300元，秋播（主要种植玉米）每亩400元。

（2）托管项目。冬播（主要种植小麦）项目包括耕、旋、播种、收割、除草、病虫害防治、化肥、种子；秋播（主要种植玉米）项目包括耕、旋、播种、收割、除草、病虫害防治、化肥、种子；若遇自然干旱需要浇地时每亩浇灌一次收费30元。

（3）托管费用缴纳时间。冬播：9月份缴纳托管费用的一半，150元，剩余150元待小麦收割后一次缴清；秋播：4月份缴纳托管费用的一半，200元，剩余200元待玉米收割后一次缴清。

（4）托管方责任。确保冬、秋两季每亩小麦、玉米产量各1 000斤，不足部分由乙方补够；超产部分（基数1 000斤），按比例分成，甲方70%，乙方30%；若遇人为不可抗拒的自然灾害造成的减产（经相关农技专家审定），合作社不负责补偿。但合作社所投的农业保险，扣除保险费后保险赔付部分归农户。

4. 服务流程

方城县的土地托管流程很复杂（图5-10），分为多步，从签订托管合同开始，经历整合土地、良种推广、测土配方、免耕播种、统防统治之后，小麦成熟之后进行小麦的联合收割、烘干，然后销售小麦，最后进行利益分配。

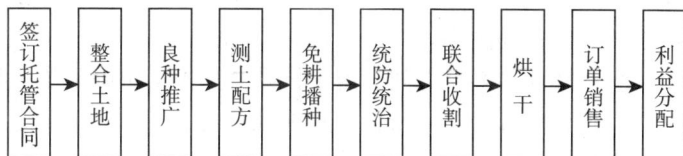

图 5-10 方城县土地托管服务流程

在整个土地托管的过程中，主要有五个主体参与：第一个主体是县供销社，主要负责指导的功能，对整个托管的计划、利益分配方式等大的方面进行指导；第二个主体是联合社（土地托管中心），它是核心，主要负责托管工作的整体经营活动，联合社聘请职业经理人，制定土地托管计划，购置、整合、调配所有的农机，供应农资，进行科普宣传和技术培训等；第三个主体是专业合作社，它是土地托管具体实施服务的主体。负责整合农田和农机，建立服务队，进行免耕播种、测土施肥、统防统治、联合收割等工作；第四个主体是村委会，它负责协调、监督农户的土地托管事宜，作为农户的代表与合作社签订托管协议，收缴托管费；第五个主体是农户，它是受益方，参与土地托管，向村委会缴纳托管费，与村委会签订托管合同，储存和销售农产品。这五个主体缺一不可，紧密协作，形成了很好的利益共同体。

5. 利益分配机制

（1）县供销合作社对联合社进行免费指导。它虽然没有得到直接的利益分配，但是通过土地托管，其下属供销社企业活力大增，作用大大增强。

（2）联合社内，县生产资料总公司占绝对股份。农资销售以后，利润在公司和各个成员社之间按照 4：6 分成，即公司占40%，合作社占60%。购买农资时，先由公司垫付资金购买；等合作社收到托管费后把农资费用再给公司（联合社最终的利润不再分配，除去工资开销，购买必要的办公用品之外，多余的利润形成资本积累)。

(3)合作社和农户之间。每亩保底 1 000 斤粮食,不够的数量由合作社补齐,超出部分按照 3:7 分成,即农户 70%,合作社 30%,以相互监督和激励。

(4)合作社和村委会之间。由于村委会承担了协调土地、收缴托管费、签订合同等工作,所以合作社按每亩地 10 元标准交给村委会,以充分调动村委会的积极性。

5.4.4　重要意义

1. 解决外出务工农民的种地问题

近年,大部分农民面临着"打工顾不上种地、花钱种地成本高"的困境。这也是困扰外出打工农民的现实问题。每遇农忙季节,花钱雇人代价高,老人种地不放心,回家耕作不现实,放弃土地不甘心。通过土地托管实现了打工、种地两不误,确保了农民收入。

2. 初步解决农业生产的适度规模化和机械化

分散的家庭联产承包责任制不利于农业机械的应用,影响了耕作效率。通过托管,打破了责任田之间的界限,土地成方连片,统一耕作,统一农资供应,有利于大型农机的耕种,特别是农业科技的推广应用,有利于秸秆的综合利用,降低了作业成本。

3. 有助于土地增效、农民增收

土地托管工作通过整合社会资源、推进农业生产的机械化和规模化,能够有效降低农民的种粮成本,提高粮食产量,增加农民收入。以联合社为土地托管牵头组织单位,负责托管土地所需的化肥、种子、农药,按照低于市场价 15%左右的价格直供成员社;同时,联合社向农民提供的农资以自己的品牌信誉为保证,让农民更放心,农资质量更有保障。每亩地成本降低了 100 多元,降低 50%以上,农民每亩增收 150 多元。

4. 农户获得了更多更好更优质的科技服务

农民专业合作社通过与农户直接签订土地托管协议,打破户与户之间的界限,享受农资直供、技术指导、统防统治、科技培训等

方面的优惠和服务，专业合作社按约定收取农户的服务报酬。尤其是在农业技术运用上，极大地体现了土地托管的优越性。券桥乡设有农业技术推广站，同时也是全国气象技术利用先进乡镇，这些都为专业合作提供了有力支持。在气象技术利用方面，由于券桥镇属于亚风口地带，故选择低杆抗倒伏的品种；并通过虫情、墒情、雨情报告，随时调整播种、收割时间，确保了粮食产量和质量。

5. 解决了农民粮食存放和销售的问题

联合社依托粮食储备库，解决了农民粮食存放和销售的问题。也就是说，粮食收获后，如果受托农户觉得粮食价格合理，粮食储备库以高于市场价用现金结算给农户；若受托农户觉得粮食价格偏低，可先存放在粮食储备库，待农户认为粮食价格合理，再按当时市场价格结算。

总之，通过实施这种"四不变""四统一"的新型经营模式，降低了生产成本，从耕到种，每亩节约成本近 200 元；提高了粮食生产效益，每亩可增收近 150 元；更重要的是，最大限度地解放了劳动力，既保证了在外务工等无劳动能力家庭的土地收益，也解决了一部分在家劳动力的就业问题，达到了劳动力、土地要素的合理配置，最大限度地增加了农民收入。

6. 有助于国家粮食安全

土地托管坚持尊重农民的传统种植意愿、以大田作物为主，防止了耕地的非粮倾向，为粮食作物的稳产高产作出贡献。因为目前土地流转的租金相当高，大规模的土地流转租金一般在 800 元以上，这对于利润微薄的大田作物而言，很难承担这么高的租金，所以土地流转的模式更适宜蔬菜、中药等经济作物，对于大田作物，土地托管不用流转土地，没有租金压力，农户先垫付托管费，很好地解决了租金的问题。

5.4.5 主要经验

1. 突出发挥供销社在土地托管中的引领和骨干作用

供销合作社是为农服务的合作经济组织。在开展土地托管的推动过程中，要依托供销社，发挥其引领和骨干作用。特别是在试点期和推广期，县供销社要带领各级合作社发挥好主导作用。要联合涉农企业、村"两委"和种植农（大）户，成立各类种植专业合作社或联合社；联合农机能手，整合社会农机资源，成立农机服务专业合作社或联合社。以两个专业合作社为纽带和载体，形成服务链条，结成利益共同体，扎实推动大田作物土地托管服务。由于供销社具有农资采购的经验和资金优势，所以能够以最低的成本采购到质量最好的农资。

2. 乡镇基层组织发挥好规划、组织、协调作用

各乡（镇）党委、政府明确专门机构负责此项工作，以供销社网络为载体，制定符合本乡镇实际的土地托管规划；加强涉农水利、电力资源配置，推动农业机械整合和农业新技术的应用；做好区域资源配置，推动农业机械整合和农业新技术的应用；做好宣传发动工作，为土地托管服务创造良好的环境。村"两委"负责做好农户的动员组织工作，指导或参与组建专业合作社，建立土地托管服务档案，掌握土地托管服务的规模和发展趋势，监督土地托管服务运行情况，及时协调解决土地托管服务过程中出现的各种问题。

3. 加大政策扶持力度

（1）县、乡两级要加大对土地托管服务工作的支持力度。县财政设立专项扶持资金，对集中托管土地形成一定规模的给予补助，并对投资建设的农田水利、晾晒、仓储及有关设施，给予重点扶持。对集中连片、形成托管规模的粮食作物、经济作物，由县级财政给予相应补助。为加快试点工作，县财政对供销社在土地托管服务的试点，除落实市财政以奖代补 100 万元资金外，县财政给予奖补。

（2）对实施土地托管服务的地块，由发改、农业农村、粮食和物资储备等部门重点扶持实施农作物病虫害统防统治、配方施肥、土地整理、高标准粮田建设等涉农开发项目；按照国家粮食收购政策，坚持优质、优价原则，积极开展预约收购服务，满足售粮需求。

（3）对符合条件的土地托管服务组织，由农业农村、财政、农机等部门重点扶持实施现代农业生产和粮食高产等发展项目；专业合作社购置农机具按照有关政策规定优先享受农机购置补贴。

（4）对符合条件的托管土地，由水利、国土资源部门按照农田水利基本建设规划，结合土地托管规划，积极扶持开展小农水建设、水利科技项目推广和应用，支持托管土地的综合整治。

（5）对土地托管中涉及优质农产品基地建设、新品种引进选育、标准化种植、病虫害安全防治示范与应用、设施栽培、节水灌溉、农产品冷藏保鲜等项目，由有关部门纳入经济社会发展计划，给予重点支持。

（6）对开展土地托管服务需要建设的服务中心、仓储、晒场和机房等简易、非永久性建筑，占地不超过20亩的，应按设施农用地对待，并按规定办理备案手续。合作社兴办加工企业等所需要的非农建设用地，在符合土地利用规划、城市规划和相关规划的前提下，应重点支持。

（7）县政府采取政府订购、定向委托、奖励补助和招标等方式，引导土地托管服务组织积极参与农业公益性服务，获得服务收入。

（8）建立防灾机制，规避土地托管的风险。县内保险企业要开发适用于土地托管的保险业务，提高各类土地托管组织的抗风险能力。引导托管组织将托管的土地全部加入农业保险，减少和弥补天灾人祸给自身和农户带来的损失。

（9）对土地托管组织在注册登记、检疫检验等生产经营环节的税费给予适当减免。

4. 坚持惠农让利，实现多方共赢

真正让农民得实惠，是取得农民信任、推进土地托管服务持续发展的关键。在土地托管服务中，化肥、种子供应，耕、种、管、收的重要服务环节，联合社坚持让利于民，以全部低于市场价格收费标准承诺农民。联合社发挥规模经营优势，全部化肥从厂家直进、减少中间环节，以每吨低于市场价格200元购买。耕、种、管、收服务收费，统一低于市场价格，以每亩10元标准收取。种子（小麦种）以每袋低于市场价格10元供应农民。据初步估算，每托管一亩地农民可节约生产投资 100 元以上，加上误工和潜在收益，每亩可节支增效 300 元以上。另外，村"两委"可在联合社、专业社托管收益中每亩提取 10 元有偿组织费，实现了供销社、专业社，村"两委"、农户四方共赢。

5. 做好农业保险，控制风险

由于合作社给农户保底 1 000 斤粮食，因此一旦遇到大的自然灾害或市场风险，很难抵御。联合社和中华保险公司签订合同，对托管土地全部加入农业保险。保费上国家补贴 70%，合作社自费 30%（约 10 元），赔付金额较高，一季小麦最高赔付 400 元，基本够成本费。

5.4.6 面临困难

1. 如何理性处置土地托管模式运行中的各种风险

其一，从政策方面来说，国家"三农"政策、土地政策、土地相关法律法规的调查可能会对土地托管模式运行造成一定影响，如参与土地托管的土地由于国家公共利益需要被征收就会影响土地托管收益。其二，粮价波动问题。近几年，粮价持续低迷，玉米价格更是剧跌，因此极大地影响了土地托管的收益。其三，全球、全国经济经常出现一定的周期性波动，都可能对土地托管运营主体的生产经营乃至收益造成影响。其四，从运营方面来说，如土地托管运营主体对土地运营水平有限或因资金链运转困难，土地运营主体将可能面临一定的运营风险。其五，农业经营可能遇到的各种自然风险与农民要求持续增加收益之间存在矛盾，而目前农业保险体系尚处在初级阶段，很不健全。由此可见，正确、理性处置和抵御土地托管模式运行中的各种风险将是土地托管模式持续运行发展的重中之重。

2. 小麦的产学研结合尚需加强

虽然目前方城土地托管中心已经托管了几万亩的土地，但是绝大多数种植的是普通小麦，没有和农科院、河南农业大学等科研、教学机构形成较好的合作关系，没有专属于自己区域的优质小麦品种，更没有自己的育种基地。除了良种之外，新型化肥、新型农药、新型农机、新型植保等方面和科研院所都还没有开展实质性的合作，和相关的学校也没有开展建立实习基地等合作。

3. 和二产结合不够紧密

方城目前已经托管近 6 万亩土地，其托管规模已经达到相当级别。但是，其中只有很少的部分（大约 4 000 亩）和赊店酒厂合作有订单农业，多数小麦直接卖给了国家粮食储备库。这主要是因为方城县境内没有大型的粮食加工企业，没有先天的优势。目前，托管中心打算和方城紧邻的平顶山市叶县面粉厂合作。

5.5 华星集团"公司十合作社十种植户"联合体典型案例

5.5.1 产生背景和原因

1. 身处中国第一面粉城

华星集团地处中国第一面粉城——河南省商丘的永城市。永城市位于河南省最东部，地处豫、鲁、苏、皖四省结合部，被誉为"汉兴之地、能源之都、面粉之城"。永城市是一个典型的以粮食生产为主导产业的农业大市，现有总面积 2 020 千米^2，耕地面积 178.3 万亩，辖 29 个乡镇，总人口 157 万人。永城市作为河南省传统产粮大县（市），处黄淮平原小麦产区腹地，小麦原料充足，常年小麦种植面积在 175 万亩左右，年产量可达 18 亿斤，是全国优质小麦生产基地、全国百强县、国家和河南省小麦优良品种生产基地，全国最大的面粉生产基地。2015 年全市粮食总产量达 26.79 亿斤，再创历史新高，实现"十二连增"。"十二五"时期，永城市荣获全国粮食生产先进县、全国粮油百强市，国家市场监督管理总局定为"全国知名品牌小麦粉创建示范区"，农业农村部定为"全国现代农业示范区""国家级农业改革与建设试点示范区"。2005年，永城市被中国食品工业协会授予"中国面粉城"称号，成为全国唯一的"中国面粉城"。

目前，永城市拥有日加工小麦 100 吨以上的面粉企业 158 家，年加工能力 15 亿千克，产品六大系列，30 多个品种，畅销全国 30 多个省市，并打入韩国、朝鲜、日本和东南亚部分国家市场。目前一座国家级面粉质量检测中心已经在永城投入运行。如今，永城市"白色经济"已经形成两条相对完整的产业链，一条是由面粉向食品加工的延伸，另一条是由面粉向饲料加工的延伸，有力拉动了养殖业、运输业、塑编业、印刷业、服务业的发展，一批通过质量认证的名优产品走出永城，走向全国市场。

为把面粉企业做大做强，永城市出台了一系列优惠政策。市委统战部、工商联组建了面粉企业协会，组织面粉企业家外出考察，与科研单位"联姻"，为企业解决各种实际问题；拉长产业链条，面粉企业带动相关产业，促进了结构调整，运输业、饲料业、养殖业、编织业等产业得到发展；集中连片发展，面粉企业靠城沿路，初具规模，仅西城区工业路两侧就有面粉企业 24 家；全力打造品牌，打造集面粉生产、加工、销售及食品生产、机械为一体的"中国面粉城"。2014 年，永城市被农业农村部等六部委评定为国家现代农业示范区、国家级农业改革与建设试点示范区。试点以来，永城市围绕加快实现农业现代化这一中心任务，以农业发展方式转变和生产方式转变为根本途径，不断探索产出高效、产品安全、资源节约、环境友好可持续的现代农业发展道路。

2. 华星集团实力雄厚

华星集团是以面粉加工、食品科技、食品包装、粮油加工、物流运输、谷物加工技术研究为一体的农产品深加工民营企业集团。2001 年成立，占地 20 余万米^2，拥有河南华星粉业股份有限公司、河南华星宫川食品有限公司、河南华星民生食品有限公司、河南金龙塑业有限公司、河南华星食用油有限公司、河南永城市华星商贸有限公司、河南汉兴农业发展有限公司、河南华星粮油有限公司、河南麦硒多食品有限公司、河南永城市金泉小额贷款有限公司、汉兴甘薯种植加工协会、华星种植专业合作社、华星农机专业合作社、世通粮油购销有限公司、河南省华星现代谷物加工技术研究院等分支机构，资产总值 6.7 亿元，固定资产 2.6 亿元，拥有员工1 300 余人，各项技术人员 378 人，大专以上学历 131 人，研究生学历 7 人，博士后学历 1 人，中级以上职称 185 人。集团先后通过了 ISO 9001：2000 质量管理体系、HACCP 食品安全体系、环境管理体系、职业健康安全体系认证。通过以上各项标准化体系的建立，企业的管理水平得到了较大的提升，实现了与国际标准化管理的有机接轨。

近几年，企业发展进入快车道，集团先后被评定为农业产业化国家重点龙头企业、全国农产品加工示范企业、企业规范化管理 AAA 级企业、全国面粉行业最具发展潜力企业、中国行业质量诚信企业、华商 500 强最具成长性企业、河南省上市后备企业、河南省高新技术企业、河南劳动奖状、河南省食品工业 50 强企业、永城市十强工业企业、永城市市长质量奖。宇花牌系列产品荣获中国驰名商标、全国农产品博览会优质产品奖、国家免检产品、中国健康食品、面粉食品生产创新奖、全国农产品加工业博览会金奖、第八届中国国际农产品交易会金奖，多维富硒小麦粉、学生营养专用粉、小麦胚多功能性食品荣获国家专利、河南省高新科技产品、河南省科技成果等荣誉称号。

华星集团以"立百年大业，创国际品牌"为理念，依靠科技，立足农业，服务社会，拉长农业产业化链条，实行"订单农业、土地流转、原料基地建设、集约化种植"相结合的发展战略，充分发挥龙头企业作用，带动农民致富，为永城市的农业产业化结构调整、农产品深加工、精加工、产业系列化打造新的企业发展模式，再现一个集基地、科研、加工、运输、销售为一体的农业产业化集团。

3. 永城是全省粮食加工业健康发展的唯一试点

2015 年河南省小麦产量达 665.8 亿斤，占全国小麦产量的四分之一强；全省面粉加工企业达 713 家，加工能力 5 950 万吨，占全国的四分之一。小麦价格增长缓慢，但面粉价格普遍低迷，存在"麦强面弱"现象。面粉企业产能过剩问题突出，效益整体较差成为面粉行业最为突出的问题，特别是一些中小型面粉加工企业，由于资金不足、销路不畅等问题濒临倒闭，亟待探索一条提高粮食综合生产能力，促进全省面粉食品产业健康发展的道路。

为认真贯彻落实国务院领导指示精神和国务院《研究消化粮食库存、促进面粉等粮食加工业健康发展有关问题的会议纪要》（国阅〔2016〕26 号）精神，推进农业供给侧结构性改革，强化农业支持保护制度，激发农业发展内生动力，加快推动农业现代化，提高粮食综合生产能力，促进全省面粉食品产业健康发展。2016 年，河南省粮食局、省政府发展研究中心、省委农办等多个单位在全省调研，确定了永城市作为全省唯一的"促进面粉食品产业健康发展"试点。2016 年，河南省人民政府办公厅下发了《关于消化粮食库存促进面粉等粮食加工业健康发展的意见》（豫政办〔2016〕50 号），明确指出：支持河南省在永城市开展促进面粉产业健康发展试点，这是解决当前"麦强面弱"问题、妥善消化粮食库存、促进面粉等粮食加工业健康发展的指导性意见和关键性举措。各级、各部门要抓住这次难得机遇，坚持用改革、创新的思维，发挥市场在资源配置中的决定性作用，妥善消化粮食库存，加快粮食加工业转型升级，实现粮食加工业健康发展，确保全省"三农"和粮食供给侧改革顺利推进。

为更好地服务永城市面粉食品企业发展，帮助面粉食品加工企业做大做强，永城市设立了永城市食品工业服务中心。为满足面粉食品加工企业的资金需求，市政府多次组织开展银企对接活动，推动面粉食品加工企业做大做强；组织开展企业座谈会，了解企业在发展过程中存在的问题和困难，制定解决办法，为企业提供了信心支持；积极筹办面粉食品博览会，搭建企业学习、交流平台，为促进企业发展、提升永城面粉食品加工企业在国内外的知名度、美誉度起到了积极作用。在下一步工作中，永城将抢抓国务院、省委、省政府在永城市开展面粉食品产业健康发展试点的有利时机，树牢"创新、协调、绿色、开放、共享"发展理念，围绕"调结构、转方式，补短板、增优势，聚合力、促发展"理念，坚持稳中求进、进中求变，加强政策供给，有序推进种植结构调整，加快构建粮经饲统筹、一二三产业融合的农业发展格局，逐步扩大优质粮的比重，提高农业规模化水平。全面提升永城面粉食品产业水平，继续创造永城模式和永城速度，进一步促进持续健康发展。

5.5.2 基本框架

1. 基本内涵

以优化小麦产业为基础，开发深加工项目，靠科学的利益机制建设小麦产业化经营联合体，缩小与国际上先进面粉厂之间的差距。发挥自身特长，走精专道路发展壮大。集团与永城市华星种植专业合作社（4 000 多亩）合作，合作社再与其他 80～90 家合作社、家庭农场、专业大户等（300～500 亩）合作，这些新型经营主体与农户进行合作，相互签订订单及相关合同，充分发挥永城市华星种植专业合作社建设完善、运作规范的示范带动作用。目前，华星集团已与周边 15 万农民签订订单，每年促进农民增收约 5 000 万元，为社会提供数亿斤优质强筋富硒小麦（图 5 - 11）。

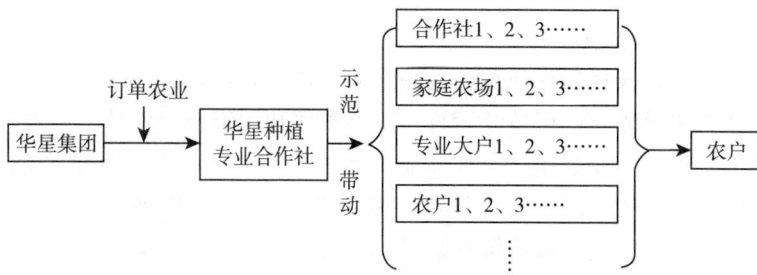

图 5 - 11　华星集团模式运作示意图

华星集团模式的关键点：一产成基点、二产为重点、三产是亮点；选好一产与二产连接点（农民专业合作社），做大做强二产关键点（农产品加工业），完善三产（面粉物流销售）互联网点，"接一连三"；二产通过"极致产品、完美体验、粉丝追捧"，打造高端主题农产品，以现代化加工设备、标准化作业流程、保证品质稳定和统一；用专用粉管理生产民用粉，让专用粉走进普通家庭，做到专用粉民用化、主食产业家庭化；用严格的订单和优质服务拉动一产优化升级，用"互联网＋"推动三产脱胎换骨。

2. 基本理念

华星集团模式的基本理念为以"建设华星大农场，成就中国大厨房"为指导思想，以"立百年大业，创国际品牌"为建设理念，以"安全生产、质量优质"为指导原则，本着"以人为本、质量第一、信誉至上，始于顾客需求、终于顾客满意、追求卓越品质、为客户创造价值"的经营宗旨。发挥国家地理标志产品的作用，围绕"硒"元素做文化，以"河南华星谷物加工技术研究院"为依托与国内著名的科研院校产学研高度融合，开发高端产品、开拓市场，追求企业利润最大化。坚持以市场为导向，积极拓展目标区域市场，稳定和扩大市场占有率，形成集销售、服务、迅速、反馈"四位一体"的经营格局；通过不断创新和完善，提升员工素质，增强员工和客户的满意度，在业内树立良好的口碑和品牌价值，促进企业持续、稳定、快速、健康发展，全面提升企业的国际竞争力。

3. 实施要点

首先，选择运作规范的农民专业合作社合作，设计科学的利益联结机制保障一产可持续运行。华星集团和国家级合作社——永城市华星种植专业合作社合作实施订单农业过程中，严格保证产前、产中、产后的三期系列化服务，实行"六统一"（供种、播种、服务、管理、收割、收购统一）、"八具体"（土壤检测具体到地、种子肥料具体到户、灌溉施肥植保具体到地、技术服务责任具体到人、监督巡查具体到村、种植档案具体到册、统一收购具体到村、效益对比具体到户）的工作管理制度，有效地把农户整合为一体。

其次，努力做强第二产业。为了扭转"麦强面弱"现象，集团不惜重金投资科研，与武汉工业大学食品工程学院国家公众营养与发展中心签订科研合作协议，中心专家组帮助集团进行生产技术工艺改造，为新产品开发制定实施方案。与武汉大学共同研发"富硒强化营养粉"，与河南工业大学研发"矿工专用粉"，与国家公众营养中心研发"学生营养强化面粉"。除此之外，集团不断延伸农业产业链，发展主导产品的深加工和精加工，提升产品附加值。集团投资 5.2 亿元在永城市产业集聚区食品产业园内与台湾三叔公食品有限公司合作，建成一座具有规模化、标准化与品牌化的"深加工食品园"——河南硒麦食品有限公司，这是国内高端有机食品加工示范园区采用先进的食品加工工艺和管理模式对强筋富硒小麦进行精深加工，主要生产差异化功能的休闲食品以及其他富硒面包、富硒糕点等产品。

再次，运用现代技术和先进的营销手段发展第三产业。集团与市农业农村部门及北京农信通合作，打造"区域品牌"。利用12316 资源服务平台，建设"县级电子商务平台"，提供"一站式"服务，包括农业公益服务、便民服务、电子商务及培训体验服务。设置乡镇级店、行政村店、自然村店，根据需求每个行政村、自然村至少配备 2 名、1 名信息员，要求每名信息员有文化、懂信息、能服务、会经营，做到"村村都有店，覆盖全永城"，形成"区域品牌"。以运营平台开设代买代卖端口服务农民，为农民提供免费和低价服务，使农民产品销往全国。推进"村务、商务、服务"三务合一的村级综合服务。集团自建有冷链物流配送中心，一个乡镇建设一个物流中转站，可配送到村级，确保网上交易及时送货上门，支持货到付款。高度重视食品安全的每个环节，应用互联网、物联网等信息技术开展质量追溯体系建设，全面采集小麦全生育期及小麦入仓、出仓、生产加工的数据信息，产品做到一批一码，消费者通过扫描二维码即可全程了解手中产品，实现从田间到餐桌的全过程溯源查询，确保产品的质量安全（表 5-3）。

表 5-3 华星集团三产的三大体系

单位：人

三大体系	功　　能	给农民带来的好处	劳动定员
互联网销售	通过互联网供销平台，增加农产品销售渠道，使农业产品通过互联网走向全国	促进农民增收 减少农产品卖难	2 000
	普及法律法规，了解政府信息、服务及农业信息科技知识及其他服务	学习知识 减少农灾	

（续）

三大体系	功　　能	给农民带来的好处	劳动定员
物流配送	一个乡镇建设一个物流中转站，配送到村级，确保网上交易及时送达	增加剩余劳动力就业	168
质量安全可追溯	全面采集小麦全生育期及小麦入仓、出仓、生产加工的数据信息，食品安全有据可查	了解食品安全重要性提高生活质量水平	25
合计	—	—	2 193

数据来源：华星集团。

最后，扩大生产规模，增进制粉技术，高度重视食品安全，建立健全面粉及面制品安全体系，并利用互联网开展集团产品追溯。2015 年成立了溯源管理小组，利用互联网、物联网、大数据分析，专兼人员配备相结合，把追溯系统落实到各个环节。2016 年实施在物流配送中建立溯源体系，确保产品在运输过程中不受破坏及污染。把责任落实到人，确保消费者权益。

4. 成效

华星集团模式有效促进了农业相关产业联动集聚、生产要素跨界配置、农产品产加销等有机整合，极大地推动了优势特色富硒小麦种植、仓储加工、物流服务、互联网销售"四位一体"融合发展，加深了农产品转化增值，提升了"永城面粉"品牌的美誉度、知名度，促使永城市由"粮食输出大市"向"食品输出大市"、由"中国面粉城"向"中国食品城"的华丽蝶变。

（1）打造优质富硒小麦基地，辐射带动农民增收。华星集团规划建设 30 万亩优质富硒小麦基地，按亩产 1 000 斤、集团订单收购价高于市场价（约 1.3 元/斤）10%的标准计算，农民可增收3 000 万元，亩均增收 130 元；加上集团提供低于市场价的优质麦种及化肥、农药，免费为其缴纳农业保险、提供富硒肥，可为农民减少费用 2 000 余万元，农民总计年增收 5 000 万元。此外，集团还采取"公司＋合作社（农民入股）"的利益联结机制，将总收益的 20%以分红形式分给与集团合作的公司、合作社或家庭农场。

表 5-4 华星集团 30 万亩优质富硒小麦种植基地的经济效益

单位：万元、元/人、元/月

| 产业 | 投资 | 劳动就业（人） | | | 人均收入 | 企业收益 | 备注 |
		直接	间接	贫困户			
一产	11 000	500	3 600	680	360	6 000	仓储节约
						1 218	土地收入
二产	4 800	262	500	30	2 000	2 899.91	技术改造
三产	12 780	2 493	1 200	295	2 000	—	—
合计	28 580	3 255	5 300	1 005	—	10 117.91	—

数据来源：华星集团。

（2）吸纳当地农民就业，增加市级财政收入。华星集团目前吸纳 1 300 名当地农民为正式员工，每人年工资收入 2.4 万元。项目投产后，年上缴永城市财政的税费按产品增值税率为 17%、城建税和教育附加费分别按增值税税额的 5%、3% 估算，可达千余万元。

（3）三大服务体系建设改善民生，优先带动贫困户脱贫。集团建成永城市富硒小麦生产、加工、销售电子商务平台，在保障农产品质量安全的同时，为富硒小麦走向全国打下坚实基础，平台在普及法律法规的同时，开设信息指导等诸多公益便民服务，将农业信息资源服务延伸到乡村和农户，不仅可以为农户解决农业生产的产前、产中、产后问题，还为农民提供日常健康生活小知识，提高农民对食品安全重要性的认识。与此同时，集团优先安排贫困户就业，30 万亩优质富硒小麦种植基地的建设可直接安排项目区 500 个劳动力长期就业（年工作 8～12 个月），可安排 3 000 个劳动力短期就业（年工作 1～6 个月），项目区 8 个乡镇共有贫困户 1 169 户，涉及贫困人口 2 285 人。项目有能力安排项目区所在乡镇的贫困户、贫困人口就业，按每月 2 000 元工资计算，长、短期工每个劳动力年收入可达 2.4 万元、1.2 万元，加上农户土地出租收益，完全能够脱贫致富。

5.5.3 主要经验

1. 通过签订订单建立稳定的利益联结机制，确保合作双赢

华星集团早期曾经通过土地流转建设生产基地，集团自己经营农地，但是由于集团不善经营一产，遭遇监管乏力、激励不足等许多管理问题。后来集团和村委会合作，委托村委会进行监督管理，但"委托—代理"问题经常出现，代理人不能尽全力为委托人工作，而集团要监督和获得村委会的私人信息必须付出高昂的代价，同时惩罚代理人的偏离行为的手段十分有限，由此与村委会的合作也以失败告终。经过多年不断地摸索与总结，从起初直接与农户合作，到与村委合作，但是由于以一对多，都出现了或多或少交易成本过高的问题。在2011年集团高层决定不再和农户直接合作，因为交易成本太高，集团决定寻找一个具有完善管理机构的经济组织或公司合作，最后定位与一家人员素质及管理水平较高的国家级合作社——永城市华星种植专业合作社合作，签订相关协议，再由其与其他小型合作社合作，再通过这些小型合作社与农户进行合作种植，这样彼此沟通顺畅，并在很大限度上避免了上述弊端（图5-12）。

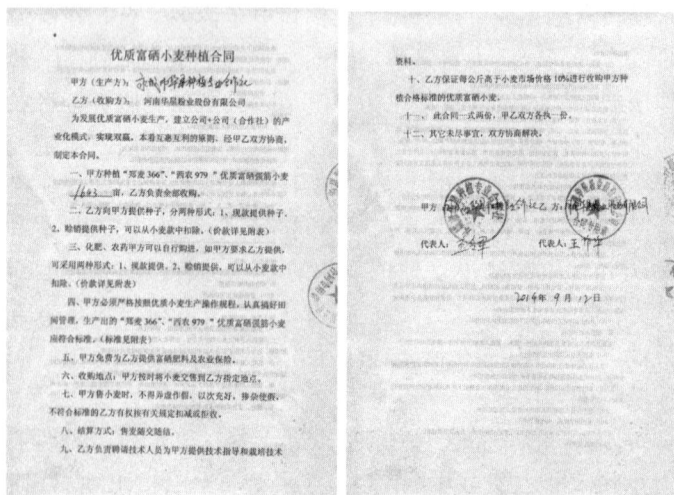

图5-12　华星集团模式中的优质富硒小麦种植合同

本着让农民分享更多的产业利益的原则,华星集团从富硒小麦种植抓起,全程控制产品质量,着力打造"区域品牌"。华星集团"接一连三",在每个环节都为农民多让利,为一产注入现代生产要素,采用"公司+合作社",以降低农户生产成本,引导农户通过土地入股加入农民专业合作社,建立科学的利益联结机制。集团在提高土地产出率、资源利用率和劳动生产率的同时,吸收当地农民在三产中就业,让农民分享加工流通的利润,在形成"主食产业家庭化"的同时,通过三产的自建网络商城及冷链物流体系建设,为当地农民提供合适的就业岗位,构建从田间到餐桌的食品安全保障体系,拉长产业链条,促进农村经济持续、健康、协调发展。

由于永城市华星种植专业合作社协助集团管理众多农地、收购小麦,因此小麦入仓后,集团给其小麦收购费的 5‰ 作为协调费。此外,集团将加工订单优质麦所产生的利润的 20% 返还合作社,激励合作社对一产统一管理和培训,为集团节约成本和精力,同时带动小型合作社规范化管理和发展,并在收割期按合同约定以高于小麦市场价 10%~15% 收购,用利润分红引导更多农户以土地入股等方式加入合作社,从而将数万余农户有效地整合为一体,使集团和农户真正形成一个稳定紧密、利益共享的新型农业产业经营模式。

2. 打造高起点、高标准、高水平的"优质原粮"基地

在市农业农村局、粮食和物资储备局的大力支持和指导下,集团与合作社在高产创建示范田一起实行统一技术标准,从小麦品种的选定到富硒肥拌种及叶面富硒肥的喷洒等诸多环节加强管理,按低于市场价的价位为农户提供良种、农药、肥料等生产资料,并免费提供富硒肥和农业保险。

如良种选购,与河南金粒种业有限公司合作,集团先以 2.2 元/斤的价格购入,后与种植户签订合同;到小麦收购期,按合同约定高于当时小麦市场价 0.1 元收购;如果种植户履行约定,小麦种子价格按 2.6 元/斤收取,若种植户不愿履行约定,小麦种子价格则按 3 元/斤收取。为确保小麦的富硒含量,叶面喷洒富硒液的浓度严格控制在 0.6~0.9 升/公顷。2014 年以来,凡是使用上述小麦良种的农地，集团都为其缴纳每亩5元的农业保险保费。2016年直接与永城市华星种植专业合作社合作，建设粮仓中转站并配备烘干设备及检验设备，以确保粮食的质量，在高产示范田富硒带区建设10万亩（表5-5）。

表5-5 华星集团与种植户在农资和农业保险方面的合作关系

单位：元/斤、元/斤

为种植户提供的项目	出厂价	合同价	实收价	备注
种子	2.2	3.0	2.6	可赊销
化肥	220	300	260	可赊销
农药	18	25	20	可赊销
富硒肥	免费	免费	免费	—
农业保险	免费	免费	免费	—

数据来源：华星集团。

目前集团每年需要大量的优质麦为原料，主要是西农979（产地驻马店市遂平县）和新麦26（产地新乡市延津县）。因集团加工用量大，原粮质量难以保障，以历年来的收购情况来看，经纪人以次充好的现象时有发生。但不通过经纪人收购，人工成本、运输费等费用较高。以2016年为例，在田间地头收麦≤1.05元/斤；经粮贩或经纪人送到加工企业的价位在1.08～1.10元/斤，集团按合同约定高于小麦市场价10%收购，即收购价为1.18～1.20元/斤；与从外地购买小麦相比每斤节省0.2元，3亿斤小麦企业可节省6 000万元成本（表5-6）。

表5-6 西农979和新麦26运到华星集团的价格对比

单位：元/斤

品种	产地	装车价格	运到厂区价格	备注
西农979	驻马店市遂平县	1.35	1.40	适用皮子粉
新麦26	新乡市延津县	1.46	1.50	适用面包、烩面、拉面

数据来源：华星集团。

3. 注重面粉加工技术改造，达到国内一流工艺水平

集团采用国际先进生产设施设备，并每两年进行一次技术改造，进而达到一流的工艺水平。目前，集团拥有世界先进水平的制粉设备生产线，日处理小麦 1 000 吨，出粉率由之前的 72%～73% 提高到 80%，生产过程全部采用全自动电脑控制（表5-7）。

表5-7　华星集团粉业技改前与技改后原成差对照表

单位：%、元/斤、元

技改前（2015年）				技改后（2016年）			
分类	粉率	销售均价	金额	分类	粉率	销售均价	金额
一粉	38.33	1.58	60.56	一粉	55.09	1.60	88.14
二粉	32.07	1.46	47.11	二粉	20.24	1.56	31.57
三粉	—	—	0.00	三粉	3.99	1.34	5.35
吸风粉	0.41	1.70	0.70	吸风粉	0.30	1.45	0.44
大片	13.52	0.72	9.73	大片	7.08	0.68	4.81
碎夫	7.55	0.72	5.12	碎夫	6.14	0.60	3.68
麦胚	0.12	1.20	0.14	麦胚	0.11	0.87	0.10
差次粉	8.00	1.00	8.00	差次粉	7.05	0.79	5.57
合计	100.00		131.37	合计	100.00	—	139.66

　　数据来源：华星集团。

通过技改前和技改后原成差对比分析，技改后一粉产能提高 57.69%，且可生产三粉，加工 100 斤小麦，技改后比技改前效益增加了 8.29 元，加工 1 吨小麦技改后效益增加 165.8 元，日处理 1 000 吨小麦，按年生产 300 天计算，年增加效益 4 974 万元。

100 斤小麦加工后可实现销售收入 139.66 元，日处理 1 000 吨小麦，按年生产 300 天计算，年可实现销售收入 83 796 万元，年总成本费用为 80 896.09 万元（原粮成本 71 200 万元，耗能 2 545.4 万元，人工费 817.44 万元，福利 114.44 万元，管理费用 408.72 万元，营销费用 1 675.92 万元，财务费用 500 万元，其他

管理费用 408.72 万元，维修费 987.66 万元，折旧费 2 085.06 万元，增值税 141.23 万元，城建税 7.06 万元，教育附加 4.24 万元估算），利润总额 2 899.91 万元。

4. 以小麦加工为中心，打造从田间到餐桌的全产业链

以小麦加工为主业，围绕"厨房"做产品，进行二次精深加工、逐步完善，打造从田间到餐桌的全产业链，形成"主食产业家庭化"。从小麦的种植到收获、运输、储藏、初加工、深加工、销售等多个环节，需要很多产业参与，为了实现小麦产业各环节的有机融合，减少各个环节之间的交易成本，2013 年经河南省政府批准成立永城市唯一一家"永城华星面业产业化集群"，集团除了保持传统的面粉加工之外，还建设了专门的运输公司、仓储公司、食品加工、网络商城及冷链物流体系。在保障集群内企业发展的同时，加快转变农业多元素发展方式，提高农业组织化程度，带动相关产业联动，增加当地农民就业，促进融合发展对农业供给侧结构性进行改革，把华星超市开到自然村，打通服务经济发展的"最后一公里"。一二三产业融合发展以促进农民增收为核心，在企业增效的同时，带动农村剩余劳动力就业，帮助农民脱贫致富，既增加了财政收入，又提升了永城面粉品牌的美誉度、知名度。

5. 突出地方特色，通过产学研有效结合实现产品创新

据河南省地质调查院调查，永城市城区周边存在富硒土地资源，硒含量大于 0.4 毫克/千克的地块面积约占调查面积的 15%，同时该区富含锰、铜、锌等有益元素，且土壤养分含量丰富，环境质量优良，适合发展绿色富硒产业。集中连片的绿色富硒土地西起卧龙镇东至苗桥镇，呈带状分布，共涉及苗桥、高庄、城厢、双桥、大王集、马桥、裴桥、卧龙 8 个乡镇。2013 年国家质量监督检验检疫总局确定永城面粉为"中国地理标志保护产品"。2016 年第八届中国（永城）面粉食品博览会上，永城市被河南省国土资源厅定为"河南省富硒土壤种植基地"。

集团高度重视技术改造和产品研发，积极采用国际先进生产设施设备，并每两年进行一次技术改造，进而达到一流的工艺水平。

集团因地制宜，充分发挥富硒土地资源这一独特的中国地理标志优势，围绕硒元素做文章，以2008年集团成立的省级科研单位"河南华星谷物加工技术研究院"为核心，主动与国内著名的科研院校合作，进行产学研深度融合，针对市场需求研发高端新产品，开拓新市场，追求利润最大化，为企业发展注入永久活力。集团与武汉工业大学食品工程学院国家公众营养与发展中心签订科研合作协议、技术合作协议，专家组不断到集团进行生产技术工艺改造、制定新产品开发实施方案并进行现场指导；与武汉大学共同研发的"富硒强化营养粉"通过省科技厅科技成果鉴定，颁发"科技成果证书"；与河南工业大学研发"矿工专用粉"，与国家公众营养中心研发"学生营养强化面粉"，与四川大学进行产学研对接，解决企业在技术上存在的难题。集团先后被河南省科技厅授予"科技企业""高新技术企业""高新技术产品"。目前，集团已经拥有国家发明专利3项，科技攻关项目10余项。

6. 以品牌建设为重点创新营销新途径

近两年小麦托市收购价格看涨，企业收购成本居高不下，且产能过剩问题突出，整体效益较差成为面粉加工行业最突出的问题，特别是一些中小型面粉加工企业，由于资金不足、销路不畅等问题濒临倒闭，存在"麦强面弱"现象。主要表现为普通面粉多、专用优质面粉少。目前，永城面粉产品中80%的产品为普通面粉，只有10%的专用粉、营养强化粉和高等级粉，由于规模小、设备落后，不可能生产市场较被看好的专用高质粉，产品同质化严重，附加值普遍较低。

华星集团从供给侧结构性改革入手，一是注重产品的品牌建设，及时发现市场需求的新动向，做"新、精、优、特"的产品，让消费者真实感觉到上乘的产品质量。目前，华星集团的"宇花"牌系列的各等级面粉16种，专用粉12种；福尔华星系列普通挂面、花色挂面、营养面30余种，被认定为"中国驰名商标、河南名牌、河南著名商标、河南知名商品"，实现了专用粉民用化，使得普通老百姓能够吃上高品质的小麦粉，尤其是强筋富硒小麦粉，因其具有抗氧化、防衰老、提高人体免疫力的功能，备受市场青睐，"华星宫川"已经成为区域市场著名品牌；生态水饺粉、矿工专用粉、学生营养强化粉、多维富硒小麦粉、生态手擀面已成为永城特色产品、河南名牌产品。二是利用互联网结合传统销售方式，向全国乃至国际市场推广。①建设核心 B2C 网络营销平台，完成展示推广、在线销售功能；②做到订购便捷，客户服务系统通畅；③广泛分布第三方网络营销（如淘宝、天猫等）平台，等互联网销售平台成熟后，第三方平台与核心网络平台紧密连接，更广泛地展示推广、在线销售；④电商下农村，由于前期独立投资，需求资金较大，企业与网络信息服务公司合作，先在各乡镇设立电子商务服务站点，待资金到位后再向各行政村延伸。

7. 成立现代农业促进会妥善解决融资难

为了解决民营企业贷款难的问题，永城市出台了《永城市金融机构考核激励办法》等政策和文件，完善了"大协会、大联保""大协会、小联保"等融资模式，逐步形成"融资担保、管理协调、培训指导、沟通合作、筛选孵化"等融资新机制。目前，永城市涉农贷款联保协会共 7 家，会员 751 家，授信 23.5 亿元。2015 年成立了永城市现代农业促进会，市政府出资 1 000 万元形成风险补偿资金，与国家开发银行合作，解决新型农业经营主体融资难、融资贵问题。目前，永城市现代农业促进会成员发展到 70 多家，华星集团为会长单位，通过现代农业促进会，河南省的金融机构共向康源种植专业合作社等 9 家粮食种植专业合作社发放贷款 530 万元，通过进一步扩大规模化种植，可创造就业岗位数近 200 个。

5.5.4 面临困难

1. 资金严重不足

（1）扩展新业务需要大量资金。2015 年集团投资 5.2 亿元，与台湾三叔公食品有限公司合作，建成一座规模化、标准化、品牌化的"深加工食品园"——河南硒麦食品有限公司。

（2）技改和研发新产品需要大量资金。集团目前有 2 条日产500 吨的预拌粉生产线，6 条年产 5 万吨的原生态强化营养面粉系列产品生产线，10条年产2万吨的休闲食品加工生产线，集团每两年就要对这些生产线进行一次技术改造升级，这需要大量技改资金。2016年集团投资4 800万元对生产车间进行技术改造，生产过程全部微机控制，拥有国际先进水平的制粉设备和先进的剥皮生产工艺，日加工能力1 000吨，成为以小麦面粉加工为主的农产品深加工企业。

（3）收购粮食需要大量现金。华星集团日加工能力1 000吨，当前小麦收购价2 400元/吨，每天至少需要流动资金240万元；集团年加工小麦30万吨，共需7.2亿元巨资。

（4）目前集团计划打造"一二三产业融合项目"，计划投资2.8亿元，资金需求量巨大，亟待金融机构的支持（表5-8）。

表5-8　华星集团一二三产业融合项目投资预算

单位：万元

一二三产业融合项目		投资金额	备注
一产	建设30万亩优质富硒小麦基地	11 000	
二产	加工能力：日处理小麦1 000吨	4 800	技术改造
三产	三大服务体系建设——互联网销售体系、物流配送体系及质量安全可追溯体系建设	12 780	—
合计	—	28 580	—

数据来源：华星集团。

由于永城市个别民营企业把银行借贷的流动资金变为固定资产资金，投资失误，不能及时还贷，造成了银行对所有民营企业的偏见，因此华星集团很难在永城市的金融机构借到资金，遇到了前所未有的资金问题。对此，为降低银行风险和消除偏见，集团在收购环节向银行贷款，银行提供粮食收购款，但对收购存放在集团仓库里的粮食具有所有权，派出专门人员监管粮食使用，集团加工面粉需要多少就购买多少粮食。即使如此，银行仍然惜贷，严重制约了企业的发展。

2. 高端人才缺乏

人才是企业发展的基础，千秋大业，人才为本。企业只有培养人才、吸引人才、汇聚人才、留住人才、放手使用人才，才能支撑发展。随着企业向做实做强做大发展，人才问题更加凸显。汇聚高素质人才特别是职业经理人是一个有效途径，但加强职工培训、建立企业人才库同样重要，培养更有针对性、更能适应企业发展的需要。

华星集团目前拥有员工 1 300 余人，各项技术人员 378 人，大专以上学历 131 人，研究生学历仅有 7 人，博士后学历 1 人，中级以上职称 185 人。随着集团不断壮大发展，集团需要的各种人才越来越多。目前，华星集团拥有 15 个分公司或机构，覆盖一二三产业的多个领域，需要种植、养殖、加工、运输、销售、科研、管理等各种人才上百人，但是由于华星集团地处县级市，很多优秀人才不愿来此工作，因此制约了集团的快速发展。

目前集团本科及以上学历占高管人数的 30%、专科占比为70%，急需提升整体学历层次和工作能力，计划面向对口专业的高校毕业生招聘，其中营销类管理人才 4 名、人力资源类管理人才 2名、财务类管理人才 4 名、业务类管理人才 8 名、研发类管理人才10 名，并计划培养一批能带动集团发展的年轻基层领导，其中车间重要岗位一岗 3 人，每年外聘 1~2 名高管，为企业注入新鲜血液。

3. 成本持续上涨

如今，随着我国人口红利的消失，人工成本快速提高。国家对外出务工人员保障政策愈发完善，尤其是加班、低薪。现在工人月薪均在 2 000 元以上，此外还有养老保险、医保。同时，工人除每周休息一天之外还要休节假日。对于传统的中小面粉企业，不加班就等于没钱赚。除了人工成本，农地租金也提升很快。从以前的每亩 400 元，上涨到 800~1 000 元。

5.5.5 建议和措施

1. 政府和金融部门形成合力，加大资金投入支持

政府应积极协调相关部门，整合县市涉农资金，落实国家、省市有关扶持政策，成立政策性的担保公司。同时，各新型农业经营主体如小麦产业化经营联合体、面粉加工公司等，要加强与有关金融部门的沟通协商，采取切实可行的融资方案，以获得信任，从而实现合作共赢，切实解决自身发展资金严重不足的难题。

2. 加强教育培训，解决人才制约瓶颈

随着小麦产业化经营联合体的不断扩大，对于农业专业管理人才和技术人才的需求也日渐凸显。但由于传统意识影响，许多年轻人不愿参与农业项目工作，更不愿到农业一线工作。这造成了小麦产业化经营联合体人才招聘难度大，严重制约着小麦产业化经营联合体向更高层次的发展。因此，要着力培养一批高素质的集团高中层管理人员、合作社理事长和经理、家庭农场主等为主的经营管理人才、专业技术能手和服务人员，培训合格后颁证给予资格认定，力争做到持证上岗。集团和合作社可通过聘请职业经理人、技术入股等方式吸引更多的高层次农业人才加盟；集团和合作社内部要建立健全全方位的激励机制和纵向横向沟通机制，如年薪制、股权制、期权制、承包制、结构工资制等，以充分调动所有员工的主动性、积极性和创造性，为联合体持续稳定快速发展提供制度保障。

3. 培育适度规模经营的新型农业经营主体

做好相关政策宣传，如土地流转、农业（机）补贴、节能环保、招商引资政策。努力创新土地流转、土地托管、土地股份合作社等多种土地适度规模经营方式。积极培育一批运作规范的农民专业合作社、农业公司、家庭农场、农业协会等新型农业经营主体，指导和帮助其完善组织章程和机构，健全管理制度，统一规范技术和服务流程、标准、定价、成本核算及公积金提取、盈余分配等，建立服务质量争议仲裁调处机制，全面提高其经营管理能力和管理水平。优先支持组织健全、制度完善、运作规范、绩效明显的新型小麦生产经营主体，增强其抗御自然风险的能力。大力支持新型小麦生产、加工、运销、服务等经营主体的紧密合作和深度融合，帮助其做好顶层规划设计，催生和打造出更多高素质、具有国际竞争力的现代化小麦产业化经营联合体。

5.6 新蔡县麦佳集团三产融合联合体典型案例

5.6.1 产生背景和原因

1. 身处全国粮食生产先进县

河南麦佳集团（以下简称麦佳集团）地处河南省驻马店市新蔡县，属中纬度地带，雨量充沛，日照充足，适宜多种农作物生长发展，盛产小麦、玉米、芝麻、棉花等。新蔡县资源丰富，被国家定为粮食生产基地和优质棉生产基地。全县每年有近 5 亿千克的粮油可供加工，有 30 多万农村剩余劳动力资源。2015 年粮食生产连续 11 年丰产丰收，总产达 7.85 亿千克，再次获得全国粮食生产先进县荣誉称号。由于小麦产量高，催生了一大批粮食优秀的粮食加工企业，涉农省级、市级农业产业化龙头企业总数达 26 家。

2. 麦佳集团具备强大优势

集团发展历史较早，1985 年建厂，两代传承，已经有 30 多年的建设历程，注册资本 6 039 万元，年营业收入 2.7 亿元，年销售收入 13.66 亿元。集团生产设备先进、管理制度完善、经营机制科学、带动作用显著。是集规模化种植、粮食收购储藏、面粉加工、主食产业化、农超连锁为一体，并涵盖电子商务、"三农"众创空间、麦佳商学院等产业的集团型企业，产业链条完整，一二三产业融合效应明显，是"国家财政资金参股企业""全国主食加工业示范企业""农业产业化省级重点龙头企业""河南省一二三产业融合试点企业""河南省质量诚信 AA 级企业"。集团产品被授予"河南省优质产品""河南省名牌产品"等多项荣誉。麦佳集团借助新蔡县优质小麦资源的优势，将食品工业的上下游企业集中到一起，形成积聚效应，集群内集聚了 9 家关联企业、5 家合作社、7 个配套机构，积极发展小麦深加工，形成了"优质小麦规模化种植—大型面粉加工—主食产业化—连锁超市"产业链条。

3. 国家对农村一二三产业融合发展的支持

2015 年 12 月 30 日，国务院办公厅发布《国务院办公厅关于推进农村一二三产业融合发展的指导意见》指出，推进农村一二三产业融合发展，是拓宽农民增收渠道、构建现代农业产业体系的重要举措，是加快转变农业发展方式、探索中国特色农业现代化道路的必然要求。文件明确提出，支持龙头企业发挥引领示范作用。培育壮大农业产业化龙头企业和林业重点龙头企业，引导其重点发展农产品加工流通、电子商务和农业社会化服务，并通过直接投资、参股经营、签订长期合同等方式，建设标准化和规模化的原料生产基地，带动农户和农民专业合作社发展适度规模经营。该文件的出台无疑给粮食加工企业向一二三产融合发展提供了很好契机。

4. 国家粮食局加快推进粮食行业供给侧结构性改革提供契机

2016 年 7 月，国家粮食局发布《关于加快推进粮食行业供给侧结构性改革的指导意见》（以下简称《意见》），《意见》指出，我国粮食领域的主要矛盾已经由总量矛盾转变为结构性矛盾，矛盾的主要方面在供给侧。推进粮食行业供给侧结构性改革，是破解当前粮食领域结构性、体制性矛盾，促进粮食产业转型发展提质增效，构筑高层次国家粮食安全保障体系的迫切要求和必然选择。

为此，《意见》提出，要以粮食加工转化为引擎，促进产收储加销有机融合，激发粮食产业经济发展活力。一是要增加多元化定制化个性化粮食产品供给。加快推动主食产业化，适应家务劳动社会化要求，加快推进馒头、包子、米饭、米粉等传统米面制品的工业化、规模化、标准化生产，提升主食产品社会化供应能力，为广大城乡居民提供便捷、安全、营养、可口的主食产品。二是要发展新型粮食经营业态。积极发展"互联网＋粮食"，鼓励粮食经营企业创新营销方式，加强"线上线下"融合的电商平台建设。鼓励粮食批发市场、连锁超市、放心粮店等开展电子商务，加快发展粮油网络经济，有效拓宽粮食营销渠道，提高供给效率。

《意见》为麦佳集团的三产融合和转型升级进一步明确了方向。

5.6.2 基本框架

1. 基本内涵

麦佳集团产业融合模式为以互联网为纽带，贯穿一二三产业（农户、加工企业、农超连锁）；以会员促定向消费（麦佳农超连锁优惠购物），搞活麦佳集团三产；以市场为导向，三产带动二产，建设原料基地，二产引领一产，粮食销往麦佳集团，客户成会员；构建全产业链，闭环高效运营；农民得实惠、原料高品质，加工更精细，餐桌更安全；农村电商社区化、主食加工产业化、农民种植规模化。

麦佳集团模式的核心是粮食加工业，首先是做实二产，搞好主食加工产业化。加大自主开发和生产投入力度，着力增加粮食精深加工产品的有效供给，逐步补齐产品短板，提升国际市场竞争力。其次是将二产和三产联结，高度重视粮食产品营销，通过麦佳超市、大客户等稳定客源，以销定产，解决销售难题。最后，将二产和一产结合，通过麦佳集团和农民专业合作社的订单农业，既得到优质粮源，又带动小麦生产的标准化和优质化。其运作流程如图 5 - 13 所示。

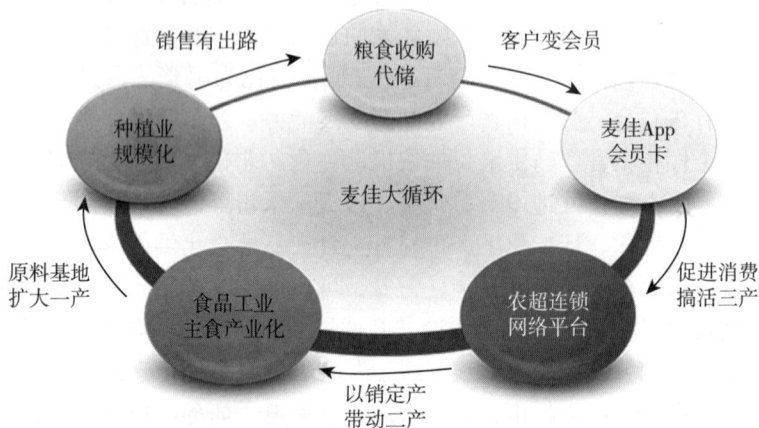

图 5 - 13　麦佳集团运作流程图

2. 核心板块

麦佳集团产业融合模式主要包括五大板块：即食品加工业——麦佳集团粮食深加工与主食产业化、种植业——麦佳集团现代农业、麦佳集团商业连锁、麦佳集团互联网平台以及麦佳集团众创空间，如图 5 - 14 所示。

（1）麦佳集团粮食深加工与主食产业化。粮食精深加工是麦佳集团的主导产业，经过多年发展，已形成较大的行业优势，通过技术改造，生产设备处于国内领先水平，年加工粮食 10 万吨，在周边地区，已具有明显的品牌优势。集团依托国家对农业产

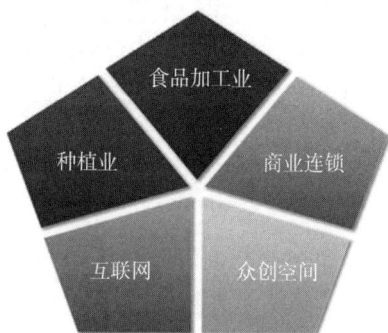

图 5 - 14 麦佳集团产业融合的核心板块

业的政策支持，凭借优良的区位和原料优势，在各级党委、政府的领导和关怀下，2006 年，麦佳集团的生产技术和生产能力达到了生产专用粉的条件，通过 Q5 审核，开始生产加工馒头粉。特一粉和馒头粉的生产加工，标志着麦佳集团在面粉加工领域已经有了成熟的工艺。

（2）麦佳现代农业。以土地入股、土地托管形式，流转土地 3 万多亩，种植优质小麦 31 098 亩，年产优质小麦 18 658 吨；种植无公害蔬菜 1 000 亩左右，种植甜玉米、糯玉米约 3 万亩。联建优质小麦种植基地面积 24 928 亩，年产 14 956 吨小麦。订单农户 23 233 户，覆盖新蔡县孙召镇、龙口镇、化庄乡、顿岗乡、栎城乡、练村镇、李桥回族镇，带动当地农户 59 185 户。

（3）麦佳集团商业连锁。现麦佳集团分销商、经销商基本遍布全国各地，在国内拥有几十个办事处，产品享有极高的声誉。麦佳集团以战略性的布局、完善的销售服务网络占据着行业的制高点。

麦佳集团旗下的麦佳农超连锁有限公司是面向农村的近万平方米商超连锁，已运营多年，为农户提供优质价廉的农资产品和生活用品。其第三产业已初具规模，计划再建设 50 多家覆盖县、乡、村三级农超连锁直营店，以及县级物流配送中心，实现农超规模化，打造新蔡县农超连锁第一品牌。

麦佳农超隶属河南麦佳现代农业开发集团有限公司，属麦佳集

团全资投资子公司，下设河南麦佳农超食材配送有限公司、河南新蔡麦佳农超连锁管理有限公司。依托麦佳集团优质的清洁粮源基地，原生态的农业种植、养殖基地的资源优势，麦佳农超重点打造从田园种植到消费者餐桌的产业链条，采用全程可追溯系统，实现全程冷链配送，致力于让消费者体验到从农田到餐桌的新鲜、便捷和优质服务。

农超食材配送有限公司秉承推广安全、健康、放心的食品文化，利用原生态种植、养殖、加工模式，打造完美自然生态空间，缔造天然食物链条，全心全意为消费者提供优质食材及宅配服务。农超拥有主食、蔬菜、肉类、果蔬、蛋奶、菌类、调味料 7 个品项、200 多个品种。产品均来自麦佳集团清洁粮源基地的蔬菜种植基地、养殖基地、粮食种植基地、加工基地。所有蔬果均是当天采摘当天配送，以最快的速度形成农超的特色。同时，严格的七大源头管控，更是为食品安全奠定了良好的基础。

农超连锁管理有限公司是依托麦佳集团的支持而成立的麦佳农超连锁企业，公司集农超研究、农超人才培训、农超项目连锁合作、农超商品加工为一体的综合型零售企业。在连锁体系建设与管理方面，融合现代化餐饮管理模式和经营理念，建立起原料采购、后勤生产、食品加工、食品包装与餐厅员工操作的五大标准化体系。农超始终倡导食品健康，将产品安全放在首位，力求让更多的人吃到健康美味、安全无公害的优质食物，使现代家庭远离农药、化肥等有害物质的伤害，享受真正安心、便捷的健康饮食生活。

（4）麦佳集团互联网平台。以互联网为纽带，贯穿农户、农产品加工企业、农超连锁三个产业，推进信息进村入户，实现电商网络与配送体系广泛进入农村社区，让农民分享互联网技术带来的便利，解决农村电商配送"最后一公里"难题，为农民增加一个农产品、土特产品的网络销售渠道。麦佳集团电商平台，功能强大、操作简单、使用方便，农民点击智能手机屏幕，种子、化肥或生活用品就可以送货到家，还可在第一时间获得招工、培训、农产品收购等信息。

（5）麦佳集团众创空间。众创空间是顺应创新2.0时代用户创新、开放创新、协同创新、大众创新趋势，把握全球创客浪潮兴起的机遇，根据互联网及其应用深入发展、知识社会创新2.0环境下的创新创业特点和需求，通过市场化机制、专业化服务和资本化途径构建的低成本、便利化、全要素、开放式的新型创业服务平台的统称。发展众创空间要充分发挥社会力量的作用，有效利用国家自主创新示范区、国家高新区、应用创新园区、科技企业孵化器、高校和科研院所的有利条件，着力发挥政策集成效应，实现创新与创业相结合、线上与线下相结合、孵化与投资相结合，为创业者提供良好的工作空间、网络空间、社交空间和资源共享空间。麦佳集团在新蔡县建立众创空间，积极响应国家大众创业、万众创新，专注孵化"三农"创新项目，重点瞄准返乡创业的大学生这一群体，他们视野开阔，闯劲十足，又有知识、有技能，通过创客平台组织专业培训、创业讲座、结对帮扶等方式，做好专业知识普及，促使众多的知识农民转型成为"创客"。另一方面，积极推广"农户＋公司＋网络"的网商运营模式，建立基地，保证质量，形成规模，加强服务，开创出农业发展新天地。

3. 利益联结机制

为了将小麦生产经营体系的所有主体紧紧聚合在一起，麦佳集团实施了共赢的、科学的利益联结机制。建立会员制。所有和麦佳集团打交道的消费者、供货商、销售商、员工等全都是麦佳超市的会员，达到一定的消费量或者业绩之后会成为贵宾，成为贵宾之后可以在麦佳超市享受较大比例的购物优惠，另外还有照片上墙、出国游等多种奖励措施。每年麦佳集团会把60%～70%的利润分给供货商、销售商、员工以及消费者（贵宾卡）。员工人人有股份，人人可以分红，最大限度地调动每个人的积极性。

和一产的合作社合作时，麦佳集团会以高出市场价至少10%以上的价格收购。此外，每年还会拿出一部分利润给予奖励。和三产结合时，除正常的工资外，麦佳集团还会给每个麦佳超市的总经理有额外的分红。

5.6.3 推广条件

1. 培育实力雄厚的粮食加工企业

从麦佳集团案例可以看出，麦佳集团是整个模式的核心，是模式正常运行的原动力，麦佳集团用二产引领一产，建设原料基地，二产催生三产，客户成会员。因此要想推广麦佳集团模式，需要培育实力雄厚的粮食加工业，但是培育一个好的粮食加工企业并不容易，麦佳集团从一个小作坊发展到今天面粉加工行业集粮食生产、仓储、物流、加工、贸易于一体的综合性企业集团用了两代人近30年的时间。因此，建议各地在培育粮食加工企业时，要有长远规划，培育周期不能太短，要高起点、高标准地定位，不要搞低端的重复建设，要在国家农业供给侧改革的方针下，对需求高的产品行业做大做强企业，对产能过剩的企业要逐步调减。此外，要指导粮食加工企业引领其他小麦生产经营主体在"风险共担、利益共享"的基础上构建联系紧密的小麦产业化经营联合体，实现小麦产业链多元经营主体的共赢。

2. 扶持与小麦生产相关的优质合作社壮大实力

麦佳集团在和一产合作时，采用的方式是和当地比较规范的合作社合作，通过扶持这些合作社的蓬勃发展来稳定粮源。因此，若要复制麦佳集团模式，就要扶持与小麦生产相关的优质合作社，帮助其壮大实力。合作社作为小麦生产经营体系的重要部分，具有双重的身份，一方面它是新型经营主体，相当一部分合作社除了带领社员生产小麦外，自身也流转有数量可观的土地直接经营，这属于土地流转型的规模经营。另一方面合作社也是农业社会化服务体系的重要成员，很多合作社的业务基本覆盖了小麦生产的全程，能够给社员之外的农户提供全程的农业服务，这属于服务带动型的规模经营。政府要指导合作社根据自身实力以及当地的实际情况，开展多种形式的规模经营，并且引导合作社和粮食加工企业联合，共同分享小麦产业的利益。

3. 以"互联网＋"为手段进行小麦三次产业的融合

麦佳集团模式最大的特色是在大力兴建农超连锁的基础上以

"互联网＋"为手段进行小麦三次产业的融合，即以互联网为纽带，贯穿农业生产、农产品加工企业、农超连锁三个产业，从而实现农村电商社区化，让农民分享互联网技术带来的便利。因此，建议在推广麦佳集团模式时，要融合当地资源打造一批具备互联网思维的粮食加工企业。互联网思维就是要改造产品的体验，从一个过去仅是卖给客户相关的小麦产品，变成企业跟客户的连接。同时，利用互联网的商业模式，把这个一次性销售一个产品的模式，变成企业和客户有持久的连接，通过这种连接不断提供服务。企业要特别注重对"互联网＋"的利用，要清楚互联网技术是基础，再加上其优惠的价格、便捷的操作、舒适的体验，找到合适的方案解决线下渠道与线上渠道的冲突问题，才能赢得大量消费者青睐。粮食加工企业要与各互联网企业建立长期的资讯、帮扶、人才交流等联系，在交流中让互联网企业与小麦加工企业相互切磋，共同设计出科学合理的小麦一二三产业的融合方案。

5.6.4　重要意义

1. 一产订单市场化，确保小麦优良品质

目前，麦佳集团订单供货的基地约3万亩，其中合作社经营面积占比70%以上，且已经连片，形成适度规模种植。供货基地通过整合土地、兴修水利、采用良种、测土配方、大农机耕作，实现小麦种植的品质提升。

2. 二产主食产业化，带动小麦规模经营

麦佳集团的面粉主导产业，通过技术改造，生产设备和技术工艺国内领先，年加工粮食10万吨，在周边地区具有明显的品牌优势。在其基础上，依托河南省面类食品研究所的技术支撑，引进现代化主食加工生产线和技术工艺，目前已生产出馒头、花卷、速冻饺子、包子、馄饨、汤圆等四十多个花色品种，产品销往全国各地，主食产业化的迅速发展，促进了小麦的规模化经营。

3. 三产电商社区化，分享"互联网＋"红利

开发完善麦佳集团App、电商平台，线下建设50家农超连锁直营店，以及县级物流配送中心，为农民会员提供全方位服务，如各类农业技术服务，招工和培训等实用信息，农产品、土特产品的网络销售，方便优惠购物（农资、农具、生活用品等），让农民分享"互联网＋"的红利。

4. 一二三产深度融合，增加就业岗位，实现农民增收

（1）一产土地托管和土地入股。①土地托管：对常年外出打工，没有时间或劳力耕种的土地，从整地、播种、田间管理到收获，可委托麦佳集团统一管理，农民支付一定的托管费用，麦佳集团负责购买种子、化肥，使用农机等，组织当地种植能手耕种、施肥、灌水、植保等。收获的粮食归农户所有，由麦佳集团按高出市场价至少10%的价格统一收储，既解决了土地无人耕种，又解决了外出农民的后顾之忧，托管户既能获得稳定的收益，在家的种植能手又有可观的打工收入，农民与集团构建密切的利益联结和合作共赢机制。②土地入股：按照每年每亩800元作为保底，销售收益超出部分，集团与农户按5∶5分成。按正常测算，农民每亩可获得高出常规种植300～500元的收益，这样集团与农民形成利益共同体，农民具有更高的积极性与主动性，用机制来平衡双方利益，使农民真正富起来。

（2）二产主食加工和速冻冷鲜食品。集团拥有主食加工流水线30条和年产5万吨速冻冷鲜食品工业园。速冻产品都是手工加工（包饺子、包包子），可以给周边有劳动能力、但难以外出打工的50～60岁农民提供就业，仅此可安排900多人就业，每个农民每年增收3万元以上，农民到集团上班，打工不用外出，一年四季有活干、有钱赚，实现充分就业，带动更多农民精准脱贫致富。

（3）三产农超连锁。麦佳集团面向农村的近万平方米商超连锁已运营多年，解决农民就业200多人。今后计划再建设50多家覆盖县、乡、村三级农超连锁直营店，以及县级物流配送中心，实现农超规模化，给农民提供更多的就业。

5.6.5　主要经验

1. 以粮食加工为小麦产业融合的主体，充分发挥其引领作用

粮食精深加工是粮食产业的引擎，麦佳集团充分发挥当地粮食资源优势，首先做大粮食加工业，引领一产种植和三产销售服务。

其次，以粮食加工企业为小麦产业融合的主体，加快科技攻关，完善粮食精深加工转化产业体系和产品链条，实现粮食资源的高效利用和提质增效。再次，加大自主开发和生产投入力度，着力增加化工、医药、保健等领域所需粮食精深加工产品的有效供给，逐步补齐产品短板，提升国际市场竞争力。从次，实施品牌发展战略。集团经过多年的精心培育和大力宣传，特别是过硬的产品质量、优质服务和良好的信誉，麦佳品牌已经深入当地消费者心中，形成了一批忠实顾客，麦佳品牌已在业界小有名气，近几年集团与多福多等国内企业联合，共同打造国内知名品牌，增强企业核心竞争力，大力提高市场占有率。最后，吸收省级财政资金参股，借助国内知名的专家团队，建立健全现代企业制度，完善企业发展战略，做好科学决策，潜心精益管理。

2. 政府要积极扶持骨干粮食企业

继续深化国有粮食企业改革，积极发展混合所有制经济，集中力量做强做优做大各类骨干粮食企业。积极推广全产业链发展模式，培育一批集粮食生产、仓储、物流、加工、贸易于一体的综合性企业集团；突出比较优势，打造一批"高精尖"专业性企业集团。大力培育领军型产业集团，形成"走出去"合力，提升国际粮食市场影响力和话语权。

3. 积极发展"互联网＋粮食"，网站和实体店有机结合

麦佳集团开发的麦佳商城 App 是个非常好的电商平台，功能强大，它与线下的 30 家农超连锁直营店直接联系，利用县级物流配送中心，一旦顾客在线上下单，实体店实施最近距离的配送，实现实体店和网点的有机结合。

发展新型粮食经营业态。积极发展"互联网＋粮食"，鼓励粮食经营企业创新营销方式，加强"线上线下"融合的电商平台建设。鼓励粮食批发市场、连锁超市、放心粮店等开展电子商务，加快发展粮油网络经济，有效拓宽粮食营销渠道，提高供给效率。

4. 与农户实施订单农业，打造共赢的利益共享体

粮食加工企业不擅长粮食种植，根据麦佳集团的经验，加工企业自己建基地不如放手给合作社做。要引导龙头企业在平等互利基础上，与农户、家庭农场、农民专业合作社签订农产品购销合同，合理确定收购价格，形成稳定购销关系。支持龙头企业为农户、家庭农场、农民专业合作社提供贷款担保，资助订单农户参加农业保险。鼓励农产品产销合作，建立技术开发、生产标准和质量追溯体系，设立共同营销基金，打造联合品牌，实现利益共享。鼓励从事农村产业融合发展的工商企业优先聘用流转出土地的农民，为其提供技能培训、就业岗位和社会保障。引导工商企业发挥自身优势，辐射带动农户扩大生产经营规模、提高管理水平。

5. 拓展农业多种功能，推进小麦产业和其他产业深度融合

为了实现更深层次的产业融合，麦佳集团计划实施农村一二三产业融合项目，此项目包括河南麦佳农业公园、麦佳集团主食产业化生产线及农产品精深加工基地、麦佳农超连锁商店等一二三产业三大板块。

其中，第一产业包括①园林花卉苗木种植区，占地 450 亩；②四季瓜果采摘区，占地 150 亩；③有机生态蔬菜种植区，占地 375 亩；④优质小麦规模化种植与高标准农田改造，占地 7 800 亩；⑤畜禽现代化养殖区 150 亩；⑥光伏农业区占地 450 亩；⑦农业公园主题温室——70 000 米^2 现代化连栋温室；⑧农业园区服务中心以及农业实验与检验中心等。

第二产业包括与麦佳集团第一产业相结合，建设麦佳集团主食产业化生产线及农产品精深加工基地、饲料加工厂与有机肥料加工厂。

第三产业包括①麦佳农超连锁商店30家，合计建筑面积达 9 万米^2；②"互联网＋"现代农业电商平台；③"三农"众创空间 15 000 米^2；④新蔡文化展示区、旅游服务中心；⑤为农业生产购买的大型农业机械及建设的 9 000 米^2 农机库房；⑥建设用于园区糯玉米生产相配套的 12 000 米^2 低温冷库、与水果蔬菜种植配套的 15 000 米^2 果蔬保鲜库以及与园区配套的物流中心；⑦美丽乡村建设。

该项目建设整体规划面积 10 262.7 亩（6 841 800 米²），其中核心区 3 036 亩，以高效益具有较高观赏价值的经济作物种植为主，开展休闲农业、观光农业、生态旅游项目建设；辐射区以规模化生产有机酿造用小麦、高品质糯玉米、甜玉米等高价值农作物。该项目能够拓展农业多种功能，优化农业种植结构，推进农业与旅游、教育、文化、健康养老等产业深度融合，促进当地产业发展和农民增收。

5.6.6　面临困难

1. 资金困难

麦佳集团近几年扩张速度较快，除了老本行加工业不断升级改造需要一批资金之外，还与第一产业积极合作，以土地入股、土地托管形式，流转土地 3 万多亩，承受巨大的租金压力。三产方面在全县投资千万兴建的近万平方米的麦佳农超连锁商店。2016 年，麦佳集团着手规划建设《河南麦佳食品有限公司农村一二三产业融合项目》，该项目建设内容包括河南麦佳农业公园、麦佳主食产业化生产线及农产品精深加工基地、麦佳农超连锁商店等一二三产业三大板块。该项目计划总投资 109 390 万元（表 5-9），其中第一阶段投资 26 850 万元，第二阶段投资 82 540 万元。目前项目有很大的资金缺口，急需支持。

表 5-9　麦佳集团一二三产业融合项目建设投资估算

单位：米²、万元

建设区域	建设项目名称	用地面积	平均单位投资	投资额	第一阶段	第二阶段
农业公园综合功能区	园区服务中心	3 000	1 500	450	450	
	现代化连栋温室	70 000	2 500	17 500	6 500	11 000
	种植设施及种苗			600	600	
	实验与检验中心	800	1 000	80	80	
	实验器材			220	220	
	瓜果长廊	3 000	500	150	150	

（续）

建设区域	建设项目名称	用地面积	平均单位投资	投资额	第一阶段	第二阶段
第一产业	园林苗木花卉种植区	300 000	130	3 900	1 900	2 000
	四季瓜果采摘区	100 000	150	1 500	1 000	500
	有机生态蔬菜种植区	250 000	100	2 500	1 000	1 500
	有机酿造用小麦规模化种植与高标准农田改造	5 200 000	30	15 600	3 600	12 000
	畜禽现代化养殖区	100 000	180	1 800	500	1 300
	光伏农业区	300 000	300	9 000		9 000
第二产业	主食产业化	25 000	1 200	3 000	1 000	2 000
	农产品精深加工车间	30 000	1 500	4 500	1 500	3 000
	饲料加工区	15 000	400	600		600
	有机肥料加工区	15 000	300	450		450
	粮食仓储物流中心	60 000	1 600	9 600		9 600
第三产业	互联网＋现代农业展示区	2 000	3 000	600	300	300
	三农众创空间	15 000	2 000	3 000	1 500	1 500
	新蔡文化展示区	5 000	1 500	750		750
	美丽乡村特色小镇建设	200 000	700	14 000		14 000
	旅游服务中心	2 000	1 200	240	100	140
	农业机械与农机库房	9 000	3 000	2 700	700	2 000
	低温冷库	12 000	1 500	1 800	800	1 000
	果蔬保鲜库	15 000	1 100	1 650	650	1 000
	冷链物流配送中心	20 000	1 200	2 400	500	1 900
	OTO线上线下乡镇社区体验店（30家）	90 000	1 200	10 800	3 800	7 000
合计		6 841 800		109 390	26 850	82 540

数据来源：麦佳集团内部资料。

2. 人才缺乏

企业之间竞争的核心之一就是人才的竞争，人力资源建设是每家企业蓬勃发展的重要因素。虽然麦佳集团的事业蒸蒸日上，但是也有一些隐忧。目前，麦佳集团的第二产业的研发力量还比较薄弱，没有专门的研发部门和技术中心，仅有几名技术人员，远远不能满足集团的长远发展，急需引进一大批科研人员。除此之外，由于麦佳集团大举进军第三产业，有近万平方米的农超商店，营销、管理等方面的人才也比较缺乏。第一产业方面，由于要和合作社、村集体等多方合作协调，比较急缺既懂生产又懂经营的人才。此外，集团流转有千亩土地，需要一批生产能手经营，目前生产者的素质有待于进一步提高。2016年麦佳集团规划建设一二三产业融合项目，这是一个浩大的系统工程，该项目有近20个子项目，涉及小麦、蔬菜、园林花卉、畜禽养殖、物流、光伏、温室、电子商务、农机、文化旅游等十几个行业的专业人才，而麦佳集团地处县城，没有城市吸引人才的天然优势，要获得众多优质的人才将面临很大的困难。

6 其他领域新型农业经营主体的经验借鉴

6.1 南阳社旗县金叶综合服务专业合作社案例

6.1.1 发展历程

社旗县金叶综合服务专业合作社前身为社旗县永辉薯业食品有限公司，2011 年之前一直以红薯种植、"三粉"加工与销售为主营业务。主要运营模式为与当地农户签订红薯种植回收协议，由公司收购农户种植的红薯。然后加工成红薯淀粉、粉丝、粉条、粉皮等产品进行销售。由于天灾及市场销售不稳定，经营红薯产品几年公司发展举步维艰。

2011 年合作社为响应当地发展"浓香型烟叶种植基地"的号召，开展"烟薯套种"种植烟叶 1 000 余亩。种植烟叶能得到当地政府给予的土地流转优惠政策及大力支持，同时能得到烟草行业各项补贴。比起原来从事的种植经营，大大降低了生产成本。并且烟叶是计划种植，销售渠道及价格稳定。故此公司逐渐将烟叶作为主要种植作物。

2012 年在各级烟草公司的支持下，以公司创始人姜永辉为主的公司管理人员组织当地 20 多户烟农联合成立社旗县金叶综合服务专业合作社。当年种植烟叶 2 000 余亩，户均种植 50 亩以上。合作社采取土地流转，集中机耕、施肥、育苗，青烟收购集中烘烤的模式，社员负责烟叶移栽、大田管理、采收、交售青烟。

2013 年合作社会员发展到 100 户，辐射带动周边 4 个乡镇，50 多个自然村，300 多户烟叶种植户。2013 年合作社社员种植烟叶 8 000 亩，烤烟产量 300 万斤，销售额达 3 000 余万元。

2013年是合作社奠定基础的一年，合作社规划270多亩的烟叶育苗、烘烤、分级基地，目前已经顺利完成一期工程，并投入生产运作。一期项目核心区建设面积180亩，包括烟叶育苗、烘烤、分级、仓储、办公楼等项目。基地位于河南省南阳市社旗县饶良镇，毗邻239省道，地理位置十分优越，交通运输极为便利，有沪陕、兰南高速相通。基地项目位于烟叶种植中心地带，便于烟叶生产运输。水、电和通信等基础条件良好，灌、排水渠道齐全，适合示范合作社园区建设的需要。基地建设完全采用国内先进技术设计建造，包括育种育苗基地、烟草烘烤中心、烤后烟叶储备中心、烟草种植试验基地、农业技术培训中心、社员活动中心等配套设施。拥有密集型烤房300座、固定资产达7 000余万元，后可年产优质烟叶1 000余万斤。

2013年在各级政府的支持下，合作社投资1 800万元购置现代化新型农用机械，其中包括喷药式遥控直升机、GPRS激光整地仪、马拉尼卷盘式喷灌机等新型农用设备，并建立现代化气象检测站、人工降雨炮台等，真正意义上对所有土地实现高标准机械化作业。2013年5月，合作社自主知识产权的"自动化流水线烤烟房"开工建设，并于当年7月份建设成功并投入烘烤使用。合作社目前配套大中型农用机械100余台。

随着合作社运营稳定及管理团队思路的创新，2014年合作社进行股份改革，将45%的股份分别转让给当地管理人员及种植大户，原创始人以南阳鑫农达农业发展有限公司法人参与合作社股份。当地管理人员按照鑫农达制定的管理制度及生产计划对合作社进行管理。

6.1.2 发展现状

1. 组织架构

目前南阳市各个烟草合作社是由鑫农达公司来统一管理的。合作社管理人员按照鑫农达公司制定的管理制度及生产计划对合作社进行管理。鑫农达公司设有董事会，董事会中有董事长，董事长聘请总经理，总经理负责公司的全面运营。公司业务包括四部分，分别由生产副总、业务副总、财务总监、总经理助理来承担。其中，生产副总负责各地合作社的实际生产运作情况，业务副总负责对合作社生产的产品进行市场运营（图 6-1）。

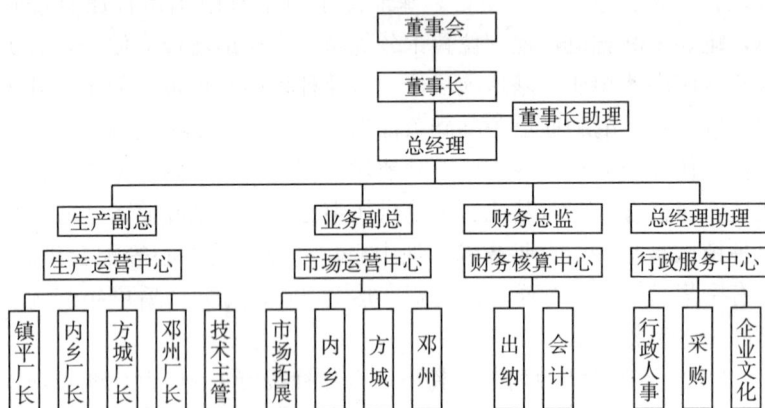

图 6-1　南阳鑫农达农业发展有限公司组织架构

各地根据鑫农达公司的要求建立综合服务型烟农专业合作社。在充分尊重烟农意愿，坚持入社自愿、退社自由的基础上，健全社员大会、理事会和监事会"三会"制度。其中，理事会由社员代表大会选举产生，建议乡政府派人兼职理事长；理事会任命总经理，委托专业管理团队进行经营管理；行业派人兼职监事长，原则上选用专业较强的人员组成监事会。社员为种烟农户和家庭农场。

理事会和监事会下面设综合办公室、业务室、财务室。业务室下面设专业化服务团队和技术服务中心。专业化服务团队分为十个队伍，包括育苗服务队、水电服务队、机耕服务队、移栽服务队、灌溉服务队、植保服务队、采收服务队、烘烤服务队、分级服务队、运输服务队（图 6-2）。

2. 基本管理模式

第一，打造以理事会聘任经理的管理团队。根据相关规定，首先设立成员大会，以一人一票的方式，通过民主选举方式选举产生

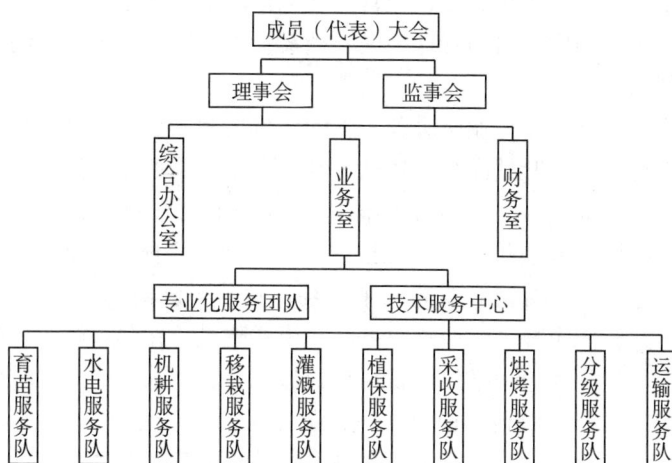

图 6-2 烟草合作社的组织架构

成员代表大会，成员大会选举产生理事会、监事会；其中成员代表大会由 20 名成员组成；理事会由 7 名成员组成，设理事长 1 名，副理事长 1 名，理事 5 名；监事会由 5 人组成，设监事长 1 人，监事 4 人。理事会和监事会成员任期为三年，按照章程规定各司其职。同时还建立了一套完善管理制度体系，包含 1 个章程、12 项管理制度和 6 项专业化服务实施管理办法。以社旗金叶综合服务专业合作社为例，成员大会民主选举姜永辉为合作社理事长。理事会公开选聘合作社经理，选举王鹏展为经理；选举县烟草分公司生产科长王金星为监事长。

社员（代表）大会是合作社的最高权力机构，合作社重大决策须经社员（代表）大会表决通过后方能执行。理事会对成员大会负责。实行理事会领导下的经理负责制，推行决策与经营分离，建立理事会决策，监事会监督，经理经营的运行机制。

建立以规范财务管理为核心的现代企业管理制度，实行合作社统一核算、专业服务分队及加盟公司单独记账，规范会计记录，设立成员账户，定期向成员公布财务状况。合作社可聘请专（兼）职财务管理人员，也可委托农经站、烟草站代管。建立和完善资产管理制度、年度预决算制度、经营责任考核制度、社务公开制度、重大事项报告制度、培训管理制度、档案管理制度、会议管理制度等一系列制度。

第二，推行以专业队服务为主的运行机制。在烟草公司统一协调和安排下，烟叶站配合合作社，制订专业化服务业务流程、技术规程、作业标准、验收办法等作业制度，同时严格执行到位。合作社具体开展服务项目。合作社按照"一线两场六队"（即一条生物质燃料生产线，育苗和烘烤两个工场，育苗、机耕、植保、烘烤、分级、运输六个环节专业化服务队）模式建设，在起垄施肥、节水灌溉上尽量扩大应用推广面积，积极探索移栽、采收的成型机械配套及应用，切实做到"种植在户、服务在社"。合作社突出专业化服务的标准化建设，编制了一套高水准的规范化、制度化文件（程序），支撑专业化服务的广泛实施。实施过程由经理对管理人员实行绩效考核，并有考核记录（图6-3）。

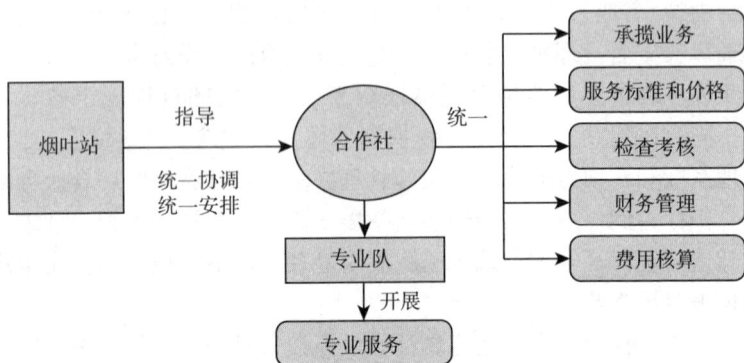

图6-3 金叶合作社专业化服务流程

合作社采用统分结合的服务模式。由烟农服务中心负责烟农辅导员的聘用、设施的综合利用、合作社的设施管护、农资供应、技术辅导和信息咨询。烟农服务中心组织多种服务队对育苗、机耕、植保、烘烤、分级和运输进行统一的专业服务。对于大田培育和烟叶交售环节由分户种植经营，这些分户从合作社手中承包土地进行经营。以社旗金叶综合服务专业合作社为例，合作社服务整个基地单元，在单元内开展专业化服务。2013 年合作社在基地单元内签订种植合同面积 8 000 余亩，专业化服务作业情况分别为：专业化育苗由合作社统一物资、统一作业、统一结算商品化育苗比例达到 100%；整地起垄 8 000 余亩，覆盖率达 100%。专业化植保比例 100%，并且农药由合作社统一分类管理，按需分次发放，有详细入库、发放记录，建立并开展药袋、药瓶回收处理工作，有详细记录（图 6-4、图 6-5）。

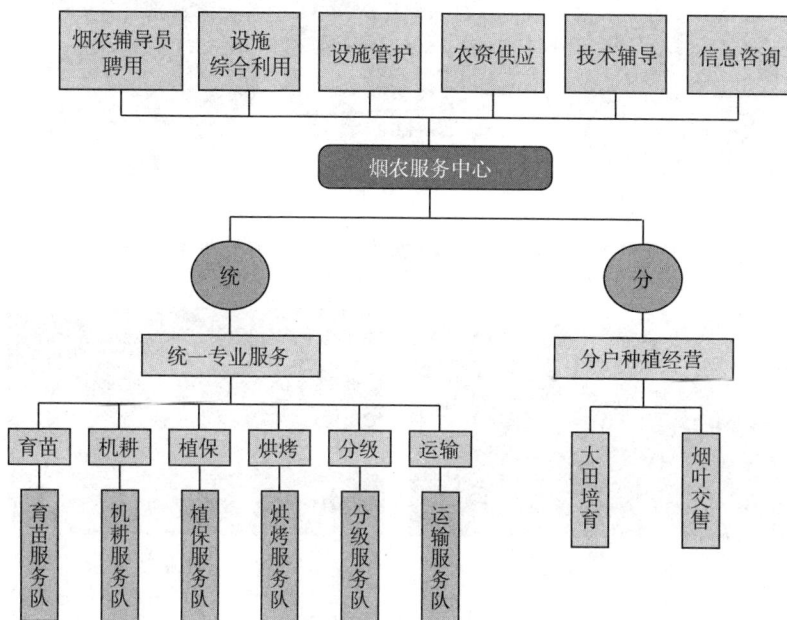

图 6-4　金叶合作社统分结合的服务模式

　　烘烤工场开展统一物资、统一作业、统一结算全商品化烘烤，专业烘烤技师人均负责 5 座烤房以上，专业化烘烤 100%；在合作社烟叶储备中心由专业分级队统一分级的比例达 100%，且分级人员人均日作业量在 2 担左右（图 6-6、图 6-7）。

统一育苗   统一起垄   统一施肥

统一覆膜   统一移栽   统一分级

图 6-5　金叶合作社开展专业化统一服务的现场

图 6-6　专业化烘烤

图 6-7　专业化烘烤

　　以金叶合作社为例，具体的服务是这样开展的：育苗队是依托合作社的育苗工场开展业务的，一般一个合作社一个育苗工场。烘烤队依托烘烤工场开展业务，一般一个合作社一个烘烤工场。机耕队、植保队、分级队、运输队都是每片区 1 支，共三支队伍（表 6-1）。每个专业队设置队长 1 名，组织队员开展专业化服务；每个片区确定服务联系人 1 名，负责片区内专业化服务申请的受理、服务作业协调、片区内的设施管护等。

表6-1 金叶合作社专业服务队的分工情况

服务队名称	分工情况
育苗队	依托育苗工场
机耕队	每片区1支，共3支
植保队	每片区1支，共3支
烘烤队	依托烘烤工场
分级队	每片区1支，共3支
运输队	每片区1支，共3支

第三，统一进行物资服务。物资服务方面，合作社统一采购烤烟用煤，开展育苗物资、肥料、农药、烤烟用煤等配送业务，并开展移栽、施肥、采收、运输四个环节专业化服务试点，且服务覆盖率超过基地单元种烟面积的90%（图6-8、图6-9）。

图6-8 统一采购烤烟用煤

图6-9 统一运输

3. 业务运营基本过程

总的来说分"七步"流程：签订协议、技术培训、服务准备、服务开展、服务验收、服务结算、服务测评。"六大"目标：降低劳动强度、降低物质成本、降低劳动用工、提高烟叶质量、提高烟叶产量、增加种烟收入。"八定"原则：定组织机构、定管理办法、定岗位职责、定作业规程、定人员编制、定工资标准、定成本价格、定补贴标准。

第一，发展多元化农村土地流转模式。由于农村划分土地分散，严重制约着合作社规模化种植烟叶的发展。结合农村目前土地归属的实际情况，公司采取"公司＋合作社＋专业种植户"的土地使用权流转模式，即拥有基本耕地使用权的农户、公司管辖下的合作社及意愿在合作社统一组织下规模化种植的农户，按照有机组合形成利益链的土地使用模式，达到土地集中连片，实现规模化、集约化经营。采取多元化土地经营权流转模式吸引不同要求的农民参与到合作社规范化土地流转当中。

现阶段公司主要采用以下三种土地流转模式。

一是入社模式：农民利用自己的土地种植烟叶，参与合作社统一管理、统一销售。

二是入股模式：农民拿土地入股，合作社根据每年的收益给农民进行分红。

三是承包返租模式：合作社统一流转土地，经过整理之后返租给愿意种植烟叶的专业种植户，种植户在合作社的统一管理下进行烟叶生产。目前这种模式占主要的比例。

通过多元化的土地流转模式，可以让占比为 40％的烟农扩大种植面积，占比 30％的烟农从事烟叶专业化服务，占比 30％不愿种烟的农民在有稳定收益的前提下自谋发展。

第二，首创青烟收购集中烘烤模式。2012 年在以合作社为载体，土地流转为桥梁的前提下，公司通过统一的调研和论证，大胆尝试了"青烟收购集中烘烤"的生产模式，并取得了显著成效。

青烟收购模式主要指，在土地流转模式下公司统一组织技术人员对所属大田管理进行标准技术指导，所有种植户在按照公司统一组织的前提下进行烟草种植管理、采摘、运输。然后按照合同约定的鲜烟价格进行收购，由公司统一进行烘烤。这种模式大幅度地减少了农户种植烟叶的用工量，同时农户不承担烟叶烘烤的风险，从而提高了农户种植烟草的积极性。

经过几年的摸索，合作社已经在大规模烟叶种植、施肥、田间管理、采收、青烟定级等环节积累了宝贵的经验，也总结了精细的操作流程与执行标准。这一系列标准化的种植生产流程，与青烟集中烘烤模式有机结合，既平衡了种植户种植收益，也降低了他们生产的风险，同时有利于扩大种植户的种植规模。真正让农户去做自己专业的种植工作，并享受相应的收益。另一方面，合作社利用先进的自动化流水线烤烟房，配合工厂化的烟叶烘烤管理制度。大幅度地降低了烟叶烘烤成本，提高了烤烟质量。

4. 绩效与分配方式

目前合作社主体分为三类：股东、种植户及合作社。其绩效与分配方式分别为：股东是资金入股。种植户为与合作社签订青烟收购协议的烟农。返租到包指的是合作社出资种植，将土地分成不同单元承包给农户管理。合作社每年生产结束后，进行当年财务公开。同时召开成员代表会，上述三类合作社主体都参会，商定盈余分配比例及分配方案。盈余分配比例一般为70%用于股东分配，20%用于种植户及返租到包户分配，10%用于发展基金。另外，种植户每年除去得到烟叶种植收益及盈余分配之外，还可享受低于市场价或免费的机耕、育苗、地膜等服务或农资。

合作社突出坚持"普惠制、广受益"的原则，准确测算各个环节的服务成本，合理制定服务价格，经社员（代表）大会通过并公示后执行。实现专业化服务价格的区别执行，对社员的服务价格原则上不能超过成本价的10%。非本社烟农要介于社员价和市场价之间，非烟农执行市场价。

合作社设立成员账户，详细记载成员入社费、公积金份额、专业化服务交易量与交易额、盈余返还数额等。

详细核算并明确加盟合作社的投入、受益年限及比例，切实制订合理的盈余分配办法，确保行业投入在社员合法权益上的年度体现，确保保障社员合法权益。提取的公积金原则上不能超过当年盈余的20%。在弥补亏损、提取公积金后所产生的可分配盈余的60%以上，按成员与综合服务型烟农专业合作社实际交易量（额）进行返还。

以金叶合作社为例，从当年盈余中提取10%作为公积金，提取5%作为公益金，提取2%作为经营管理奖金。可分配盈余的分配情况如下：60％按照成员交易量、20％按照资产量化份额、10％按照成员出资额、10％按照公积金份额进行分配（图 6-10）。

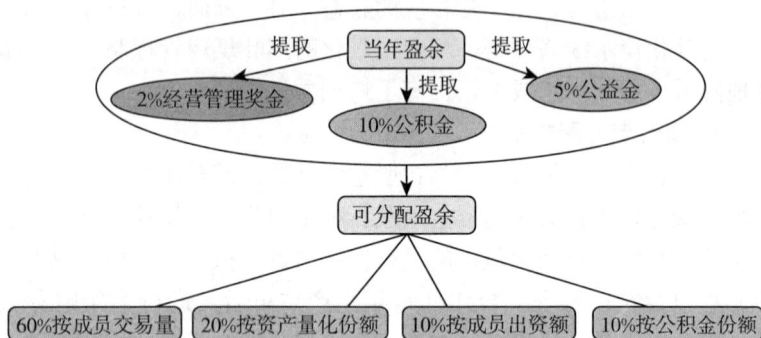

图 6-10　金叶合作社盈余分配示意图

6.1.3　主要经验

1. 技术创新是核心竞争力

合作社一直注重自主研发，经过多年艰苦的探索，终于在"自动化流水线烤烟系统"研发上取得了重大突破。

随着烟叶种植由传统分散种植向现代烟草农业的全面推进，规模化生产经营水平逐步提高，大型规模化烤房的普及推广，较好地适应了烟叶规模化生产发展的现实需要，不仅降低了劳动强度，而且对提高烟叶烘烤产量也做出了贡献。然而，密集烤房普及推广尚处起步阶段，烘烤设备现代化程度仍较低，多数环节还需人工控制，烘烤设备反应慢、时效性差、易失控、温湿度波动幅度大、能源利用率低、烘烤效果不稳定，直接影响烟叶烤后质量和减工降本增效。因此，加强对大型自动化烤烟房的推广工作迫在眉睫。

2012 年，在姜永辉和谢德平的带领下，公司技术团队在进行大量的数据分析和多次实验后，提出构建烟草烘烤自动化的生产模式，并取得巨大的成功。该烟草自动化生产线可以使烟叶的烘烤及回潮达到连续化状态，对热量进行循环利用，对温度和湿度进行自动化控制，并且烤烟房外墙利用保温材料能达到有效保温及可拆卸进行重复利用的目的。经过几年的改进及完善，目前该设备已经发展到第五代。第五代产品在供热、自动化、精密控制方面都更趋于完美。公司同时研发了智能化烤烟软件，可实现烟叶烘烤的简易式操作及远程操控。

目前该设备已获取发明专利五项，专利名称包括全自动烤烟房、流水线烟叶烤房拼装技术、流水线烟叶烤房连续生产烤烟技术、流水线烟叶烤房温湿度智能控制技术、智能控制流水线烟叶烤房供热节能方法。

实用新型专利六项，专利名称包括烟筐、免编烟式烟笼、烤烟房太阳能利用装置、流水线烟叶烤房四条悬挂输送线同步输送装置、流水线烟叶烤房四条悬挂输送线单驱动同步控制装置、流水线烟叶烤房四条悬挂输送线双驱动同步控制装置（图6-11）。

图6-11 自动化流水线烤烟系统现场

2013年11月，该烤烟房获得第二十届中国杨凌农业高新科技成果博览会"后稷奖"。2015年8月31日至9月1日由中国烟草总局组织行业内烟草专家和农业专家齐聚内乡合作社召开会议，对公司承建的"多功能高效节能热泵烘烤系统"进行科技鉴定，鉴定委员会一致通过鉴定，并建议加大示范推广力度。

该自动化流水线烤烟房具有六大优势。

（1）能够实现连续化工厂模式生产，为发展现代农业奠定基础。该烤烟房采用轨道自动传送、循环进出烟叶的模式实现了烟叶烘烤的流水化操作。

（2）采用集中供热循环利用，大幅度降低环境污染指数。该设备采用电能与太阳能混合供热，从而实现热能合理配置的循环利用，最大幅度地减少了烟叶烘烤过程中对不可再生资源的依赖，除尘效果可达到75％以上，有效降低了环境污染指数。

（3）利用特殊材质，减少能源消耗。该设备顶部广阔受光面积大，用特制的采光保温板制成储热室，一方面收集太阳热能，另一方面收集干燥洞顶部辐射热，通过微机控风门将向干燥洞送进预热空气，有效减少了能源消耗。

（4）规范化生产降低用工成本，提高生产效率。该设备采用青烟采收装框方式，省去了最耗工时的编系环节，降低了用工成本，同时，因烟笼的使用，又回避了青烟叶运输过程中因不当操作而带来的损失。

（5）自动化烤烟房是提高浓香型特色烟叶的有效途径。该设备能够根据数据的更新，智能控制湿度、温度、转速，并根据烟叶的特殊情况，可自动调整烘烤要素，保证烟叶品质。根据烟叶特性实现自动化烘烤工艺控制，可适当延长调节变黄、定色阶段的时间，准确执行工艺。在实际的操作中延长变黄阶段和定色阶段的时间，能够突显浓香型特色的烟叶品牌。

（6）有效地提高了装烟容量。该烤烟房综合利用的目的在于，烤烟房容量大，每座可满足600亩以上烟叶烘烤要求，增加育黄、回潮功能，实现一次性投资综合利用。

通过多年的数据统计，自动化流水烤烟房烘烤烟叶成本为1元/斤（通用的密集型烤房烘烤成本为3元/斤）。

2. 不断提高专业化运营水平

烟叶的种植和加工是一个技术含量较高的过程。如果把这个过程做到标准化、专业化十分重要。为了不断提高合作社的专业化水平，合作社在以下三方面进行了探索。一是专心研究烟叶生产模式，把烟叶生产做到精细化。合作社把烟叶的种植过程细化为17个环节，哪些环节可以免费提供，哪些环节可以进行统一的机械作业，哪些环节不能统一作业，必须由人力来一点点操作等。合作社花费了几年的时间研究烟叶生产模式，使得烟叶的生产接近工厂化生产的标准，降低人为因素和自然因素，最大化地保证烟叶数量和质量。二是专心研发新型烘烤设备，使设备与农业规模化发展相匹配。由于传统的集中烤烟房存在一些缺陷，团队和科研院所联合攻关研发出"自动化流水线烤烟系统"，大大提高了生产效率。三是专心总结经验，摸索出一条符合市场发展规律的发展道路。公司采取统一管理众多合作社的方式，每个小合作社有自己独立的核算系统，公司对合作社再由一定的利益机制联结起来。

3. 政府扶持和民营资本有效结合

由于烟草种植的基础设施投资相较于农业投资较大，因此烟草合作社离不开政府的支持，正是由于政府扶持和民营资本有效结合，合作社才能逐渐进入良性发展轨道。南阳鑫农达农业发展有限公司发展初期，2012 年建设金叶合作社时就得到行业投资 3 500 万元，占总资产的一半。2013 年建设内乡合作社时，行业投资 1 100 万元，比例增加至总投资的 61.11%。2014 年，建设方城合作社时，行业投资 700 万元，占总投资的 38.89%。2015 年，建设镇平合作社时，行业投资 150 万元，占总投资的 18.75%。建设邓州合作社时，行业投资 120 万元，占总投资的 9.23%。如表 6-2 所示，行业发展初期投资最多，因为合作社刚发展的时期最需要政府的支持，随着合作社的发展壮大，政府投资逐渐减少，合作社的自我造血能力逐渐增强。

表 6-2　南阳鑫农达农业发展有限公司旗下合作社基本情况

单位：万元、亩

基本情况		资产情况				2016 年生产情况	
名称	投产时间	资产总值	自投资金	行业投入	其他投入	种烟面积	预计产值
金叶合作社	2012 年 7 月	7 000	3 200	3 500	300	4 500	2 250
内乡合作社	2013 年 7 月	1 800	360	1 100	270	500	210
方城合作社	2014 年 7 月	1 800	1 000	700	100	1 600	800
镇平合作社	2015 年 7 月	800	600	150	50	1 500	750
邓州合作社	2015 年 7 月	1 300	1 100	120	80	1 800	980
总计	—	12 400	6 260	5 570	800	9 900	4 990

4. 重视对社员进行农业技术培训

农业的发展必将从分散走向集约，农业管理也要从粗放走向精细。因此，要发展农业现代化，必须以高素质的农业专业技术人才为基础。2012 年合作社联合烟草行业专家及农业科研院校，尝试对参与规模化农业生产的农户进行培训。培训内容包含农业技术、成本控制、风险控制、人员管理等。让所有农户从自身做起，通过学习不断提高种植技术与管理经验，逐渐把种地的目的从安身立命转变为发家致富。这样才会促进农业生产的规模化、市场化。截至2015 年，公司已累计培训农户 300 余户，其中 80％以上的农户的种植规模都从原来的户均 10 亩上升的户均 80 亩。公司所有的技术人员和参与的种植户，必须参加相关课程的培训、考核。符合公司各项专业技术要求，方可进行田间技术指导工作。随着农业培训技术培训的进一步完善，将逐渐对所有单项作物的种植、管理、加工形成规范的培训课程，在提供合作社社员专业技术的同时，也为其他当地非合作社成员提供了一个方便的学习渠道。

5. 发展多元化综合农业项目

烟叶只是主导产业，要不断地尝试多元化经营，发展大农业优势，把合作社发展成为综合的农业经营主体。综合利用是指在主营烟叶生产工作之外，利用合作社已有的团队、设施等资源发展多元化农业项目经营，达到资源综合利用，同时提高合作社效益。目前已尝试通过的综合项目如下。

一是成立专业农机服务队。利用现有的农机成立农机服务队，为周边农户提供农业机械化服务。二是蔬菜种植。利用土地种植烟叶的空闲期，进行蔬菜种植。把原来的一年一季改为一年两季甚至一年多季，目前在大葱、萝卜、蒜苗等蔬菜种植项目上均实现盈利，且种植规模在逐年扩大。利用育苗大棚空闲期进行育苗、反季瓜果蔬菜种植。三是粮食收购。利用合作社地磅、仓库、烘干线等基础设施，打造区域性高规格夏粮、秋粮收购中心。四是菌类培植。利用烤烟房闲置期进行菌类培植。

在功能拓展方面，开展优化结构、有机肥集中发酵、土地整理、机耕路建设。2013 年合作社收购玉米秸秆、花生壳等原料 600 余吨，利用秸秆压块技术，生产生物质燃料，用于替代 2014 年烘烤用煤。加大生物质燃料利用规模，逐渐走向低碳烟叶生产，做到节能减排。

以金叶合作社为例，合作社利用两个工场和农机具等设施设备开展多种经营。苗大棚每年的 2—6 月为烟叶育苗，育苗结束后种植蔬菜，增加育苗户收入。烘烤工场每年的 7—9 月为烟叶烘烤，烘烤结束后初步尝试了种植蘑菇，目前还没有大规模应用（图 6 - 12）。

a. 有机肥发酵

b. 生物质燃料

c. 烤房种植蘑菇

d. 育苗场种植蔬菜

图 6 - 12 金叶合作社多种经营情况

6.1.4 取得成效

1. 实施"两个免费"和"八个统一"

在合作社发展初期，并没有免费服务项目。后来为了吸引更多的农户加入合作社，促使更多的烟农来合作社烤烟，合作社采取了

"两个免费"的政策，就是免费统一机耕、免费统一施肥。免费统一机耕，让烟农得到实惠，提高耕地标准。免费统一施肥，降低烟农种烟成本，保证烟叶质量。把烟草系统的补贴全部用于烟叶种植，让社员得到实惠；让社员充分感受到合作社的现代化管理带来的好处。

除此之外，合作社还实行了"八个统一"，即包括统一育苗，有利于统一品种，减少病害。统一移栽，充分发挥机械优势，降低烟农劳动强度，提高种植标准。统一灌溉，运用先进节水灌溉技术，提高烟叶产量。统一植保，机械打药，提高打药效率，降低劳动强度。统一采收，统一机械化采收，提高采收效率。统一运输，保证鲜烟及时运往烘烤公司，减少运输损失。统一烘烤，降低烟农劳动强度和烤烟风险，提高烟农收益。统一分级，提高分级准确率，便于销售。通过以上"两个免费"和"八个统一"，真正做到"种地在户，服务在社"。

通过这些统一服务，保证了烟农的种烟质量，进而保证了烟叶的价格。因为烟叶的价格是根据烟叶的质量决定的，烟叶质量不同价格差别很大。可以说，合作社对"私利"的追求（为了保证合作社烤烟的数量和质量）成为其完成"公利"（社员的利益）的内在动力。

2. 明确产权是顺利发展的关键

在厘清产权关系方面，公司明确了各方责权利及要约。明确烟草行业对行业补贴建设的可经营性资产保留监督权和处置权，可按当年种烟面积（或交售烟叶量）量化到社员。明确加盟公司自有资金投入的生物质生产线、自动烤烟及有关配套设施的监督权和处置权，加盟公司资产及收益单独核算，在社员（代表）大会的决议范围内，充分考虑加盟公司的投入和收益，力争在较短年限内实现资产全部归合作社所有，经营全面本地化。

明确所有资产的使用权和管理权要全部集中到合作社，确保合作社作为可经营性资产管护的主体地位。制订设施管护办法，明确管护责任人，定期或不定期进行管护。鼓励合作社在坚持"以烟为主"的前提下，实行市场化运作，在闲置期开展多种经营，拓宽增收渠道，增强合作社持续发展能力。

3. 减工效果明显，亩均用工减少 11 个

众所周知，种烟是个用工数量较大的工作，如表 6－3 所示，如果把种烟分 8 个主要环节的话，可以看到每个环节都减少了用工。其中，育苗环节减少用工 1 个工，物资运输环节减少 2 个工，机耕移栽环节减少用工 3 个，大田管理减少用工 2 个，烘烤环节减少 2 个工，分级扎把环节减少 1 个工，共计节约用工 11 个（表 6－3）。

表 6－3 金叶合作社基地单元内外用工对比

单位：个

环节名称		基地单位外	基地单元内	对比情况
育苗		1.5	0.5	－1
物资运输		3	1	－2
机耕移栽	整地	1	0.5	－0.5
	起垄	1	0.5	－0.5
	施肥	1	1	0
	盖膜	1	0.5	－0.5
	移栽	1	0.5	－0.5
	合计	6	3	－3
大田管理	排灌水	1	0.5	－0.5
	追肥	1	1	0
	揭膜	0.5	0.5	0
	中耕培土	1	0.5	－0.5
	病虫防治	1	0.5	－0.5
	打顶抹杈	0.5	0.5	0
	合计	5	3	－2
烘烤		6	4	－2
分级扎把		3	2	－1
交售烟叶		0.5	0.5	0
拔烟杆		1	1	0
合计		26	15	－11

4. 整合各方资源，形成多方收益

农业的发展离不开农村、农民的认可。一定要深入了解，制定接地气的合作方案。利不可独，合作社不断发展的同时，要平衡各方利益，形成多方收益的局面，方可达到长久稳定发展之目的。

首先，在人力资源管理方面，要开阔思路，不断地吸收和培养当地农民加入管理队伍，推动事业顺利发展。合作社把社内的土地分成大小不等的单元，根据种植经验，100 亩左右为一个单元，把一个单元的土地租给当地有种烟经验的烟农作为单元的负责人。该负责人再寻找当地的烟农工作，一个单元稳定用工约 10 人。

其次，农业项目同时也需要政策、政府的大力支持。要了解政策，合理利用政策做到事半功倍。合作社的发展过程中，一直得到政府的大力支持，与政府建立了良好的合作关系。

6.1.5 复制与推广

2013 年 4 月应南阳市烟草公司邀请，合作社在内乡县余关镇建立内乡永辉烟叶服务专业合作社。以收购青烟的模式与当地烟农进行合作。内乡合作社的建成投产打开了创始团队对外发展的思路，在适宜规模化发展烟叶种植的乡镇建设烟叶合作社，使合作社多点开花，形成合作社群，相互之间可以实现技术、经验等资源共享。同时可抱团融资，解决合作社资金困难。

为推动合作社在各地快速复制发展，合作社于 2014 年注册成立南阳鑫农达农业发展有限公司。公司以标准化农业生产合作社建设、复制及服务管理为经营思路，探索了一条可持续盈利、节能环保的农业生产道路，实现了企业经营社会效益与经济效益的最大化。旗下的标准化烟叶生产合作社是以烟叶生产服务为主导，蔬菜种植与深加工、秸秆生物质燃料的生产与销售、粮食收购、农贸代销、农机服务等为辅，引进和推广烟叶生产等新技术，开展技术培训和咨询服务的综合性现代化农业生产经济组织。公司通过"公司＋合作社＋农户"的发展模式，在推动烟叶发展的基础上还能带动当地农民在家门口就业。

经过五年的合作社生产管理经验的积累，在总结了以往五个合作社经验的基础上，公司在 2016 年拟定了"产业化合作社"的运营方案。并选定南阳市社旗县苗店镇作为"产业化合作社"建设的第一个试点，该试点于 2016 年 10 月开工建设，厂区投资 1 800 万元，建设 2 条自动化流水线烤烟房、烟叶育苗温室大棚、现代化分级打包作业线、专业烟叶存储仓库等设施。建成后能服务烟叶面积 1 500 亩，年产烤烟 60 万斤。

公司目前在南阳市重点烟叶种植区成立了社旗、方城、内乡、镇平、邓州市五家综合服务专业合作社。总投资 6 亿元，服务烟叶种植面积 3.5 万亩，服务烟农 5 000 余人，年产优质干烟 1 200 万斤，实现年产值 6 亿元。

随着自动化流水线烤烟房技术的成熟及烟草农业的规模化发展趋势渐浓，公司于 2014 年投资成立河南利夫迪尔农业科技有限公司，该公司专注于大型烘烤设备技术的研发应用与推广。全国每年种植烟叶近 2 000 万亩，收购烤烟 5 000 万担，结合设备的优势，以及烟叶种植的集约化趋势。该设备的市场空间非常巨大。运营模式为：①利夫迪尔公司提供全套合作社建设和管理模式，由当地种烟大户牵头参股组建，利夫迪尔投资建设，合作社负责运营。②合作社基础设施由当地投资建设，利夫迪尔提供全套合作社建设和管理模式，拥有 10%～20% 股份。利夫迪尔通过融资租赁方式帮助合作社获得自动化烤烟房及使用权，合作社逐年还本付息，到期后所有权归合作社。③合作社由利夫迪尔统一规划设计、统一建设施工、统一标识、统一财务监管、统一规划融资（表 6-4）。

表 6-4 新型"产业化烟叶合作社"与之前合作社的几大改变

项目	传统合作社	综合合作社	产业化合作社
种植主体	农户（散户）	种植大户	合作社
管理模式	农户自管	合作社指导下管理	合作社管理
烘烤设备	密集烤房	密集烤房＋流水线	流水线
土地利用	一季烟叶	一季烟叶	两季（烟叶＋蔬菜）
分配：种植户	农户自负盈亏	烟叶收益＋多次红利	工资＋提成＋分红
分配：合作社	无	烘烤收益	烟叶收益

注：传统合作社指农民自发组织成立的合作社，综合合作社指公司现运营的合作社，产业化合作社为公司下一步筹建的合作社。

经过总结，推广项目选址所需条件为有适宜烟草种植的土地、气候，有匹配的烟叶种植计划，有当地农户积极参与。匹配烟叶种植面积的物资包括烤房、育苗大棚、农机、农资及其他基础设施等。应注意规避自然风险和管理漏洞。天气等原因造成的农业损失，应注意提前购买农业保险、农产品价格指数保险。过程管理不力将造成不可弥补的损失，烟叶种植田间管理以预防为主，因此过程管理尤为重要。

6.1.6 主要问题

1. 资金不足

合作社的核心竞争力是"自动化流水线烤烟系统"，据测算，该系统投资需要 500 万元，这笔资金对于合作社而言是个很大的资金压力。目前，合作社资金缺口较大，亟待政府扶持或者金融支持。

2. 国家种植计划缩减

近几年由于控制烟叶种植面积，致使合作社拿不到充足的种植计划，不利于烟叶规模化发展。

3. 农民参与积极性不高

大农业的发展离不开农民的理解与支持，但由于我国大农业的发展尚处于起步阶段，大部分地区农民对于政策了解不深，一直坚持小户操作，不能积极参与土地流转或合作社的生产投入。

4. 人才短缺

随着合作社群的不断扩大，公司对于农业专业管理人才的需求也日渐凸显。但由于传统的意识影响，大部分年轻人不愿参与农业项目工作，更不愿投入到农业一线工作。造成的公司人才招聘难度大，严重制约着公司向更高层次的发展。

6.1.7 若干建议

1. 突出四大重点

（1）资金方面。将充分发挥金融手段，加大资金投入，推动合作社建设增速，政府和金融部门要形成合力来支持合作社的发展。例如，政府成立政策性的担保公司，与银行谈好合作，对农业新型经营主体给予优惠的金融支持。

（2）技术方面。合作社要加快烘烤设备的技术升级和烟草机械的引进、开发、制造工作，加大对"自动化流水线烤烟系统"的推广和应用。

（3）人才建设方面。随着合作社的不断扩大，对于农业专业管理人才的需求也日渐凸显。但由于传统的意识影响，大部分年轻人不愿参与农业项目工作，更不愿投入农业一线工作。造成合作社人才招聘难度大，严重制约着合作社向更高层次的发展。因此政府要积极鼓励农业人才投入到合作社的工作中，通过培训、颁证等方式给予资格认定。合作社可以通过聘请职业经理人、技术入股等方式吸引更多的农业人才。

（4）推动土地适度规模经营。努力创新土地流转、土地托管、土地股份合作社等多种土地适度规模经营方式，使得合作社能以较低代价获得一定规模土地。

2. 配套八大政策

政府部门应本着"推动而不强迫、扶持而不干预、参与而不包办"的原则，发挥"宣传指导、服务教育、扶持监督"的作用，推动烟农专业合作社加快发展、健康发展、持续发展。

（1）做好宣传引导，普及合作社知识，增强烟农参与烟农专业合作社的意识，提高民主管理能力。

（2）在土地流转、农业（机）补贴、烟草补贴、种烟指标、节能环保、招商引资政策方面需要政府和烟草部门的大力支持。

（3）指导和帮助烟农专业合作社完成设立登记，完善组织机构，制定合作社章程，建立健全相关管理制度。帮助烟农专业合作社制定服务流程、标准和规范，统一技术标准，推进服务过程的专业化、标准化建设。

（4）加强烟农专业合作社队伍的教育培训，着力培养一批以理事长、经理为主的经营管理人才，以会计为主的理财能手和以专业服务人员为主的技术能手，为合作社发展提供人才支撑。培训合格后颁证，力争做到持证上岗。

（5）协助烟农专业合作社建立服务质量争议仲裁调处机制，解决服务质量纠纷，参与服务质量监督，保障服务质量。

（6）对烟农专业合作社成本核算、服务定价、公积金提取、盈余分配、多种经营等活动进行监督，接受合作社委托的审计工作。优先安排烟叶生产基础设施投入组织健全、制度完善、运作规范、绩效明显的烟农专业合作社，改善烟叶生产条件，增强其抗御自然风险的能力。

（7）积极协调相关部门，整合涉农资金，为烟农专业合作社拓宽基础设施建设渠道；积极协调金融和财政部门，落实合作社的金融支持政策，切实解决合作社融资难的问题。

（8）积极寻求烟农合作发展多种经营的途径，协调相关部门为其做好规划设计、市场衔接和技术指导，增加烟农收益，不断提升烟农专业合作社的自我发展能力。

6.2 南阳社旗小杂粮产业合作联社案例

随着 2006 年《中华人民共和国农民专业合作社法》的正式颁布，我国的农民专业合作社进入快速发展的历史新阶段。但是经过调研可知，很多合作社并没有真正走上规范、科学的发展道路，一些合作社陷入了重重困境。为了深入剖析农民专业合作社的困境，河南农业大学经管学院的几位老师赴南阳市，对社旗小杂粮产业合作联社进行了为期两周的深入调查。经调研得知，社旗小杂粮产业合作联社发展较早，曾获得许多辉煌，受到国家行政学院、中国人民大学等多方赞誉。但是目前却由于种种原因陷入多种生产要素短缺的困境中，发展暂时处于低谷，亟待找到走出困境的方法（图 6-13）。

6.2.1 发展历程

社旗县是一个以粮食种植生产为主的农业县，素有"豫南粮仓"之称。2004 年，社旗青年、郑州大学毕业生姚全军利用家乡的农业资源创业，联合 18 户农民以河南省社旗远大科技推广中心的名义在社旗县科技局登记注册，从此走上了艰难的创业之路。2006 年，他们在《河南省人民政府关于成立农民专业合作组织的意见》鼓励下，成立"小杂粮产业合作联社"，当年就与广州、许

图 6-13　社旗小杂粮产业合作联社的经营场所门头

昌、南阳等地的企业签订了 2 万亩小杂粮供销合同。他们采取"订单农业、项目带动"发展小杂粮，直接与厂商对接，进行农产品订单生产。除了种植杂粮，合作社也进行小麦的生产。

2009 年合作社达到了事业发展的高峰，当时有 30 多家分社，7 000 多名社员，其中入股会员 300 多人，覆盖全县 15 个乡镇。目前，联社已经成长为以绿豆、大豆等小杂粮的开发、繁育、推广、收购、保存、加工、销售为产业目标，年产各类小杂粮 3 000 多吨的新型农业经营主体，引导社员增收近千元，该合作社被评为河南省省级示范社。被有关专家称为"中部农区农民自发走向合作的成功范例"。但是从 2012 年开始，该合作社陷入一系列诸如资金、人才、土地等主要生产要素短缺的困境。

6.2.2 运作特点

社旗小杂粮产业合作联社以县级联社为龙头，下属乡村分社为实施主体，以农业标准化为核心，围绕农业建立起一个新型农民经济合作体。其基本运作流程如下：第一，联社采用项目制运作的办法。联社负责外联，如产品的订单销售、市场信息的搜集，农资采购与产品质量的监督，还负责选择项目，决定项目由分社运作还是联社来运作。下属合作社按照联社的标准来进行产品生产，并承接联社下派的项目。第二，联社采取标准化生产。标准化回收的办法将产品由农户造假产生的质量风险分散到各个农户家庭，即联社会将每个家庭生产的产品进行编号，从生产资料的使用，包括良种的使用、肥料的使用、农药的喷施、产品的产量等关于产品生产的各个环节，联社都将有严格的标准限制，并由联社与合作社共同进行监督，由于产品质量所造成的损失将由农户家庭来承担。第三，该合作社建立"双周课堂"与技术保障机制，鼓励社员参加学习，解决技术难题。目前已培养农民技术员 50 多名，初级农艺师 7 名。同时，联社与北京中大宜农公司、中国甘薯研究中心、河南省农科院等单位签约，获取技术支撑与保障。

6.2.3 面临困境

1. 管理、技术等多种人才十分匮乏

农民专业合作社数量近年虽然快速增长，但其中大部分名存实亡的现象普遍存在，究其原因，人才缺乏是制约其发展的首要原因。一方面农民专业合作社负责人的综合素质比较低，还没有真正成长为"有文化、懂技术、会经营、高素质"的新型农民。另一方面合作社非常缺乏管理类、技术类、营销类等人才。人才的缺乏导致合作社管理混乱，可持续发展难以保障（图 6-14）。

图 6-14 河南农业大学刘宁教授给小杂粮产业合作联社社员培训

以社旗小杂粮产业合作联社为例，其核心成员只有五个：社长、副社长、加工厂负责人、技术负责人、营销负责人。这五人之中只有社长一人接受过正规的高等教育，其他四人均为当地农村能人。由于该合作社有上千亩地，规模较大，遇到的首要难题是管理人才和技术人才远远不能满足合作社的发展。第一，社长的综合素质还有待于加强。合作社社长虽然是郑州大学毕业生，但是还不具备企业家的才华，有时会出现一些短视行为，不能为合作社做出长远的科学规划，合作社因此走过一些弯路。第二，技术人员不堪重负。社旗小杂粮产业合作联社目前只有一位技术人员，不仅要负责合作社自己的试验田工作，还承担着合作社的"双周课堂"培训工作，除此之外还有大量的农民日常咨询，工作量巨大，技术人员早就力不从心。第三，管理人才极为缺乏。目前该合作社涉及农业产业链上的多个环节，例如，肥料生产、农业生产、农产品初加工、农产品销售等，合作社本希望通过向上游、下游产业链延伸来降低成本，但是忽略了内部治理结构比较复杂，管理成本较高，需要较多的管理人才。但是由于该合作社没有规范、科学的薪酬制度，因此很难吸引到大学学历以上的人才。第四，高素质的文案管理人员空缺。合作社的资料整理、档案管理、信息化建设等工作十分落后，很多宝贵的原始资料存放混乱，现有的管理人员都身兼数职，无暇顾及，这给后期工作造成很大困难。

2. 资金比较紧缺

农民专业合作社明显的困境之一就是资金紧缺。这主要是因为我国的农民专业合作社正处于事业的初创期（从2006年《中华人民共和国农民专业合作社法》颁布至今仅十几年），方方面面都需要投入，而且相当多的合作社不能很好地把控发展速度，着急发展很多项目（如良种繁育项目、基地建设项目、深加工项目等），大肆租地，扩张过快，资金矛盾凸显。

以社旗小杂粮产业合作联社为例，资金缺乏主要有三个原因。第一，创办相关企业缺乏资金。产品只有深加工，才能提高其附加值。目前社旗小杂粮产业合作联社的产品基本以初产品为主，主打产品绿豆只是经过简单的筛选和真空包装即上市，因此其产品价格仅比市场价高 1～2 倍。合作社原打算自己创建加工企业，但是建厂的原始资金很难筹集到。据调研，合作社的财务状况仅能够维持基本的运转，没有过多的闲置资金可以利用。如果向银行贷款，无力支付利息；政府的资金支持如杯水车薪，起不到根本作用；向社员借钱不现实，大多数社员都是农民，没有较多的资金。因此，唯有招商引资，与他人合作，目前尚无大型的农产品加工企业有此投资意向，合作社想进一步发展遇到资金的制约。第二，扩大生产规模需要用资金。2011 年合作社成立了自己的生物肥料厂，产品质量很好，但是肥料厂产量远远不能满足社员的需求，若要扩大再生产，还需购进大量设备，资金缺口约为 300 万元，这笔资金目前尚无着落。第三，合作社大量租地，每年 178 万元的租金是个很大的压力。第四，集中购买农业生产资料需要用钱。为保证标准化生产，合作社每年都会提前购买好全体社员的种子、化肥等，等社员购买后再实现资金平衡，但前期的垫付需要一笔不小的资金。

3. 成规模的、连片的土地非常少

据调研，目前多数合作社的土地比较分散，很难形成规模效应。主要原因如下：一是农民思想不统一，有的加入合作社，有的没有加入。二是农民没有在城市扎根，耕地是其基本保障，所以很多农民不愿意把地租给合作社。为了便于管理，绝大多数合作社发展起来后第一件事就是租地。对于社旗小杂粮产业合作联社来讲，土地规模化经营异常重要，因为每年接到的订单动辄就是几千亩。虽然社员有 7 000 多人，可是由于社员承包土地的分散，很难大面积应用农业机械化，这就大大提高了合作社经营农产品的成本，不能很好地体现合作社优势。据调研，以前合作社只有不到 600 亩的连片土地，大多数土地分散在社员手里。2011 年，合作社租入连片土地 2 100 亩，每亩地年租金 850 元，每年光租金就高达 178 万元，合作社不堪重负。2012 年，由于管理不善，合作社出现巨大亏损。

6.2.4 原因分析

1. 管理混乱，没有严格的规章制度

合作社人才缺乏的重要原因是管理混乱，没有科学的薪酬制度，更没有严格的工作制度。据调研，合作社的核心成员一致反映，在合作社工作主要靠奉献精神，整天从早忙到晚，没有人统计工作量，不仅没有加班费，每月连 800 元的基本工资还经常"断顿"，下乡一般是骑自己的摩托车或电动车，没有任何交通补助，自己经常倒贴钱。河南农业大学也曾经安排一些学生到合作社做暑期社会实践，学生看到此情形，无一人愿意毕业后来合作社工作。虽然合作社是农村未来的发展方向，也是农业大学毕业生施展才华很好的舞台，但是一个成立 6 年的大型合作社连基本的薪酬制度没有，怎么能让人才踏踏实实地留在合作社呢？目前所有单位都讲求待遇留人，在市场经济的洪流中，合作社依靠什么来打动人才？显然，合作社必须谨慎解决好这个问题，否则很难吸引人才。

2. 盲目纵向合作，不重视加强横向合作

从农民合作组织历史发展的角度看，先有相同生产环节农民之间的横向合作，然后才有产业上下游主体间的纵向合作。农民横向合作的基本动因是为了增强市场谈判力，有助于农户之间的互助和生产设施的统筹利用。纵向合作的基本动因是降低纵向交易成本，并获取产后增值收益。社旗小杂粮产业合作联社出现资金短缺困境的重要原因是盲目纵向合作，不重视加强横向合作。把主要精力放在到外面找加工企业、营销商（如丹尼斯、家乐福等超市）、生产资料供应商（如肥料生产商）等。结果加工厂找到了，大超市找到了，订单也签下来了，但是货却供不上了。有时候合作社还会大手笔收购肥料加工厂，与他人共建农产品加工厂等，这些严重超出合作社自身经济能力的行动最终都以失败告终。

3. 盲目租地，逐渐背离农民合作组织的实质

在市场经济中，农民合作组织是既能保持农业家庭经营的效率，又能克服农业家庭经营局限的产业组织。农民专业合作社如果不以相对独立的家庭经营为基础，那么，这个合作社就不是真正意

义上的合作组织。大多数合作社刚成立的时候一般会希望借助更多社员的加入而扩大土地规模，但是由于谈判成本高、农民不信任等多种原因，社员比较分散，管理起来比较烦琐，因此很多合作社走上通过租地扩大规模的道路，并且以为土地规模越大越好。以社旗小杂粮产业合作联社为例，其没有慢慢地稳步扩大社员范围，而是刚挣一点钱，马上去租地，把租来的地当成合作社的主要生产要素，其实这样已经背离了农民合作组织的要义——保持农业家庭经营的效率。这样做的后果很明显，租金太多，经营稍有不慎，即出现资金链断裂，对合作社产生致命打击。根据社旗小杂粮产业合作联社的教训可知，合作社土地资源缺乏的解决之道是逐渐吸纳新的社员，慢慢做农民的思想工作，这是件急不得的事情。

6.2.5 走出困境的主要举措

社旗小杂粮产业合作联社要走出生产要素的困境，要加大政府的金融支持力度；要制定规范的管理制度，不要盲目纵向合作，要重视加强横向合作；多渠道加强人才引进，形成对人才的吸引力。不要盲目租地，要稳步推进土地适度规模化经营。

1. 加大政府的金融支持力度

（1）加大资金奖补力度。进一步加大对示范性专业合作社的扶持力度，省、市、县政府每年安排不少于 300 万元的专项资金用于工作奖补。用于扶持省、市两级示范性合作社建设和开展定期培训等，年终对先进农民专业合作社予以表彰。

（2）加大项目支持力度。国家和省、市支持发展农业和农村经济的投资项目，可优先安排有条件的农民专业合作社。

（3）加强金融支持力度。农行、农发行、农村商业银行等涉农金融部门要在信贷资金上向农民专业合作社予以倾斜，制定农民专业合作社贷款优惠条件解决其季节性、临时性所需资金，同时在结算、现金等方面提供灵活便捷的金融服务。

（4）抓紧时间开展农业保险服务。鼓励和支持保险机构结合农民专业合作社特点，在农产品生产、加工、经营等环节为农民专业合作社提供保险服务。

（5）加快农业信用担保体系建设，鼓励行业协会、龙头企业、合作社组建农业信用担保公司，并建议财政按实际担保额给予一定的担保风险补助。

2. 多渠道加强人才引进

一是制定严格的人才资源管理办法，尤其是薪酬制度要合理而稳定。要参照公司的管理方法，不仅要有基本的待遇来保证基本生存，还要给人才以激励制度和更多的发展空间，要重视对人才的吸引。可以有意识地培养出身农村或出生本地的、对农村有深厚感情的大学生。与在校大学生合作，应拿出一定岗位让大学生锻炼，慢慢培养其对合作社的感情。

二是各级政府要鼓励和支持农民专业合作组织引进人才。对符合扶持基本条件的农民专业合作社和功能区服务面积在 5 000 亩以上的合作社，聘用大专以上学历、聘用期限在 1 年以上的专职农业技术或经营管理人员，市、县（市）区财政给予 1 名聘用人员基本报酬补助。聘用人员基本报酬由市、县（市）区财政按各 50％ 的比例承担，社会保险参保费单位承担部分由农民专业合作组织承担。

三是充分利用基层部办站所人才，与农民专业合作社开展技术合作。乡镇畜牧、农技推广等部办站所目前面临着尴尬的局面，他们没有公务员编制，工资待遇低，而他们大多拥有服务农村的技术。可以把这些资源调动起来，鼓励和支持科研人员以知识产权出资加入农民专业合作社，既可以提高他们的收入待遇，又可以让其带动农民致富。

四是加强农民合作社负责人的培训。由于文化程度相对不高，许多合作社的带头人未能起到应有的作用。如果经常有专家给予培训，他们对新技术和市场的把握能力也会更强，政府部门应设立培训基地，构建培训常态机制。实施"阳光工程""雨露计划""农村劳动力技能就业计划"等农村劳动力培训项目时，优先安排农民专业合作社成员接受培训。

五是鼓励和支持高校毕业生、大学生村官等参与领办或创办农民专业合作社，鼓励和支持高等院校、职业学校毕业生到农民专业合作社就业。这既能解决部分大学生就业难的问题，又能对农村发展补充新鲜血液。

3. 稳步推进土地适度规模化经营

合作社要实现土地的适度规模经营，以增加社员土地为主，以土地流转为辅。

（1）鼓励更多的农民加入合作社，积极推动成片土地入社。合作社要实现土地的适度规模经营，主要依靠社员土地的扩大。政府要通过各种途径鼓励更多的农民加入合作社。合作社可以借助村集体与农户进行沟通和谈判，对于成片土地达到一定规模入社的，给予一定资金奖励。

（2）因地制宜制定土地流转规划，积极推进适度流转。各级政府应严格按照坚持依法自愿有偿原则，引导和鼓励农户采取转包、出租、互换、转让、股份合作等形式流转土地承包经营权。制定土地流转规划，要坚持最严格的耕地保护制度，适度放宽流转土地的农业用途范围，对土地规模经营主体因生产所需建造简易仓库、晒场、大棚、温室等用地，应视作农业生产用地。

（3）积极培育土地流转市场，建立健全土地流转机制。一是加快建立土地流转服务组织。建议在每个市（地）建立农村产权交易所，在县（市、区）成立农村产权交易（转让）服务中心，在镇、村两级建立土地流转服务站，以市场化的运作模式推动农业适度规模经营。二是规范土地流转行为。制定规范的土地流转程序，包括流转申请、登记、备案。提供规范格式的土地流转合同文本，实行流转合同登记备案制度。三是建立科学的土地流转价格形成和指导机制。

6.3 济源市绿茵种苗有限责任公司案例

一粒种子可以改变世界，一项技术可以改变一个产业。蔬菜制种是一项富民惠民产业，也是蔬菜产业的最高端，占领了制种就占领了蔬菜产业。我国是蔬菜消费大国，蔬菜制种产业的兴旺攸关百姓的菜篮子。河南省济源市的蔬菜制种业近些年异军突起,发展成为其农业的最大特色。目前,济源市蔬菜制种产业的水平已经达到国际先进水平,部分蔬菜品种的制种水平已经达到国内最高水平。

济源市蔬菜制种产业的核心企业是绿茵种苗有限责任公司(以下简称绿茵公司)。近年,绿茵公司以科技为先导、以创新为动力,以"振兴民族种业、服务'三农'建设"为己任,努力打造现代蔬菜种业创新创业示范基地。目前,绿茵公司逐步发展成为中国蔬菜种子协会副会长单位、国家首批蔬菜种业信用骨干企业、中国种子行业 AAA 信用等级企业,河南省农业产业化龙头企业。

6.3.1 产生背景

1. 得天独厚的自然条件

根据中国农业科学院、国家蔬菜工程技术研究中心等有关专家的统计调查,济源市在蔬菜制种方面拥有得天独厚的自然经济优势和日趋成熟的产业发展基础,为绿茵公司提供了很好的发展条件。

蔬菜种子一般要求在干旱少雨、干湿明显,光、热、水资源丰富的地区生产,有利于提高种子的饱满度和芽率。白菜、萝卜、甘蓝、花椰菜等占市场份额较大的十字花科类和部分瓜果类蔬菜种子,对自然隔离条件要求较高,以保证种子的纯度。目前,我国适合蔬菜制种的区域主要分布在甘肃河西走廊、内蒙古、新疆、海南及云南等省份的一些干热河谷地带,可选择区域较少。太行山和沂蒙山区因其适宜的地理纬度和独特的小气候条件逐步成为新兴的蔬菜制种基地。

济源市地处东经 112°01′—112°45′、北纬 34°53′—35°16′,位于河南省西北部、太行山南麓、黄河北岸,总面积 1 931 千米²,耕地面积 52 万亩。济源山区丘陵面积约占总面积的 88%,境内大山大河交相辉映、群峰竞秀、山水交融,大自然的鬼斧神工为种子生产孕育了天然的隔离屏障,满足了蔬菜制种的隔离距离要求。同时,济源属暖温带大陆性季风气候,年平均气温 14.3℃,无霜期为 223 天,全年日照 2 153.8 小时,年平均降水 613.3 毫米,主要集中在 7、8、9 三个月份。特殊的地理位置造就了独特的气候条件和丰富的小气候资源，为多样化种子生产创造了理想环境。济源市地理纬度适宜，山区昼夜温差大，土壤含氮适量，含钾量丰富，有利于种子内在品质的合成和积累，是我国蔬菜种子的理想产区，有10多万亩土地适合蔬菜种子的繁育。

2. 扎实稳定的产业基础

蔬菜种子生产周期较长，需经历育苗、定植、授粉、采收、精选等各个生产环节，特别是茄果类蔬菜种子生产，均需人工授粉杂交，对农业技术和农民素质要求较高，基地培育过程十分漫长。绿茵公司地处河南省济源市，该市在蔬菜制种方面具有深厚的产业基础。济源市蔬菜制种产业从20世纪80年代起步，经过40年的发展，已形成稳定的生产面积和良好的产业基础，为种子的产量提供了保障。据统计，目前济源市共有蔬菜种子生产企业十几家，在济源市建基地的外来企业30余家，资产总额达到1.5亿元，年种子生产能力可达500万千克，蔬菜制种已遍布济源市9个镇（办）150余个行政村，并逐渐形成一批制种专业村，如承留镇的上观、下观、山坪，大峪镇的东沟，王屋镇的柏木洼，轵城镇的枣树岭，坡头镇的郝山等村。基地农民蔬菜制种技术已基本掌握，要求发展制种的积极性空前高涨。目前，济源市蔬菜制种已与北京、山东、浙江、湖南、广东等地的国内重点蔬菜种子企业建立长期"订单生产"关系，蔬菜制种类别也已从单一的大白菜发展到甘蓝、萝卜、白菜、番茄、洋葱、大葱、苦瓜、丝瓜、黄秋葵等30余类、400多个品种。其中，济源市已经建成了豫西北重要的高山绿色蔬菜种植基地、河南省最大的蔬菜制种基地、全国最大的"十字花科"蔬菜制种基地。

3. 科学合理的产业规划

绿茵公司的发展不是孤立的，它身处济源市的蔬菜制种产业规划之中，离不开济源市发展的宏伟蓝图。济源市是国家园林城市和省级文明城市，是国家首批现代农业示范区、农机化标准示范区和农业信息化示范区，是河南省城乡一体化试点城市，是中原经济区改革创新试验区。近年，济源市坚持"工业反哺农业"，通过深入推进农业产业结构调整，强力实施土地流转，促进农业产业化、集群化发展，蔬菜制种已经成为山区农民增收的一项支柱产业。为了更好地发展蔬菜制种产业，济源市制定了科学的产业规划。根据济源实际，市政府将蔬菜制种产业列入《河南省济源市国家现代农业示范区发展规划（2011—2015 年）》之中，科学规划，合理布局。提出要充分发挥制种技术优势和自然地理优势，进一步强化龙头企业在技术推广和基地建设上的带动作用，整合项目资金和农业资源，规划建设沿小浪底北岸灌区、天坛山供水工程灌区的蔬菜制种走廊；充分利用山区的自然隔离，水利水源等条件，打造若干个蔬菜制种产业带。2015 年，济源市蔬菜制种面积已经达到 4 万亩，产值达到 2.5 亿元。

4. 各方强力支持的氛围

绿茵公司蔬菜制种的快速发展离不开各方的大力支持，尤其是得益于各级领导的高度重视。济源市更是把种业发展作为推进济源现代农业发展的重中之重来抓，市委、市政府、人大、政协的主要领导，多次视察调研蔬菜制种产业，对今后蔬菜制种产业的发展提出意见和建议，并制定出台了《关于加快农业产业化集群发展的实施意见》《关于加大蔬菜制种产业培育力度的意见》等支持蔬菜制种产业发展的政策文件。近几年的政府工作报告均提出，要建设蔬菜制种产业精品园区和特色园区，大力扶持蔬菜制种龙头企业，打造蔬菜制种产业集群。近年，政府部门在蔬菜制种基地建设方面，已累计投入水、电、路、土地改造、河道治理等资金达 3 亿多元。

6.3.2 发展概况

1. 在国际蔬菜种子领域享有一定声誉

绿茵公司成立于 2003 年，注册资金 1 000 万元，是一家专业从事蔬菜种子生产的科技型企业，亚太种子协会成员单位、中国种子协会成员单位、中国蔬菜种子协会副会长单位；中国首批蔬菜种业信用骨干企业、中国唯一的 AAA 级专业化蔬菜种子生产企业、国家青少年农业科普示范单位、农业农村部节本增效农业物联网应用模式示范单位；河南省重点农业科技企业，河南省科普惠农先进单位；济源市农业产业化龙头企业。绿茵种苗以蔬菜种子生产为主，占公司主要份额的五大类作物分别是：白菜、甘蓝、萝卜、椰菜类（青花菜、白花菜）、葱类（大葱、洋葱）。目前，蔬菜制种也已从单一的大白菜发展到甘蓝、白菜、萝卜、青花菜、白花菜、大葱、洋葱、生菜、小油菜、黄秋葵、瓜类、番茄等 400 多个品种，制种面积已达 3 万余亩，种子产量 240 万千克，实现产值 1.8 亿元，所生产的甘蓝、白菜种子占到国内市场份额的 30% 以上，在国际蔬菜种子领域也享有一定的声誉。

2. 拥有稳定技术队伍的蔬菜种子生产企业

绿茵公司是济源市乃至河南省少有的拥有稳定技术队伍的专业化蔬菜种子生产企业，现有员工 68 名，其中研究员 2 名，高级农艺师 4 名，博士 1 名，农艺师 4 名，技术人员比例达 90%。该公司于 2005 年便成立了"绿茵蔬菜种子生产技术研究中心"，专题开展蔬菜新品种的种子生产配套技术研究、示范和推广。同时，特聘中国工程院方智远院士、国家蔬菜工程技术研究中心许勇教授、知名甘蓝专家孙培田教授、刘玉梅博士、浙江省农科院韦顺恋教授、全球蔬菜制种专家 Pieter 先生等组成公司专家顾问团队。2012 年 10 月经河南省科技厅批准，与中国工程院方智远院士的专家团队共建"河南省绿茵蔬菜种子工程院士工作站"。2012 年 11 月，"绿茵蔬菜种子生产技术研究中心"被济源市科技局认定为"济源市技术研究中心"。

6.3.3 主要经验

1. 高度重视科技创新，牢牢占领蔬菜制种产业的制高点

第一，和国内外最顶尖的科研机构进行技术合作。绿茵公司坚持把机制和制度建设作为推进科技创新的核心，不断专注于蔬菜种子生产技术的研究与开发，大力开展新品种引进和新技术创新，加强与国内外顶尖的科研机构长期的技术合作。年均保障科研经费达到公司销售收入的 5%，并先后制定出台了《小品种试验奖励办法》《蔬菜制种新技术试验与发明奖励办法》《新技术推广与应用奖励办法》等一系列激励创新的政策措施，形成"赛技术、赛创新、赛发展"的科技创新企业文化。目前，绿茵公司已与中国农业科学院、国家蔬菜工程技术研究中心、浙江省农业科学院、山东省农业科学院等国家重点农业科研单位建立了紧密的技术合作机制；与中蔬园艺、京研益农、山东鲁蔬、浙江三角等国内重点蔬菜种子企业建立了稳定的订单生产关系；与世界第一种业集团孟山都、世界第二种业集团先正达、日本最大的种苗集团泷井会社、韩国最大的种苗集团农友会社等多家全球顶级种业集团建立了科研和学术交流机制。绿茵公司先后成立了"河南省绿茵蔬菜种子工程院士工作站""河南省蔬菜种子繁育企业技术中心"，专注于蔬菜种子生产技术的研究。与方智远等蔬菜种子领域的领军人物达成了技术合作协议，不断创新蔬菜制种技术。

第二，白菜、甘蓝等杂交种子生产技术居世界领先地位。经过多年的技术攻关和积淀，公司拥有一整套国内领先同行业的种子生产全过程技术操作规程，建立了完善的种子质量控制体系，率先在国内实现白菜、甘蓝制种的工厂化育苗，率先实现蔬菜制种的全程机械化，是国内唯一的洋葱杂交种子产业化生产企业，白菜、甘蓝、萝卜等十字花科杂交种子生产技术居世界领先地位。其中，在洋葱和甘蓝制种方面，济源市是国内唯一的洋葱杂交种子产业化生产区，甘蓝雄性不育性杂交种子生产技术居世界领先地位，承担着国内外最新甘蓝品种的制种试验。2012年，中国农业科学院国内外首创的最新农业科技成果——甘蓝显性雄性不育系规模化制种现场会在济源市举行。2014年公司研发的"甘蓝雄性不育性育种技术体系的建立与新品种选育"获得国家科技进步二等奖。2016年，经省科技厅批准，与中国农业科学院、国家蔬菜工程技术研究中心等国家级科研机构建立新型技术合作机制，张杨勇、张德双等研究员到公司担任科技特派员，专题开展蔬菜种子繁育技术的研究、示范和推广。

第三，应用世界前沿水平的物联网技术。绿茵公司将应用物联网作为实施"互联网＋"现代农业行动的一项根本性措施，加快其在生产中的应用，充分发挥其在节水、节药、节肥、节劳动力等多方面的巨大作用，提高土地的产出率、资源的利用率和劳动生产率，促进公司的制种向智能化、精准化、网络化方向转变。公司争取到农业农村部的农业物联网项目，引进了具有世界先进水平的"蔬菜制种智能化管理系统"。在绿茵公司，物联网的应用，使大棚里的幼苗能够被随时"呵护"，并通过网络传输至市信息服务中心的平台及国内外种业集团，使一粒小小的种子生长过程可溯可监控。

第四，重视制种技术的转化、应用和推广。在制种技术推广方面，已基本形成以制种企业为中心，"科研单位—制种企业—农民"为网络的技术服务和生产管理体系。多年的技术服务、经验积累、科技创新，不仅使制种企业拥有一整套国内同行业领先的种子生产全过程的技术规程和种子质量控制体系，而且这种科学精神、生产技术、质量意识已扎根到农民心中，为蔬菜制种产业的发展提供了人力资源、技术支撑。同时，济源市科技局把蔬菜制种列入科技富民强县专项行动计划，加快绿茵公司"工厂化育苗、节水灌溉与水肥一体化"等技术成果的转化应用，带动蔬菜制种产业的转型升级，为济源市成功创建国家首批区域性良种繁育基地、河南省出口蔬菜种子质量安全示范区提供有力的技术支撑。

2. 科学的利益联结机制，助推农民脱贫致富

第一，和农民形成稳定而牢固的利益共同体。目前公司的蔬菜制种全部实现了"订单农业"，实行"公司＋基地＋农户"的产业化经营模式，不仅有效解决了农户与市场对接的问题，而且公司和农民形成稳定牢固的利益共同体。一方面充分调动了农民开展蔬菜制种的积极性，另一方面也提高了制种企业做好产前、产中、产后服务的主动性，推动蔬菜制种逐步走向统一区域规划、统一育苗供苗、统一技术指导、统一生产管理、统一收购加工的产业化发展道路。同时，相应的生物农药、种衣剂、机械化种植加工等配套产业也方兴未艾。

目前，蔬菜制种已成为山区农业的特色和亮点，更成为山区农民致富的产业和项目。蔬菜制种实行每亩 1 000 元保底收益，种子优良农户享受每亩 400～1 600 元"二次分红"，受益率达 65％。蔬菜制种每亩单季收入一般在 4 000 元左右，高达 12 000 元，是种植粮食作物的 3～10 倍。特别是在济源市的制种专业村每季仅蔬菜制种收入过万元的农户就占 70％，如坡头镇郝山村 2012 年亩均单季收入 6 500 元，户均收入 14 365 元；轵城镇枣树岭村 2012 年亩均单季收入 5 400 元，户均收入 12 710 元。蔬菜制种的比较效益、制种农民的不断增收，是济源蔬菜制种产业快速发展的根本。

第二，通过周到的技术服务实现科技扶贫。在山区农民脱贫致富方面，绿茵公司把"科技扶贫和劳动力培训"作为产业发展和扶贫开发的新模式、突破口，建立了完善的蔬菜制种技术服务体系，公司规划建设的"王屋山星创天地"被科技部认定为"首批国家级农村农民创新创业平台"，建成以"科研单位—绿茵公司—技术员—农民"为网络的新型基层科技推广体系，实现有蔬菜制种的地方就有技术人员的跟踪、全程服务。同时，重点加强新技术、新品种的培训与推广，真正提高当地农民群众的制种技术水平。通过常年科普培训和技术推广，公司已经把 6 000 余名农民培养成熟练的、专业的蔬菜种子生产者，有效保障了蔬菜种子的高产量和高品质，切实提高了贫困群众健康增收的能力。目前，绿茵公司已经以王屋镇柏木洼、大峪镇东沟、承留镇李八庄、轵城镇枣树岭、梨林镇后荣、虎岭集聚区大驿 6 大制种基地为中心规划建设了 1.2 万亩蔬菜种子生产基地，覆盖全市 8 个镇、96 个行政村，年产蔬菜种子 120 万千克，销售收入 8 300 万元，年均增加农民收入 6 800 万元，带动了当地 4 000 余户农民走向致富。充分发挥了蔬菜制种的产业扶贫作用，切实提高了山区农民健康增收、持续增收的能力。

3. 实施可持续发展战略，在保证品质的基础上做强

为了保证公司产品的品质进一步提升，公司实施了可持续发展战略，全面推进"一控两减三基本"，产品质量优质。目前，绿茵公司已经通过 ISO9001 认证。

第一，推广以膜下滴灌为主的节水灌溉技术。水是农业的命脉，更是蔬菜制种的命脉，绿茵公司的蔬菜制种基地的发展得益于水，也受制于水。每年都有国内外合作伙伴想增加制种订单，以前因受基础设施条件特别是灌溉条件的制约，公司不敢承接订单，想多种也不能。近几年绿茵公司积极以"减工、降本、提质、增效"为目标实施种子基地的改造提升工程，以此来提升保障公司种子的质量。首要的措施就是节水，因为公司所在地处于山区，水资源较为短缺，因此公司实施了节水灌溉建设项目，2013 年以来，绿茵公司重点实施王屋山高效蔬菜制种示范基地建设工程，走可持续发展的道路，累计投入资金 2 000 余万元，使基地核心区可调水量达到 8 万米^3，彻底打破制约基地发展的水利瓶颈；积极推广以膜下滴灌为主的节水灌溉技术，使水资源利用效率达到 90%，肥料利用率提高 20%。这项技术的推广使用及标准化生产技术规程的建立，可使种子产量提高 10%，种子生产综合效益提高 8%。

第二，实现"两头工厂化、中间机械化"。2015 年绿茵公司实施了工厂化育苗来进一步打造优良种子生产基地。项目一方面改变了传统农民小阳畦育苗方式，实现白菜制种和甘蓝制种的工厂化育苗，年繁育白菜种苗 1 500 万株、甘蓝种苗 1 000 万株，使亲本种子利用率提高 15%，制种面积保障率达到 100%；新建轻钢结构育苗温室 15 栋，共计 1 万米^2，配备施肥覆膜起垄一体机、种苗移栽机、种子专用联合收割机以及各类精选加工设备，基本实现了蔬菜制种的"两头工厂化、中间机械化"。此工程真正解决了影响产业发展的育苗成本高、种苗质量差、水利设施薄弱等问题，并加快种子生产基地的规模扩张与品质提升。

6.3.4 面临困难

随着国家现代种业体系的构建，民族种业的进一步发展壮大，必将带动制种基地的快速扩张，推动蔬菜制种产业发展的现代化。但目前，绿茵公司的蔬菜制种与国家现代种业发展的要求仍不相适应，如企业整体实力不强，水利设施建设滞后，机械化、标准化程度不高，缺乏自动化、信息化等现代农业技术的有力支撑等。

1. 缺少完全自主知识产权品种

济源市蔬菜制种企业绝大多数为种子代繁公司，产业链较短，自主性较差。绿茵公司是济源市少数具备"育繁推"一体化能力的企业，也缺少自主知识产权品种，多数是和别人合作研发的新品种，公司在"育"的方面做得还不够，需要进一步加强。目前公司已经有了一系列企业标准，部分成为市级标准，但是档次还不够高，需要继续细化，上升为省级标准，甚至国家标准。济源市作为全国最大的十字花科蔬菜种子生产基地，也未形成自己的品牌。市场占有率低，利润空间小，发展后劲不足。

2. 规避风险的能力较弱

蔬菜制种风险主要来源于自然灾害和市场风险。蔬菜制种对隔离条件要求严格，济源的蔬菜制种基地一般位于相对封闭的丘陵山区、河谷地带，自然条件相对恶劣，经济发展普遍滞后，水利设施建设较为滞后，"靠天收"现象严重。济源市近年虽然加大山区水利设施建设力度，兴建了天坛山、王屋山等供水工程，但仅依靠地方力量，仍难以满足基地发展需求。

蔬菜制种属农业产业，在露地生产，受气候影响较大。目前，济源市主要以十字花科蔬菜种子生产为主，其中白菜制种面积占70％，甘蓝和萝卜制种面积占25％，制种结构相对单一。特别是部分"个体经济人"生产品种雷同，不利于抵御不良气候引发的自然灾害。如2009年冬季雨雪来得早，甘蓝制种植株90％被冻死。2011年因冬季温度较高，造成多家单位甘蓝品种未能通过春化结实，经济损失严重。目前，河南省尚无蔬菜方面的农业政策性保险，制种公司的损失只能全部自己买单，大大制约了蔬菜制种产业的发展。在市场风险方面，虽然绿茵公司是订单农业，不用担心销售问题，但是不能控制产品价格，如果某个产品的利润点高，就会出现蜂拥而上的结果，从而导致价格大幅下跌、利益受损的情况。

3. 制种行业不规范行为屡禁不止

随着济源市蔬菜制种产业的蓬勃发展，国内外订单的增加，济源市涌现了众多水平参差不齐的制种企业，为扩大制种面积，部分企业随意放宽蔬菜制种条件，甚至恶意破坏制种隔离区，哄抬种子生产价格，撬夺制种基地。此外偷盗亲本材料、套购抢购种子行为也频繁发生。部分农民因法律意识薄弱，也存在不按合同要求交售种子、不按种子生产技术规程操作、恶意种植同类作物危害种子生产等问题。根据绿茵公司统计，因不正当竞争已流失基地面积2 000余亩。可以说，目前济源市的蔬菜制种行业不规范行为屡禁不止，亟待官方和中间组织（如行业协会、产业联盟等）共同携手来规范。

6.3.5 进一步提升的主要措施

如果要想进一步提升绿茵公司的蔬菜制种水平，今后需要以全面构建现代蔬菜种业体系为目标，强力推进蔬菜种子生产的标准化、规模化、机械化和集约化发展，提高蔬菜种子的市场竞争力，从而保障"菜篮子"的市场供应和安全。

1. 努力提高自主创新能力，构建新型产学研结合体

今后绿茵公司要以加快发展为核心，进一步加强产学研结合，构建新型的产学研结合体，融入现代种业体系。要瞄准国家重点支持的"育繁推一体化"的产业政策，建立种子企业与制种企业、农民专业合作社、制种农户的长期契约关系，稳定生产订单，探索股权合作等多种合作方式，进一步完善利益联结机制，增加蔬菜制种的综合效益。

各级地方政府要认真落实《国务院办公厅关于深化种业体制改革提高创新能力的意见》，人力资源和社会保障部办公厅和农业农村部办公厅《关于鼓励事业单位种业骨干科技人员到种子企业开展技术服务的指导意见》，支持省级科研机构、农业院校在济源市设立蔬菜种子研究所，与蔬菜育种企业、制种企业联合创新，提高育种、制种的产业化能力，打造蔬菜种业技术创新联盟和蔬菜种子产业集群。鼓励事业单位科技人员到蔬菜种子企业工作，协同组建国家级和省级工程技术研究中心，争取国家、省科技攻关项目，加快种子繁育的科技创新与成果转化。

2. 以提高种子质量为目标，提升制种的现代化水平

绿茵公司要按照标准化、规模化、集约化、机械化的要求，进一步研究制定蔬菜制种产业技术规程，加快土地流转速度，探索适度规模经营，集成先进信息技术装备，提升种业现代化发展水平。继续增加各种投资，建设规模化育苗工厂，推进制种产业设施化；引进推广播种、起垄、覆膜、施肥、移栽、中耕、植保等专用机械设备，提高蔬菜制种机械化步伐；加大绿茵公司等龙头企业与大型种业集团合作，配套建设专业化的现代种子加工中心，拉长产业链条；建设蔬菜制种信息技术服务中心，打造智能化温室控制平台、远程控制和专家咨询平台、集技术、气象、生产于一体的信息服务平台，并逐步实现制种基地的全覆盖，提高蔬菜制种的科学化、信息化水平。

3. 以水利建设和农业保险为核心，构建完善的风险保障体系

以水利建设为抓手，加强制种基地基础设施建设。要整合农业开发资金、水利建设资金，争取国家种子基地建设资金，围绕天坛山供水工程、小浪底北岸灌区等水利干线，继续以蔬菜制种精品产业园为载体，建设灌溉支管、调节蓄水池等小型水利设施，实施滴灌、喷灌等节水灌溉工程，彻底改善制约山区制种产业发展的瓶颈。建议省财政、农业农村、水利等相关部门利用多渠道项目资金，优先推进制种优势区的标准农田建设，在支持做好小浪底北岸灌区工程和王屋山供水工程复线建设的基础上，重点开展制种基地水利设施、耕地质量提升等建设工程。结合新一轮永久性基本农田划定工作，对优势制种区农田实行最严格的保护，确保制种基地面积不减、种子生产用途不变。要探索水资源定价方式，适度放开水价管制，鼓励和引导社会资本建设农田水利工程。

加快制定制种保险补贴政策，对保险费用进行补贴。可以绿茵公司为试点开展农业政策性保险，待探索成熟之后再推广开来。一方面要对多种自然风险，如风灾、雪灾、冻灾、水灾等各种灾害做到应保尽保。另一方面，对市场风险也可以做探索。例如，当市场价格低于成本价10％的时候，启动市场风险的保险服务。

4. 强化种子生产的扶持和监管，构建具备话语权的产业联盟

将种子收购贷款作为农业政策性贷款，鼓励引导金融机构特别是政策性银行加大对种子企业的信贷支持力度。落实好制种农机具购置补贴政策，拓展补贴种类和对象，将蔬菜制种企业列入补贴范围，配置先进的种子生产、加工、包装、检验和仓储、运输设备，改善企业生产经营条件，提高制种效率、降低制种成本。

加大蔬菜制种监管，要提高市场准入门槛，完成对制种"代理人"的联合改造，制种企业的兼并重组，建立专业化蔬菜制种企业或合作社；要统一规划布局、统一登记备案、统一文本合同，加强监管力度，防止不正当竞争或恶性竞争；要强化对种子生产的执法检查，增强企业、农民的履约意识，维护知识产权，严厉打击抢购、套购蔬菜种子等违法行为。

可以说，济源市亟待构建一个可以规范行业秩序，代表行业声音，在蔬菜制种行业具备话语权的产业联盟，这个产业联盟不同于以前的松散型的行业协会，它是一个组织严谨，联系紧密，有核心企业和领导者的团体，具有产业协调、技术联盟、规范市场等职能。

6.4　河南省嘉源农业发展有限公司休闲农业案例

随着经济社会的发展，人民生活水平的提高，老百姓对旅游的需求越来越旺盛。济源是个山区市，风景优美，在市政府大力提倡生态旅游业的背景之下，河南省嘉源农业发展有限公司（以下简称嘉源公司）应运而生，并走出一条以生态旅游为核心，以科技创新为重点，三产融合的绿色发展之路。目前，该公司拥有济源市最大的百亩桃花基地，每年春天漫山遍野桃花盛开的时候，养生嘉源农庄就成为广大市民春游赏花，体验生态旅游农业观光的好去处，该公司通过打造美丽乡村旅游品牌，极大提升了济源市承留镇生态旅游美誉度，助推济源市农业产业化发展。养生嘉源农庄的出现，增加了当地农民收入，改善了当地生态环境，使当地呈现出生态休闲旅游业与经济社会协调发展的良好局面。

6.4.1　产生背景

近年，随着社会、经济发展水平的提高，济源市大力提倡创新农业经营方式，提升农业综合效益，加快促进现代农业建设，在坚持农户家庭承包经营基础上，促进农业规模化经营，建设农业精品园区和特色园区，完善农业产业链，促进农业增值增效。落实强农惠农富农政策，多渠道增加农民收入。因为济源市山区面积占比很大，因此济源市提出要大力发展以生态旅游业为主的第三产业。

济源市承留镇在农业农村局、发改委、城乡一体办、文化和旅游局等单位的大力支持下，围绕建设生态休闲旅游风情小镇的目标，以发展农业产业化龙头为突破，以农民增收、农业增效为目标，不断加大财政投入力度，加快土地流转，调整农业结构，现代农业蓬勃发展，特色产业亮点纷呈：5 000 亩无公害蔬菜基地、5 000 亩无公害林果基地、振波农机专业合作社、锦成种植专业合作社等。承留镇倾力打造三湖生态水系和休闲农业观光示范区，培育了南山森林公园、三湖生态旅游景区、五三一红色基地、玉阳山休闲锻炼等多个休闲旅游品牌。这些品牌不仅成为当地现代农业的典范，也为济源市现代农业的发展增添了精彩的一笔。承留镇政府按照"承载信义、留商共赢"的发展理念，以务实重干、高效服务的工作精神，为"养生嘉源"项目的发展壮大，提供尽可能多的优惠和扶持。

嘉源公司就是在这种大的背景下应运而生的，养生嘉源农庄位于济源市承留镇花石村。花石村身靠济源南山，空气质量良好，超过森林氧吧标准限值。美丽的花石村有上佳风水：北靠大山、南依大河，山之南河之北，阴阳聚合乃上佳风水宝地。花石村有一个千年古刹商山寺，被列为河南省重点文物保护单位，相传为汉初商山四皓隐居处，寺中现仍有四皓塑像。商山寺为全木质结构，飞檐斗拱，椽檩梁壁皆五彩雕画，龙飞凤舞，壁柱上有文人墨客作诗手迹，寺院游客不断，香火旺盛。花石村 2011 年被河南省环保厅授予"省级生态文明村"，多次被济源市委、市政府授予"生态文明村"和"生态文明示范村"。这里环境清雅，风景优美，不仅交通便利临近市区，更是天然氧吧，来到这里，人能够亲密接触大自然，走入绿色田园中，完全脱离尘世的喧嚣，内心重归淡定与从容。

6.4.2 基本概况

嘉源公司成立于 2011 年，占地 350 余亩，位于济源市承留镇花石村，生态环境优美，地理位置优越，南依济源市南山森林公园（2015 年被评为省级天然氧吧），北傍千年不息商水河，著名引沁济蟒渠从园区南侧蜿蜒穿行而过，距离市区仅 15 分钟路程，交通条件便利，是工作之余的理想休闲、养生、游玩、采摘、体验的理想场所。

嘉源公司以"科技创新、崇尚绿色、自然生态"为经营理念，全力打造现代化科技型农业示范园区。截至 2015 年公司已累计投入资金 500 万元，不断完善园区各项基础设施与机械化水平，实现了全园区的水肥一体化灌溉技术体系，以纯机械化操作代替老旧的人工作业，示范带动并引领当地及周边地区农业的发展。公司建成了集精品水果引种试验、生产示范、产教结合、旅游观光、休闲娱乐为一体的新品种、新技术、新成果应用与推广的科技型示范园，公司产品获得"国家绿色产品认证"，先后注册"王母宴桃""翠绿湖""七碗飘"等品牌的系列绿色无公害农产品，产品远销北京、上海、广州、深圳以及周边地区，为广大消费者所推崇。

6.4.3 发展历程

1. 确定项目地址，做好艰苦的前期基础工作

2010 年，北京嘉威投资有限公司负责人敏锐地认识到公司现有的投资项目不宜扩大了，应该选择一些新的投资领域，经过大量的实地考察，不断地筛选，最终确定把投资方向改到养老地产和高科技项目上。2010 年，公司股东考察了许多地方，如广西、浙江、江苏、四川、河北、河南等地，最终确定项目落在河南省济源市，济源市地处北纬 40 度左右，四季分明，人口稠密，交通发达，人文基础深厚，是投资的好地方。经朋友介绍，最终地点选在了国家森林氧吧——南山森林公园北面的花石村，该村古称商山寨，传说为秦末汉初商山四皓隐居之所，四面环山，三面环水，小盆地中间涌出一股泉水，称为金猪潭。北依王屋，南临黄河，地形地貌完全符合古代风水学描述的"负阴抱阳之地"，是天人合一的养生福地。地方看好之后，在镇政府的帮助下，2011 年 4 月，公司与花石村签订了 30 年期的土地承包合同。2011 年 6 月，嘉源公司挂牌成立。盛大的开工典礼后，公司马上着手做三件事：找北京规划设计院工程师对整个园区进行整体规划设计，土地上地面附属物定价包赔，土地修整。其中难度最大的是地面附属物定价，地面上有各种树木、猪圈、大棚乃至坟地。经过艰苦的谈判，最终公司妥协让步，以 68 万元的价格完成了项目一期的赔偿工作。

2. 事业初创，种植桃树和中药草遭遇挫折

公司最早的项目规划是养老养生，于是就把土地大体分为两个部分，一部分为种植各种桃子（长寿），另一部分种植各种草药（养生）。桃树苗全部来自中国农科院郑州果树所，按果实成熟期和品种不同，选用了蟠桃、油蟠桃、早熟水蜜桃、油桃，共计 16 个品种。种植的季节正赶上岁末年初，山上大渠无水，山下水库的水送不到桃地，于是公司联系当地环卫局，花钱租洒水车上山浇水。经过一冬天的努力，总算种下了 200 亩的桃树，但是不知如何管理，问果树所的专家，对方回答，他们也不会管理，他们只是研究桃子品种的，公司只得另请专家。独特的栽树方式，吸引无数百姓围观，成为一景。

公司到安徽省亳州市请来技术人员，种植了板蓝根、白芷、牡丹、桔梗等中草药，因为本地人不会种植药材，一时半会也学不会，药材收获上来，品质不行，无人收购，赔得一塌糊涂。

种植完成后，规划设计方案也出来了，经过数次讨论、修改，最终公司把规划定下来了。当时公司负责人员来到当地国土资源局看到批下来的土地性质图，大家都蒙了。当初村里说的荒山荒坡地，其实全部是基本农田，根本不允许搞建设。这时公司面临着两个选择，一是认赔撤资，二是努力改变。在镇里和市里的领导面前拍胸脯保证调整土地性质的前提下，公司负责人决定留下来，继续干。

3. 事业有所起色，找对专家和科研机构对症下药

由于土地性质的原因，原先的规划安排只能暂时搁浅，只能开展农业种植。公司按照当地农民的管理模式开始了田间管理，浇水采用的是大水漫灌，除草打除草剂，施肥打药采用人工肩背药桶，因为农民不是给自己干活，出工不出力，互相攀比，互相影响，消极怠工情况较为普遍，种出的果子也不好吃，成本极高，根本没有市场竞争力。到底怎么才能种好果树、种出的农产品如何变成商品成了棘手的问题，于是公司开始找专家，经过多方打听，终于找到农业农村部优农中心首席果树种植专家——来自中国台湾地区的周博士，他是公认的大田管理专家。公司费了好大的劲终于把周博士请到了园区。按照周博士的要求，首先解决园区的灌溉问题，公司又找到中科院地理所灌溉中心，请他们设计了全园区水肥一体化自动灌溉系统，购置了大量的现代化施肥、喷药、除草设备，把园区的硬件设施，一下提高到国内先进水平。这下可以节省大量劳动力，节省大量水和农药，可以有效控制果品质量，可新的问题又出现了，这么多先进的设备，谁会用呢？当时，村里干农活的多为40～70岁的妇女，她们不具备操作这些设备的能力。到外面招聘人才也行不通，有文化的年轻人谁都不愿意到农村工作。所以，公司只好下功夫对当地农民妇女进行技术培训，让她们掌握先进设备的操作，最终靠公司的努力，慢慢培养了一批掌握先进技术的人才。

4. 不断失败，不断努力前行，取得初步成绩

随着园区的发展，公司的战略也在做部分调整，除了之前的果树和中草药种植，随着济源市全域旅游的发展，公司在生态旅游方面加强了建设，加强了吃、住、游、购的建设，力求扩大效益点，增加收入。

2014年，园区被农业部和国家旅游局评为全国休闲农业和观光旅游示范点；同年，被济源市认定为农业龙头企业，被河南省科技厅认定为小型科技创新企业；2015年，被科技部认定为全国青少年科普教育基地；同年，公司产品"王母宴桃"通过国家绿色认证，同时获得济源市优质农产品称号；2016年，园区被评为济源

市十大农庄；2017 年，公司被水利部认定为节水灌溉示范点。这些年，公司陆陆续续取得了一些成绩，正是这些成绩，不断鞭策公司前行。

6.4.4 先进经验

1. 以生态旅游为核心，走三产融合的绿色生态之路

嘉源公司打造的"养生嘉源"是现代休闲农业旅游项目，项目以生态旅游为核心，走三产融合的绿色生态之路，现已基本打造成为集采摘、旅游观光，养生为一体的现代农庄。

养生嘉源农庄有上百亩、数千株、十几个品种的桃园，2015年公司产品"王母宴桃"通过国家绿色认证，同时获得济源市优质农产品称号。农庄里，春天可来赏花，秋天可来采摘；有机茶、杂粮、禽蛋全年销售。公司有很多项目，如四季采摘园、南山滑雪场、嬉水乐园、金猪潭农庄、朋来客窑洞宾馆等丰富多彩的农业休闲项目。其中，四季采摘园有夏黑和户太葡萄、彩虹西瓜、草莓。春天，森林里遍地的野菜也为市民们提供了采摘机会。踏青赏春景，挖野菜吃草莓，看十里桃花，让人不由得沉醉其中。

除了踏青赏景之外，农庄还组织了很多文化活动，用文化引领时尚，助力农村经济发展。例如，组织高水平的诗词大会，邀请全市知名朗诵者参与活动，实现诗情画意山水间，桃花烂漫惹人羡；开展南山百米长卷书画绘制活动，组织承留风光摄影展，特邀济源市知名书法家及济源市摄影家协会成员现场展示并创作作品；宣扬饮食文化，举办花石美食节，邀请游人体验农家风味，留住舌尖乡愁，组织承留镇特色美食，在养生嘉园草坪上组织、制作、展示，方便民众品尝，增加农民收入；邀请济源市女企业家旗袍协会走进养生嘉园休闲养生农庄，模特走秀展示旗袍，感受原生态乡土文化，演绎现代版桃花情怀；组织召集相亲会，邀请全社会优秀适龄男女青年现场参加。桃花三月浪漫季，相亲盛宴结连理。活动面向社会召集并组织盛大的集体婚礼，为刚结婚或即将结婚的新人在户外举行一次集体婚礼。认领幸福桃树，彰显移风易俗新风貌，弘扬

真善美。俊男靓女们在漫山的桃花林里进行一场盛大而浪漫的邂逅，一对对新人在烂漫的桃花林里，祝愿祈福幸福永久。

2016 年 3 月 18 日由养生嘉源农庄主办的"十里桃花·浪漫花石"济源首届桃花节暨"三生三世十里桃花"养生嘉源浪漫相亲会，在花石养生嘉源农庄盛大举行，现场邀请了河南电视台《都市近距离》栏目、《中原名片》栏目，《大河报》、《东方今报》，中国网、央广网、今日头条、大河网、映象网、中原网、网易新闻等数十家媒体现场参与活动报道，活动取得了巨大成功。

2. 注重科技创新，打造现代化科技农业示范园区

建设之初公司按照当地农民的传统模式进行管理：大水漫灌，打除草剂，人工肩背药桶施肥打药，结果种出的果子质量差、成本高，没有市场竞争力。后请到农业农村部优农中心首席果树种植专家——美国加州大学果树营养学专家周明哲博士，又找到中科院地理所灌溉中心，请他们设计了全园区水肥一体化自动灌溉系统，购置了大量的现代化施肥、喷药、除草设备，园区的硬件设施一下达到国内先进水平。

嘉源公司从桃树的种植起步，探索并坚持走科技发展之路。公司不断探索果园管理的好办法，从日本引进的鼠茅草，投资成本一下子降了下来，不用锄草，不用打药，也不用施有机肥，浇水也少了，种上该草每亩地节约 1 200 元的投资，占到了整个果园投资的三分之一。鼠茅草是一种耐严寒不耐高温的植物，每年十月播种，来年 6 月脱种，不用播种。生长旺盛时可以抑制其他杂草的生产，降低除草成本，枯黄之后回归到泥土化作有机肥，还能蓄水保墒，改善土壤的理化性能，改善了果园的小气候，冬天像盖了一床小棉被，夏天则盖了夏凉被，避免了冬季严寒和夏季暴晒对根系的破坏，土壤环境和果园小气候的改变直接提升了果树的数量和质量，一级商品果的达标率提高 7%，一亩地增收 1 万元以上，对果实品质提高有明显效果，是名副其实的绿肥。果实可以提前上市，可以抢占市场先机。

目前，嘉源公司全部采用机械化操作，构建了全园区的水肥一体化灌溉技术体系，采用国外精品水果的标准化生产管理技术理念，示范带动并引领当地及周边地区农业的发展。公司与农业农村部优农中心、中科院地理所、中科院郑州果树研究所等多家科研院所建立了合作关系，技术力量雄厚，管理理念先进。公司基本建成了集精品水果引种试验、生产示范、产教结合、旅游观光、休闲娱乐为一体的新品种、新技术、新成果应用与推广的科技型示范园。

3. 不断延长产业链，拓宽农民增收渠道

嘉源公司立足自身优势，不断拉伸产业链，拓宽农民增收渠道，走循环经济之路，丰富园区经营范围，目前主要涉及有多种精品水果，涉及桃、李、杏、樱桃、葡萄、苹果、石榴、核桃八大类20多个品种的精品水果，保证了园区每年从5月底至10月初均有精品鲜果供采食；有机杂粮包括黑麦、绿麦、玉米、大豆、薏米、金小米等；养殖的特色禽类包括芦花鸡、大雁、鹅等；精品果木及观赏花卉种苗繁育；设施工程；农业科技服务、观光旅游；餐饮住宿；休闲体验等多种经营模式，企业的发展符合现代科技农业的发展趋势，得到了社会的高度认可。

初冬时节，养生嘉源生态园内依然郁郁葱葱，生机盎然。垂柳拂岸、竹影摇曳的垂钓中心；郁郁葱葱的桃林；正在修建的休闲养生会所⋯⋯处处一派生机景象。2012年前，这里还是一个荒草丛生、名不见经传的山窝子。以前的荒草长得比人都高，并且人烟稀少，没有一丝生机。如今，生态园内一年四季都是风景：春天欣赏满园桃花，夏天品尝西瓜美味，秋天体会采摘乐趣，冬天享受温暖阳光。每逢周末，不少城里人都会拖家带口，前来休闲垂钓，在快乐中感受大自然的清新。受益的不仅仅是投资项目和城里人，还有当地农户。"养生嘉源"项目落户后，推动了区域传统农业的升级，促进了当地农民转型。许多世代靠地吃饭的传统农民，已转身成为农业产业工人，月月都有固定收入，共享发展新成果。通过"养生嘉源"的项目，嘉源公司迅速成为当地农业产业化龙头企业，带动了农民专业合作组织的发展，提升了现代农业的支撑能力。今后嘉源公司还将通过龙头引领、示范带动市区及周边县市发展 30 家花卉种植农户，建立 20 万米^2 优质高产标准化的花卉种植基地，从而带动更多农村经济发展，让更多农民致富。嘉源公司的成功对于加快当地的农业结构调整，推动群众转变思想观念，带动农民发家致富，具有不可估量的重大意义（图 6-15、图 6-16、图 6-17、图 6-18）。

图 6-15　嘉源公司种植的桃树

图 6-16　养生嘉源公益相亲会现场

图 6-17 南山百米长卷书画活动现场

图 6-18 养生嘉源诗词大会现场

6.5 信阳市息县息半坡农业种植专业合作社案例

6.5.1 创业背景

息县息半坡农业种植专业合作社的创始人叫王金合，来自信阳市息县。他有好多个身份：共青团息县县委兼职副书记、河南省青年马克思主义者农村班学员、河南息半夏药业有限公司技术总监、息县息半坡农民专业合作社理事长……但是，他最喜欢的称呼，还是"息县返乡创业青年"（图6-19）。

2000年前后，是南下打工热潮，王金合的父母也选择到南方打工。当时，上小学二年级的王金合就被送去了姥姥家，成了一个名副其实的"留守儿童"。在姥姥家，他过得并不快乐。因为没有熟悉的小伙伴，所以他不喜欢陌生的学

图6-19 息县息半坡农业种植专业合作社社长王金合工作照

校；因为别的小朋友有父母在身边陪伴，所以他也不喜欢跟他们一起玩。其实或许不是不喜欢，而是内心的自卑和亲情的缺失。王金合这个人挺犟的，有段时间，他一度很排斥这样的留守生活，赌气不吃饭、不跟人交流，有时候还故意在外面惹事……直到有一天，他无意中看到外婆跟邻居聊天时在抹眼泪，外婆跟邻居说：金合这孩子有心事，爸爸妈妈不在身边，孩子跟着受苦了。当时王金合听到后心里特别不是滋味，就暗下决心，做个小男子汉，保护好这个家，不让外婆难过。他开始学会习惯孤独，学会融入，在外面受欺负了、想爸妈了，都憋住，夜晚在被窝里自己偷偷地流眼泪。第二天，擦干眼泪继续生活。渐渐地，他适应了这样的生活，学习也一直在进步，身边的小伙伴也越来越多，成了同学中的佼佼者。

到了暑假，父母把王金合接到了他们打工的地方。那一年，他第一次坐了火车，站在钢筋和混凝土构筑的现代化城市里，汽车飞快地穿梭、高楼大厦鳞次栉比，各种新鲜事物琳琅满目、应接不暇，就连城里人说话都是叽叽喳喳，听不懂。当时父母住的是个破旧的瓦房，条件简陋不说，还要交租金。爸爸找来了一个门板，铺

上废旧的纸箱和单子，就成了王金合睡觉的床，条件特别差。虽然很苦，但跟爸妈住在一起，这些好像都算不了什么，就觉得心里很踏实，特别幸福。当时王金合就在想，为啥那么多人到南方去挣钱，在家不行吗？我们老家有地，能种粮食，住自己的房子也不用交房租。从那时起，有一个想法在他幼小的心里生根发芽，那就是让爸妈和他一起回到老家，不去外面打工，在农村也能幸福地过一辈子。

时间过得很快，转眼到了2012年，王金合高中毕业了。高考过后面临选学校和专业时，他和家人发生了有生以来的第一次剧烈争吵。王金合的舅舅是一名医生，工作稳定。又因为他是全家第一个考上大学的，所以全家都想让他学医，但是他从小生活在农村，喜欢农业，就想选个农业学校。这可把家人气坏了，爸爸气得几天不跟他说话，妈妈又不舍得责备王金合，左右为难，全家人软硬兼施，轮番做工作，但他坚持自己的选择。最终家人还是扭不过王金合，只好妥协。他如愿以偿地来到信阳农林学院学习。

大学期间，王金合选择了自己喜欢的专业，他如鱼得水，每天都在体验学习带来的快乐，过得特别充实。那时候，学生需要顶着日头在实训基地干农活。每次都是大汗淋漓，浑身是土和泥巴，很多同学都不愿意去，王金合倒觉得实训基地是块"风水宝地"，他每天在那里干活，研究果树种植，学习农业生产技术，也肯吃苦卖力，在实践中不懂就问，老师也很爱帮助他、鼓励他，他成长进步很快。"志向立高远，学问做精细"。母校的校训，王金合一直牢记在心，也一直贯穿在他对待农业的态度上，不断激励着他，影响着他。

2015年，王金合以优秀毕业生的身份顺利毕业。由于在学校的出色表现，老师对他很是器重，给他介绍了一份年薪25万元的工作，但是要到离家比较远的大型企业。思考再三，他拒绝了。因为他热爱土地，喜爱农业，想回到家乡，耕耘和守护那片生他养他的土地，更想通过他学到的知识返乡创业，带领乡亲们挣到钱，让更多的人愿意留在农村，不再有留守儿童，把家乡建设得更美好。当他把这个决定告诉家人，不出意外的，家庭矛盾再次爆发。父母对他说："我们就是因为在家种地不挣钱才出去打工的,现在你大学毕业又回来种地,我们实在接受不了。"村里人说:"农产品那么便宜,东西卖给谁?谁要啊?"所有人都想不通,他为什么放着优厚的薪资条件不选,偏偏选择与土地为伴,这在全家人看来是"没出息",在村里人看来是"脑子里进水了"。一时间,王金合成了家人嘴里那个"不争气""不听话"的叛逆青年。但他骨子里就是有这股不服输的倔强,他拍着胸脯给爸妈保证:给我五年时间,我要证明给你们看,我要让家乡的土地长出金子来!看王金合如此坚定,爸妈再次妥协。这样,他开始义无反顾地走上了返乡创业的道路。

6.5.2 创业过程

大学生回村创业就好像摸着石头过河,光有想法和理论知识是行不通的。如何解决创业资金紧张的问题?怎样才能把学校所学的知识转到合作社的实际操作中?如何提高合作社的经济效益?合作社成立初期,要资金没资金,要土地没土地,特别难!王金合为了息县息半坡农业种植专业合作社的出路忙得焦头烂额。返乡创业的最初5年里,王金合吃过一般人没有吃过的苦,碰过同龄人没有碰过的壁,有心酸、有欢乐,个中滋味,只有他自己心里体味。创业刚起步的时候,他跑遍了全县所有的职能部门,农业农村局、林业和草原局、发改委……但是谁会信得过一个刚毕业的学生,几乎次次都是吃"闭门羹"(图6-20)。

最后,他想到了团组织,来到了息县团县委寻求帮助,得知他的来意,团县委负责人很热情地接待了他,并告诉他,信阳正在开展"千千亿"信阳青年创业就业扶持计划。于是,在团组织和其他职能部门的帮助和协调下,他顺利地与各个单位建立了联系,在母校信阳农林学院的帮助下,他获得了河南省大学生创业扶持资金5万元资助,帮他解了燃眉之急。在其他职能部门的协调下,他还贷到一部分款,正是靠着这些资金的支持,王金合在息县的创业才算正式起步(图6-21)。

创业之初,第一步是流转土地种桃树。这里有个小插曲:他所

图 6-20 王金合和省级科技特派员刘宁、岳建芝教授在合作社门店合影

流转的块地以前是他大伯的，大伯曾经种过梨树，后来因为销售不出去，就伐掉果树种了庄稼，现在他又要流转来种桃树，这在农村人的眼里，是不吉利的。他爸妈也是不同意，认为有过前车之鉴，就不应该再走这条路了。但是王金合坚信科学种植，加上现在的互联网营销，能让他继续走下去的。王金合很爱笑，有人说他笑起来很好看，很有感染力，所以，当别人再来劝他的时候，他就笑着对他们说：我学的就是农业，我相信我能做好（图 6-22）。

图 6-21 王金合工作照

果树刚种下没有产出，王金合就套种了西瓜、番茄、辣椒、土豆和白菜，一是有事干，二是提高土地利用率，还能收回些成本。当王金合的西瓜收获时，市场上的西瓜很廉价，2角钱左右，但是

图 6-22　息县息半坡农业种植专业合作社的桃树基地

品质很差，不好吃，和他精心养护的瓜差距很大。于是，王金合就做了一个很大胆的尝试，在他的西瓜上贴上了印有联系电话的标签，承诺瓜有质量问题免费更换。当年他的西瓜卖到了一元钱一斤，并且销售得很好。

都说好产品会说话，这话一点都不假。一直到现在，还有人打电话订西瓜。也正是这种尝试，让王金合更加坚定了他的发展理念，那就是不管做什么产品，首先保证品质，其次保证服务。看到王金合做农业有收益，身边的农户开始来问他，他也给农户讲种植技巧。后来，王金合干脆成立了农民专业合作社，带着乡亲们一起干。合作社名字叫"息县息半坡农业种植专业合作社"，这个名字来自当地的一句俗语，"有钱难买息县坡，一半米饭一半馍"。息县地理位置优越，不仅能种水稻，还能种小麦，这在全国都是绝无仅有的。所以，王金合就想着把息县的名气打出去，从俗语中取字"息半坡"并注册了这个品牌。"息半坡"就是通过合作社把农户联合起来，通过科学的技术方法让农户在种植上减成本，在销售上增产值，从而达到引领、带动、示范作用。

创办合作社遇到很多难题，除了资金之外，技术也是一个大难题。第一次进行种植的时候，合作社在息半坡种植了 1 000 棵桃树。但因为经验不足，造成了 30％的桃树死亡，这可把王金合急坏了。他带着如何提高息半坡桃树种植存活率的技术难题，重返信阳农林学院寻求老师的帮助。经过多方交流，园艺学院的范宏伟教授跟着王金合到息县息半坡进行实地考察，并结合息半坡的土壤条件和地势情况给他分析了哪些桃树适合在这里生存，还根据息县的实际状况帮助王金合挑选了适宜种植的桃树品种，品种问题终于解决了。还有一次，合作社的桃园生态基地遭受病虫害的大面积侵袭，王金合赶紧求助于母校的潘鹏亮老师，潘老师接到电话后立刻赶往桃园进行现场观察，找到虫害的"罪魁祸首"——桃粉蚜虫。潘老师不仅根据害虫的特点制定了灭虫方案，还制定了一系列防虫害措施，彻底解决了王金合心中的大难题。临走时，潘老师还将一同带来的果树图鉴等材料送给了王金合。"我太感谢老师们了，没有他们的技术帮扶，合作社就不会发展到现在的规模！"说到信阳农林学院的援助，王金合的声音里透着感激之情，"直到现在，我还和学院的老师们保持着密切的来往。遇到技术难题时，一个电话就能解决"。

经过多次的技术指导和产业帮扶，加上政府提供的贴息贷款等利好政策的支持，以及省级科技特派员刘宁和岳建芝等多位老师的指导，息半坡种植专业合作社的规模也在机遇和挑战中逐渐发展壮大起来（图 6-23）。

通过多年的努力和发展，在共青团组织的帮助和鼓励下，王金合还参加了"创青春"河南省大学生创业大赛并获得金奖，参加中国纺织类高校大学生创新创业大赛"旭日杯"全国总决赛并获得一等奖。一下子，王金合成了息县当地小有名气的青年致富带头人，也正因如此，经过团组织的推荐，他荣获 2019 年信阳市"青年五四奖章"。与此同时，在共青团改革的机缘下，他成为息县团县委兼职副书记，在带领乡亲致富的同时，引领和带动更多的青年伙伴高举团旗跟党走。

有很多人问过王金合，返乡创业这五年，累吗？是什么支撑你坚持下去呢？"累啊，怎么会不累。"王金合说。但是父母由原来的

图 6-23　省科技特派员刘宁来息半坡种植专业合作社进行科技服务的场景

不理解、不支持，到现在主动帮他管理基地，这一点让他特别自豪，而且他也感觉自己更有信心做好农业了。

　　前不久，县里组织新型农民培训班，他给母亲报了个名，让她去学习，本以为她会不愿意，没想到妈妈学完回来，主动跟他聊了很多。母亲说：别人很多技术都不如咱们，咱们做得虽然不大，但是做得绝对不差！儿子，爸妈为你骄傲！说完，母亲把她的毕业证拿给王金合看，高兴的样子像极了他当年拿到大学录取通知书的模样。当看到本子上母亲记下的歪歪扭扭的笔记时，王金合再也控制不住自己的情绪，抱着母亲放声大哭。要知道，返乡创业这些年，再苦再累他都没有掉过一滴眼泪，但是这一刻，他哭得很痛。因为他的母亲没有文化，小学都没有上几天，她的笔记字不多但是真的很认真，有些字妈妈根本不认识，都不知道她是怎么写完的。这一刻，王金合彻底明白，原来父母一次次的妥协，不是因为他说服了他们，而是因为爱他。所以，父母的理解、家人的支持，才是王金合不断前行的动力。

6.5.3　发展现状

　　在息半坡种植专业合作社，社员以土地、资金、技术等形式入股，合作社带动农户种植桃树、土豆、辣椒等，王金合充分结合本地的优势和合作社的新型种养模式——果树种植与土鸡的生态结合，养殖林下散养鸡，鸡可以除草，鸡粪又变成了有机肥料。在王金合的带领下，息半坡种植专业合作社的农民们还有了自己的电商品牌——"息半坡"，他们生产的大米、水果等农副产品都打上了"标签"，远销国内各个省份（图6-24、图6-25）。

图6-24　王金合在合作社基地养殖柴鸡

图6-25　息半坡合作社的主要产品

如今，合作社已经发展成为拥有社员 200 余户，托管流转土地 8 000 余亩，果树种植 300 余亩，中草药种植 3 000 亩，水稻种植 4 500 亩，水产养殖 200 亩的全县示范农业合作社，通过种植减成本，销售增加效益，每亩地的平均收益在 1 000 元以上，王金合正在带着乡亲们在致富的道路上越走越快。在 2021 年河南省"青马工程"的培训班上，他结识了很多正能量的年轻人，其中有一个利用抖音短视频帮助乡亲们销售农产品的驻村第一书记，他鼓励王金合利用好新媒体，会有大收获。下一步，王金合也要开启网络直播带货模式，搭上"互联网＋新时代"的快车，带着乡亲们和农产品，向着新生活的方向努力奔跑！

6.6　河南凤彩农业发展有限公司草莓种植案例

6.6.1　公司简介

河南凤彩农业发展公司（以下简称凤彩公司）成立于 2018 年，注册资本 1 000 万元，主导建设的商丘市级现代农业产业园——睢县数字草莓现代农业产业园位于商丘市睢县城关镇袁庄村 343 国道南侧，县城东环南环交叉口西南角，南距商登高速睢县东收费站 4 千米，东距阳新高速睢县收费站 7 千米，交通位置方便优越，核心区目前占地 520 余亩，带动周边农户发展草莓种植 3 000 亩。

公司定位于草莓产业数字化运营服务商，主营业务为草莓工厂化育苗与高山育苗、植物组培脱毒快繁、草莓果品标准化种植与销售、土壤肥料检测化验、立体无土栽培技术研发与推广、农业物联网水肥一体化技术研发与推广及草莓产业配套农业机器人等智慧农业技术装备研发与推广等。公司建设了全国领先的草莓三级育苗四级示范推广技术体系，在济源、嵩县、镇平等建设了种苗扩繁基地，年生产销售脱毒草莓原原种苗 30 万株，草莓原种苗 300 万株，草莓生产苗 800 万株，服务全国 2 万亩草莓果品种植基地（图 6 - 26）。

公司被认定为国家高新技术企业和国家科技型中小企业，建设

图 6-26　凤彩公司的草莓育苗大棚

了全国唯一由民营企业主导建设的省级草莓研发平台——河南省草莓新品种培育工程技术研究中心，自建有植物组培脱毒育苗实验室、土壤农化检测分析实验室和农残检测实验室，曾三次承办协办河南省无土栽培会议，协办第十一届全国植物组培、脱毒快繁与工厂化育苗新技术大会等行业会议，在草莓种苗培育和无土栽培技术方面技术水平处于国内草莓行业领先，与河南农业大学、中国农业大学等国内知名农业科研院校建立了合作关系，并挂牌产学研合作基地、教学实习实践基地、教授工作站。公司被授予睢县青年文明号、商丘市级现代农业产业园、商丘市现代农业科普园、商丘市级扶贫龙头企业、商丘市十佳带贫龙头企业、河南农业大学乡村振兴示范基地、河南省级扶贫龙头企业、河南省星创天地、河南省现代农业产业技术体系睢县草莓产业示范基地、河南省大宗蔬菜产业技术体系首席专家工作站、全国巾帼脱贫示范基地等荣誉称号。河南凤彩农业草莓产业农民田间学校每年接待上万人次来自河南、安徽、甘肃、新疆等全国各地的农民参观学习培训，已成为国内知名的现代农业综合培训基地（图 6-27）。

公司团队骨干曾参与发起成立郑州市草莓工程技术研究中心、商丘市草莓工程技术研究中心、河南省草莓协会、国家级众创空间河南浆果星创天地，团队多人被推荐当选省市级团代表、青年岗位能手、劳动模范。公司团队在草莓果品生产技术创新上，研发了草莓洁净化、标准化、绿色生态栽培技术、盐碱地区草莓高产栽培技

图 6-27　凤彩公司的草莓立体无土栽培大棚

术、草莓极早熟栽培技术、草莓立体无土栽培技术、草莓高糖富硒栽培技术等成套栽培技术体系。团队通过运用土壤改良技术，调控营养液配方、植株长势、设施环境等生长因子来精准调控草莓品质，为中原地区盐碱地区克服水土不利条件，变劣势为优势，生产绿色富硒高糖好风味的高品质草莓，打造地理标志农产品和区域公用农产品品牌提供科技支持，近年已筛选出天仙醉、隋珠、越秀、大叶宁玉、久香等适宜河南省气候与土壤条件的草莓新品种十余个，并通过冷藏育苗、高山育苗技术，实现让草莓提前花芽分化，极早熟上市，使得草莓最早上市时间可提早到十月下旬，比传统种植方式早上市近两个月。公司草莓采用进口荷兰熊蜂授粉，通过国家绿色食品 A 级认证，多次荣获各级草莓大会擂台赛金奖，入选河南省知名农产品品牌（图 6-28）。

　　近年，凤彩公司草莓研发团队在草莓新品种引进、筛选、创新方面，引进欧美系、日韩系和国内草莓种质资源 120 多个，开展实生选种、杂交育种、诱变育种、单倍体育种、分子生物技术育种等耐盐碱草莓育种工作，尤其是在国内率先开展了种子繁殖型耐盐碱草莓新品种的选育工作。传统草莓品种基本都是通过匍匐茎繁殖的，容易出现病毒和病害的传染，繁殖效率低，不便于工厂化繁苗，繁苗用工量大，且新品种的知识产权很难保护，民间育种者动力不足，创新积极性不高，特别是国内已形成了拿来主义的传统，长期以来，国内主流草莓品种都是从国外引进，自主知识产权的优

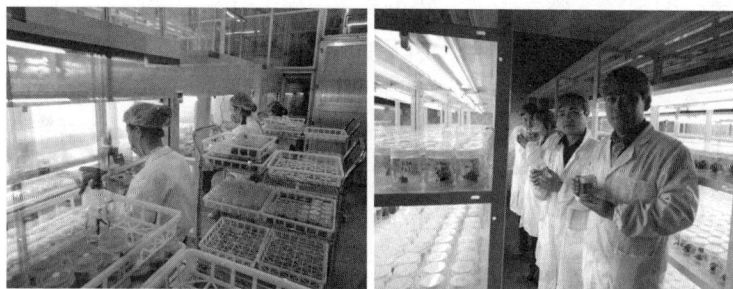

图 6 - 28　凤彩公司的草莓组培脱毒育苗实验室工作场景

良草莓品种很少，民间育种者少之又少，不利于激励创新。目前，国际上已有荷兰 ABZ 公司培育出了艾伦、加萨纳、德利兹等品种，日本三重县农业研究所培育出了千叶一号、四星等品种，韩国保护地园艺试验站培育出了西贝利等品种，均属于种子繁殖型品种，可直接使炭疽病和螨虫等病虫害减少 50% 以上，极大减少农药使用，更重要的是繁苗效率比传统露天匍匐茎繁殖提高了 5 000 倍，比大棚高架割芽扦插育苗提高了 40 倍以上，针对这项革命性技术，凤彩公司要做国内种子繁殖型草莓品种培育的开拓者（图 6 - 29）。

图 6 - 29　凤彩公司的土壤农化检测分析实验室

　　此外，凤彩草莓科研团队还针对草莓品种优异性状提升与河南农业大学紧密合作，做了大量科研工作。一是筛选抗红蜘蛛草莓品种。二是筛选多样色泽草莓品种，如红果、绿果、黄果、粉果、白果、黑果（深红色）。三是培育特异多味草莓品种，提高酯类、香味醇、沉香醇、橙花叔醇、青叶醛、Y-癸内酯、呋喃类物质成分的含量，让草莓又甜又香。四是选育功能性草莓品种，如高 VC、高叶酸、高鞣花酸、富硒富锶等。五是引进培育家庭园艺和市政绿化用观赏性草莓品种，如玫瑰红、粉红、鲜红、白色、黄色等花色草莓。六是挖掘中国野生草莓种质资源库，培育远缘杂交草莓品种，如日本已利用中国野生黄毛草莓培育出桃薰等 10 倍体抗病草莓品种（图 6-30）。

图 6-30　凤彩公司获得国家绿色食品证书

河南凤彩农业数字草莓现代农业产业园 2021 年产值达 2 200多万元，其中草莓种苗业务占比 60%、草莓果品占比 10%、草莓产业配套智慧农业装备产品与工程业务占比 30%，实现净利 350多万元。截至目前，公司总资产 4 200 多万元，净资产 2 890 多万元。2021 年生产销售脱毒草莓原原种苗 30 万株，草莓原种苗 300万株，草莓生产苗 800 万株，服务全国 2 万亩草莓果品种植基地（图 6-31）。

公司负责人王智豪大学毕业于河南农业大学经管学院，作为河南省草莓产业领军人物，创业十年来致力于带领团队解决普通农户"干不了、干不好、干了不划算"的产业共性技术难题，搭建河南省草莓产业发展"四梁八柱"，带领创业团队围绕河南省草莓产业

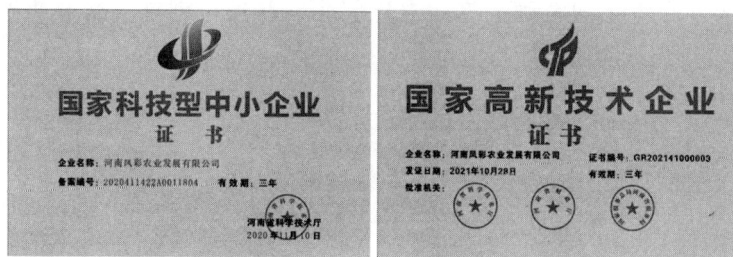

图 6-31　公司被认定为国家高新技术企业和国家科技型中小企业

发展的瓶颈问题最早建设了可以产业化的草莓组培脱毒育苗实验室，在国内最早开展冷藏促早栽培育苗技术研究，是河南省最早开展草莓高山育苗的企业，并成为河南省最大的草莓育苗公司，育苗规模位于全国前五位。如今致力于带领河南省草莓产业在数字技术时代弯道超车实现跨越式发展，探索草莓产业共同富裕发展道路。

6.6.2　创业历程

作为一名来自贫困农村家庭的孩子，王智豪认为上大学不是为了逃离农村，而是应该用自身所学去振兴乡村。所以大学毕业后他一直奋斗在农村创业第一线，先后在信阳市大别山村担任过大学生村官，在民权、睢县等国家连片贫困县区通过数字技术改造传统草莓产业来参与国家脱贫攻坚和乡村振兴战略。

王智豪十年的创业历程可以用"筚路蓝缕，创业艰辛百战多"来形容，最艰难的时刻连五元钱都没有，依然坚持资助农村失学儿童，依然在为解决农户农产品滞销问题奔波。他觉得奋斗的青春最美丽，以自己的实干取得了比大多同龄人更为出彩的成绩。

王智豪 2016 年获"创青春"河南省大学生创业大赛创业实践挑战赛特等奖（国赛铜奖）；2018 年，获中国"互联网＋"大学生创新创业大赛河南赛区选拔赛一等奖（国赛铜奖）；2019 年获得"河南省农村青年致富带头人"荣誉称号，入选 2019 年全国大学生创新创业年度人物，并当选联合国开发计划署第二届亚太青年论坛代表；2021 年 9 月凭借《数字技术赋能草莓产业转型升级》项目荣获河南省高素质农民创业创新大赛成长组一等奖（第一名），并代表河南省参加全国第五届农村创业创新项目创意大赛总决赛。2022年入选河南省级特色产业科技特派员专家服务团；4月入选共青团中央2022年全国青年马克思主义者培养工程农村班培养对象。2022年5月荣获河南省五一劳动奖章，入选商丘市人才支持计划——商丘市首届科技创新创业十大领军人才，7月入选中原英才计划——中原科技创业领军人才候选人名单，并被聘为河南省大众创业导师（图6-32）。

图6-32　王智豪获得全省创业创新大赛一等奖和河南省五一劳动奖章

十年来他走遍了全国的草莓主产区，发现草莓作为水果皇后，消费群体主要为年轻女士和儿童，市场潜力很大，普通农户种草莓亩棚收入3万～5万元不成问题，于是他决定把草莓产业作为参与乡村振兴的突破口。但与此同时，王智豪又发现在草莓生产端还存在两个突出问题：一是生产管理劳动强度大，农业社会化服务缺失，存在未来草莓怎么种的问题；二是从业者老龄化突出，草莓工人平均年龄在64岁以上，存在未来草莓谁来种的问题。在草莓销售端，供应链缺失，食品安全信任危机，还存在未来草莓怎么卖的问题。

国家政策层面多次提出"要加快推动农业数字化转型，加快发展特色高效数字农业"，这为王智豪解决草莓产业新形势下"难种、难卖、难吃"三大难题指引了创新创业方向（图6-33）。

图6-33 凤彩公司草莓产业园区内员工工作的场景

凤彩公司定位于草莓产业数字化运营服务商，致力于用物联网、大数据、人工智能等数字技术解决草莓产业扶贫基地和现代农业产业园管理运营难题。

6.6.3 发展思路

如何让数字技术装备成为新时代新莓农的新农具？如何通过数字技术破解草莓产业"散弱小"的问题？如何通过数字技术改变传统农民"脏、累、穷"形象，吸引"80后""90后"新生代农民从事草莓产业实现共同富裕？成为近年王智豪经常思考和努力破解的核心命题，也是未来草莓产业持续健康发展的关键所在。

王智豪带领团队探索出了草莓产业的数字化转型路径。

一是打造数字化草莓生产体系。核心在于构建由专家经验和人工智能相结合的草莓生长数字模型，实现植保、温控和水肥等技术复杂环节的半托管，让草莓生产实现"傻瓜式"智能决策与管理。

二是打造数字化草莓营销体系。核心在于采用人工智能技术建立草莓目标客户群体消费行为分析模型，并用区块链技术打造以社区支持农业（CSA）和食品安全参与式保障（PGS）两大体系为核心的私域社群电商销售平台，通过将多渠道的潜在客户、市场订单、供应链等环节集成在智能化营销平台上，实现草莓的高效精准数字化营销，构建"三位一体"的生产、购销与信用合作体系，让生产者与消费者共享草莓优质优价的红利。具体措施如下。

措施一，组团队、聘专家、搭平台。

王智豪组建了由 28 名大学生组成的数字草莓创业团队，并与中国农业大学、河南农业大学等科研院校建立了紧密的合作关系，聘请了河南农业大学吴一平、王吉庆教授等省内外知名农业专家作为公司顾问，并通过搭建乡村振兴讲习所平台来解决技术推广"最后一公里"问题。

措施二，完善数字农业基础设施。

王智豪充分发挥自身技术优势，本着"为农解难题、不与农争利"的原则，围绕着草莓产业链的延链、提链和补链，在国内草莓行业内较早实施以下措施：一是建设了组培脱毒育苗实验室、土壤农化分析实验室；二是设计建造了草莓育苗和栽培专用新型智能温室大棚；三是建设了智慧农业技术装备研发基地，开展立体无土栽培、农业物联网和灌溉机器人、采摘机器人等轻简化省力化园区管理系统的研发；四是采用园区托管、辅助运营和共享经济等模式进行产品和服务的推广，解决智慧农业技术装备推广难问题（图 6-34）。

图 6-34 凤彩公司先进的物联网控制系统

除此之外还计划借助农业装备产品的推广转型为物联网公司，积累草莓产业大数据，进而向互联网公司转型，成为国内领先的草莓产业数字化运营服务商。

措施三，探索草莓产业共赢制发展模式。

凤彩公司致力于用数字农业技术打造"农业生产合伙人＋数字

化托管运营公司＋销售合伙人"构成的农业产业化联合体,搭建草莓产业共赢制发展平台,破解草莓生产的非标难题和供应链难题。让草莓生产决策科学精准,让草莓生产管理轻松省力,让草莓销售优质优价,实现草莓产业高质量发展。

6.6.4　发展成效

凤彩公司被认定为国家高新技术企业和科技型中小企业,申请创建了河南省草莓新品种培育工程技术研究中心,引进筛选适栽草莓新品种 120 多个,围绕草莓产业链申请专利 12 个,草莓果品通过了绿色食品 A 级认证,并多次荣获各级草莓擂台赛金奖。每年还利用河南省农广校草莓产业农民田间学校接待安徽、甘肃、新疆等全国各地草莓培训班 8 000 多人次(图 6-35)。

图 6-35　凤彩公司和河南农业大学共建产业振兴示范基地

经过这些年的打造,凤彩公司主导建设的睢县草莓现代农业产业园由刚开始的不足 30 亩小基地,发展成为占地 520 余亩的综合性示范园区,已初步建成中原地区草莓产业研发与服务中心。此外,公司还积极投身产业扶贫和乡村振兴战略,通过入股分红和发放租金等形式累计带贫 1 642 户、4 398 人,被评为河南省扶贫龙头企业、全国巾帼脱贫示范基地。

谈到自身成长和公司的发展,王智豪觉得离不开党和政府各级领导的关怀以及社会各界的支持,离不开母校河南农业大学老师的关爱与指导。

未来五年,凤彩公司将加大对草莓产业数字化技术的研发投入与推广力度,全力打造国家级草莓现代农业产业园,成为全国知名的草莓产业数字化运营服务商。帮助产业园的莓农实现亩产值超 6 万元，带动新生代莓农家庭实现家庭年收超 20 万元，更好地助力乡村振兴，实现共同富裕。

用数字技术赋能草莓产业转型升级，王智豪的梦想是，让天下没有难种的草莓，让天下没有难卖的草莓，让天下没有难吃的草莓！

6.7 兰考坤禾农业开发有限公司"云瓜园"西瓜、甜瓜产业发展典型案例

6.7.1 公司概况

兰考坤禾农业开发有限公司（以下简称坤禾公司）是一家西瓜、甜瓜优质种苗繁育、订单种植、标准化技术服务、西瓜和甜瓜贸易为一体的现代化农业科技公司。企业拥有十年西瓜和甜瓜规模化种植的经验和技术，在河南兰考、山东菏泽、内蒙古巴彦淖尔、商丘睢县等多地建设核心生产基地，周年种植面积 1 200 亩。目前与百果园、盒马鲜生、联想佳沃、鑫荣懋、长沙绿叶、重庆果琳、浙江雨露空间等国内知名渠道商常年合作，产品通过 SGS260 项零农残检测，旗下的"云瓜园"品牌礼品西瓜、甜瓜广受好评，多次被中央广播电视总台、新华社、《光明日报》等媒体采访报道。企业秉承"科技富民，产业兴农"的发展理念，立志成为国内最专业的西瓜和甜瓜全域品牌供应商。公司负责人杨超飞已经在西瓜、甜瓜种植领域摸爬滚打多年。通过努力，杨超飞和团队的西瓜和甜瓜产业不到两年就发展到近万亩，带动全县数万农民参与产业发展中。如今，兰考县东坝头乡张庄村建有蜜瓜产业标准化示范基地 400 亩，产品远销北京、广州、上海等地（图 6 - 36）。

将论文写在祖国大地上，不辜负瓜农的信任和期待，是坤禾公司一直以来的坚守。作为开封市扶贫龙头企业，坤禾公司在通过"公司＋合作社＋家庭农场"的产业扶贫方式，带动了 300 余户贫困户脱贫增收。乡村振兴，举国大计。坤禾公司创建的"西瓜、甜瓜产业孵化平台"带动 30 余名涉农高校毕业生就业，直接和间接带动瓜农增收 5 000 万元。

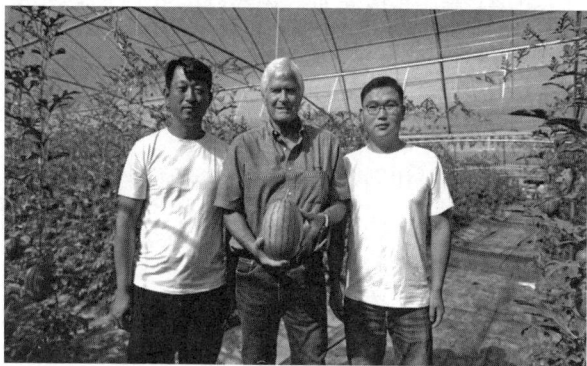

图 6-36 接待美国农场主

6.7.2 创业过程

第一，梦起农大，小试牛刀。

2009 年杨超飞步入大学校园，在河南农业大学度过了 6 年时光，以优异成绩完成了本科和硕士学业。"明德自强，求是力行。"大学校训在杨超飞脑海里留下了金色的烙印。2017 年 9 月，杨超飞毅然投身农业实践——扎根张庄村发展西瓜、甜瓜产业，"云瓜园"随之诞生。杨超飞开创的基于产销精准对接的西瓜、甜瓜订单反向供应体系，服务全国高端水果连锁渠道，如今已具规模。

2009 年，杨超飞报大学志愿时，受家庭的影响将所有志愿都填写成农大，最终被河南农业大学农林经济管理专业录取。他至今还记得本科开学第一课的场景，"自创校开始，农大人就辛勤耕耘于中原沃野，与大地最为亲近，孕化出大地般的浩然明明之德。"自此，投身农业的种子在他心里开始萌发。

在他读大一时，在参观学校的创新创业中心，聆听学长们的创业故事后，杨超飞内心深受触动。当时正是全国创业创新最火热的时候，草根创业者数量增加迅速。创业，令每一个有理想有抱负的有志青年神往，既有经济上的自由，更有对未来寄托。大学期间这种最初的想法，潜移默化地为杨超飞种下了创业的种子。

大二期间，在合作社课程学习中，杨超飞结识了学院的社会实践单位——南阳社旗小杂粮产业合作联社，并与合作社负责人一起在郑州创办了"南阳土特产"专卖店。开业第一个月临近中秋节，由于忙着发货，杨超飞没有睡过一个囫囵觉，虽然赚到了人生第一桶金，但也在一定程度上荒废了学业。经过学院辅导员的谈话，杨超飞开始懂得平衡学习和创业的关系，学院创业导师从最基本的工商登记开始，指导杨超飞如何经营一家企业，杨超飞的农业创业梦想也是从那时起逐渐丰满起来。

两年的开店的经历磨炼了杨超飞的心性，更让杨超飞认识到创业实在不是什么轻松的事，存在着很大风险和失败的概率。基于这种认识，杨超飞收拾心情重新回到学校，对自己要求更加严格，系统性学习理论知识，不断提升自己的专业技能。大学期间，他经常邀请同学搞头脑风暴，认真参与学校组织的创业大赛，一次次高强度的比赛提升了杨超飞的创业认知水平，锻炼了表达能力。杨超飞认识到，人生的第一桶金不光只有金钱，还有经验和认知，年轻人要多付出，才能有更多收获！

2012年，大学三年级的杨超飞，接到学院赵翠萍教授的电话，希望暑假能与课题组一起到贵州毕节做烟草合作社调研。本科和研究生期间，杨超飞跟随赵老师深入贵州省毕节市的七县一区进行烟草合作社调研。睡过烟站地板，喝过雨水煮的野菜米粥，遭遇过泥石流，经历了云南昭通鲁甸地震……这些经历让杨超飞更加深刻地认识到发展农业产业的不易。

调研中，杨超飞经常思考烟草农业与其他农业的差别，烟草的订单农业模式是否可以为其他农业的发展提供借鉴？他逐步认识到，作为国家计划经济的最后一块砖，烟草农业的订单模式有效提升了生产效率，保证了烟叶品质，每年为国家创造大量的税收。但除了烟草之外的其他订单农业发展却一波三折，根本问题在于农产品定价权的缺失，没有终端定价权，生产体系便不稳固。作为农林经济管理专业的学生，如何将论文写在大地上，写在农民增收上，解决农民种什么，生产环节如何管理，销售方面如何产销对接，是大学期间杨超飞思考最多的问题。

首次创业的勇敢尝试和在学校系统的学习、调研实践工作，让杨超飞对自己所学专业、对未来规划有了新的思考。2015年，研究生毕业后，杨超飞经过反复思考，瞄准了草莓高山育苗的市场空白，他们一起组建了来自河南农业大学经管、农学、园艺、资环、机电的明星创业团队，创建了河南省首家草莓高山育苗基地。

本以为掌握着核心技术，拥有了专业化的技术团队，他们就可以在草莓育苗行业大显身手，但残酷的现实还是颠覆了杨超飞的认知。由于团队都是初次创业的大学生，实践经验不足，公司发展没有清晰的目标，管理没有方法，生产环节问题层出不穷。团队组建之初没有认真考虑股权架构的问题，成员之间分工协作不畅，工作进展缓慢。杨超飞不到一年的时间就花光了之前所有的积蓄，负债累累，团队成员陆续离开，公司业务却没有丝毫起色。杨超飞既管理着基地，同时又对接销售，每天都像救火队长一样疲于奔命，忙碌且煎熬。

在这个过程中杨超飞逐渐清楚地认识到农业创业最大的成本是试错成本，尤其是种植环节。如果不能建立稳定的生产管理体系，便不可能有大的突破，必须走适度规模的差异化路线，既要种好，更要卖好（图6-37）。

图6-37　杨超飞在生产基地

第二，相遇同道，汗洒瓜园。

育苗项目失败了，杨超飞经历了从未有过的黑暗时刻，但是他并不气馁，一次偶然的邂逅，让杨超飞与现在的合伙人吴国军相识，对农业共同的认知让他们彼此有相见恨晚之感。

第一次见到吴国军是在开封，在吴国军的瓜园吃到的第一口瓜的味道让杨超飞记忆深刻，清爽甘甜，皮薄无渣，这是杨超飞的全部感受。当时杨超飞向吴国军询问，为什么你种的瓜这么好吃？老吴回答说："瓜，本来就应该是这个味道，不是我的瓜好吃，而是别人的瓜不好吃。"

吴国军是开封市连续三年的"瓜王"，十几年来只专心种瓜。拿到多家大型连锁渠道订单的吴国军需要更好的技术和更优秀的人才，吴国军的目光逐渐落在了杨超飞这个读过书、创过业、对农业情有独钟的学子身上。一个种瓜的初中生和一个学农业的研究生聊开了——从创业故事，聊到读博之后依然放不下的创业情结，从西瓜产业，聊到焦裕禄书记治理风沙的张庄，他们聊得十分投机（图6-38）。

图6-38　坤禾公司三个主要负责人合影

于是，就有了新的品牌——"云瓜园"。

2017 年成为吴国军的合伙人后，他们把第一个种植基地选在了张庄村，这是焦裕禄治理风沙率先取得成功的地方。经过半年的准备，他们根据各自优势进行合理分工，吴国军负责基地种植与管理，杨超飞负责对外品牌与销售。

2017 年他们在兰考县注册成立了兰考坤禾农业开发有限公司，公司成立之初就获得河南省最大果蔬贸易集团 300 万元的天使投资。

2014 年习近平总书记视察张庄，在村委会和党员干部共同谋划村集体的产业发展时，提出了必须因地制宜发展产业促进农民增收致富的重要指示。张庄村地处黄河滩区，上沙下淤的弱碱性土壤更适合瓜类生长。"云瓜园"作为兰考县重点招商引资的农业企业，在张庄村时刻都能感受到焦裕禄精神引领下迸发出的蓬勃干劲。

2017 年 7 月，坤禾公司和张庄村签订了 56 亩的土地流转合同，为带动全村农民通过种瓜脱贫致富，杨超飞和村干部一起挨家挨户走访寻找合作种植的农户，村民们都热情高涨。他们更是信心十足，但未曾料到从当年 8 月 28 日到 10 月 19 日，河南出现近 10 年来最严重的持续阴雨天气。连绵阴雨导致大棚积水，高温高湿的环境下瓜苗病害严重，膨果期没有光照，后期更是没有糖分积累，50 余亩大棚基本绝收。近百万元的投资直接打了水漂，但是他们还是按照合同约定及时支付了农户土地租金和工资。

2018 年春季，他们再次流转 200 亩土地，打算再次组织农户参与种植时，许多农民都对他们失去了信心。走在村头，经常会有农户劝他们别折腾了，这里之前都没有人种过瓜，再投下去还是亏。村民的质朴让杨超飞和吴国军有了更多的反思。他们稳扎稳打，先后走访了郑州、北京、上海几个大型批发市场，结合市场需求，认真调研后制定了新的种植计划。

在基地管理方面为提高农户参与积极性，采用"保底基本工资＋二次分红"的方式保障参与者利益，打消了农户顾虑。那时候团队只有三四个人，无论是田间生产整地、起垄，还是物资采购，包装设计、宣传方案，甚至后勤做饭的事杨超飞都只能亲力亲为。大年三十杨超飞和老吴还在地里忙碌，虽然劳累但看着满棚翠绿的瓜苗，浑身都充满了干劲，共同期待瓜上市能卖个好价钱。

种植之前就考察了全国市场，加上他们自有的销售渠道，理论上讲产品销售应该不是问题，但春季受极端倒春寒天气的影响，他们对产品上市时间预估不充分，前期没有做好预热与宣传，市场销售情况很不理想。那时候杨超飞每天凌晨赶到万邦批发市场盯销售、对接客户，下午回到基地组织采摘、发货，两个月的时间产品勉强销售完毕。基地生产方面商品率低，产品品质稳定性差，销售方面渠道没有打开，好的产品没有卖出相应的价格，总体算下来公司严重亏损。那段时间杨超飞一心扑在工作上，就连原定的结婚日期也一直往后推，婚礼前三天，杨超飞仍在广东、江南市场盯着卖瓜。回忆过去，杨超飞总说那段时间经常会在半夜醒来，压力大的喘不过气，但想到未来，就信心十足。

这次创业虽然做了充分的准备，但团队磨合不够，对基地生产和市场销售应对经验不足，还是付出了一些代价。做农业各个环节都存在风险，核心在于如何提前预判风险，进行合理规避，通过优化销售能力，真正做到以销定产。创业没有一帆风顺，任何战略目标的推进都需要有试错、总结、调整的过程，团队搭建好了，发展方向有了更清晰的的把控，事情才会越来越顺利。

6.7.3 经验教训

第一，企业塑魂，战略至上。

接下来的日子，他们不再考虑盲目扩大规模，而是将精力投入到提升生产标准化和团队人才培养方面。经过两年多的发展，坤禾公司形成了自己的标准化技术方案，组建了一支分工明确的团队，公司发展目标也越来越清晰。杨超飞和吴国军重新梳理了公司的发展战略：立足西瓜、甜瓜产业，布局全国基地，实现产品全年稳定供应，让"云瓜园"成为国内专业化的西瓜、甜瓜产业服务商。

负责销售工作的三年，杨超飞走访了国内大部分省（区、市）的批发市场和水果连锁企业，与 12 个省（区、市）的水果销售龙头企业建立了稳定的合作关系。通过渠道真实的销售数据反馈，全面了解市场对西瓜、甜瓜产品的需求。

产品销售方面，通过前期组织品鉴会，利用线上引流预热，对门店员工销售话术培训，制定销售政策激励，公司的产品逐渐成为各个水果连锁门店的爆款。近三年，"云瓜园"品牌系列产品平均给连锁门店贡献40%以上的单品毛利，过硬的产品品质和专业的服务能力使"云瓜园"赢得了诸多渠道的认可。依靠渠道精准的销售数据反馈，"云瓜园"建立了国内首个西瓜、甜瓜订单反向供应链，了解不同类型渠道对瓜的需求情况，提前签订销售协议，为渠道开展定制化生产，通过标准化技术方案稳定产品品质，确保稳定供应，进而实现基地和渠道的双赢（图6-39）。

图6-39 杨超飞在会上推销
云瓜园的产品

每个人都是社会群体的最小单位，一个群体要得到更好的发展，需要每一个成员贡献自己的力量，肩负起身上的责任。这个群体发展好了，作为其中的一分子，个人的幸福才能够得到保障。国家和民族复兴的责任肩负在每个华夏子孙身上，作为一名新时代的大学生，所学为何？在追求个人幸福的同时，应该为这个社会做些什么？正是带着对这些问题的思考，杨超飞找到了"云瓜园"快速发展的关键。杨超飞坚定地认为，企业要将自己的利益建立在服务好别人的基础上，为更多人创造价值，这才是可持续发展的不竭动力。

第二，团队发力，产路扩宽。

农业生产工作条件苦、压力大，大部分毕业生总觉得做生产很难有前途，不愿意到生产一线工作，招聘优秀的人才更是难上加难，创业之初杨超飞经常会有分身乏术的无奈。没有良好协作的团队，生产体系便不会稳定，一个公司未来的发展道路便走不长远。

在公司团队建设方面，杨超飞亲自负责人员招聘和培养工作，在这个过程中他的母校河南农业大学提供了切实有效的帮助。通过参加学校组织的招聘会、联合学院建设本科生实习基地、返校进行创业事迹分享。他们先后从农大招聘研究生2人、本科生6人，随后采用同样的方式在河南科技学院招聘了20余名涉农专业毕业生，这些专业人才逐步成长为公司骨干。

团队人才培养方面，他们强化理论学习的同时，提高每个参与者的动手能力和实际解决问题能力，按照日总结、周会议、月提升的方式，开展"云瓜园"知识小课堂，鼓励每个人上台讲述基地生产问题，共同探讨合理的改进方法。经过一年半的实践，核心团队完成了由技术负责人到生产合伙人转变，公司根据管理能力和个人投入情况，最高给予20%的生产奖励分红，优秀的员工当年工资就突破了10万元。

学校的支持帮助杨超飞解决了技术人才的问题，但是基地管理是一个复杂的过程，需要大量有经验的职业化农民，如何保证农民利益，让"公司＋农户"的合伙关系更加长久，成为团队思考的新问题。

在脱贫攻坚的大背景下，杨超飞和吴国军认真学习了国家扶贫政策，发挥企业在产业扶贫中的主导作用，强化"公司＋合作社＋家庭农场"的合作方式。通过产业带动更多专业化瓜农参与到生产环节，确保基地产品品质稳定。

2020年1月，公司启动"云瓜园创业者扶持计划"，吸引了数十位返乡农民工、家庭农场主、退役军人等新合伙人加入，公司负责全部生产物资投入，提供一对一的技术辅导，参与者只需按时保质保量完成生产工作，公司保底价格回收并进行销售利润的二次分红，来自登封、汝州、杞县、西安等地的数十名"创业者"加入公司，在公司专业团队的指导下，第一季喜获丰收，最多的一位半年时间净赚了15万元。随后，越来越多的职业化农民加入公司，他们严格按照公司的生产计划，和技术团队密切配合，构建了公司独有的"公司＋家庭农场"的生产体系，确保了品质，保障了产品的稳定供应。

6.7.4　发展成效

"天行健，君子以自强不息"。当今社会，企业家正是需要这种不可或缺的品质。创业并非一日之功，企业的战略包括项目的潜力，还要兼具扩张性。创业者的进取心往往表现在把准时机，善抓机遇，快速扩张。稳扎稳打固然没错，但是创业的本质表现在利用较短的时间，把企业的体量由小做大，这其中就必然有一个扩张和推进的过程。一个有深度思维的创业者往往能够较快地把握扩张的时机，一个有广度思维的创业者往往能够高效地发现需要扩张的地域和横向项目。

截至 2020 年 12 月，公司先后建设了河南兰考基地、河南睢县基地、山东东明基地、内蒙古巴彦淖尔基地、四川攀枝花基地、云南西双版纳基地，全年种植面积达到 1 200 亩，带动了 300 余户瓜农参与西瓜、甜瓜种植，实现了每年从 3 月份到 12 月份不间断地优质瓜类供应。公司投入大量研发费用用于筛选品种和标准化生产方案制定，从荷兰、以色列、美国、日本、韩国、泰国等几十个国家和地区引入了数千个优良品种，进行种植示范，和育种专家密切沟通，让渠道参与到品种的选择，从源头上做好品质管理。

在育苗环节，公司建立了完善的健壮种苗质量评价标准。在施肥环节，公司与河南省农科院进行战略合作，测土配方精准施肥，做到种地与养地相结合。植保环节，推广绿色防控技术，产品率先通过 SGS 264 项农残检测。品牌建设方面，"云瓜园"产品畅销国内主要水果连锁渠道，与阿里巴巴、网易严选、京东商城等渠道合作，积极推广"云瓜园"系列产品品牌，在中化集团熊猫指南农产品认证评选环节，他们的产品与褚橙等国内知名品牌共同荣获二星认证。

中央广播电视总台连续两年对公司进行报道，杨超飞和其团队的创业事迹被教育部、新华社、《光明日报》、河南电视台、《河南日报》等多家媒体宣传报道。

2018 年 7 月，"云瓜园"登陆阿里巴巴旗下的农业众筹平台，一个小时获得 200 多万元的项目股权融资，拉开了"云瓜园"走向全国的序幕。

2019 年公司承办兰考蜜瓜品牌论坛，邀请了农业农村部、河南省商务厅、河南省农业农村厅等领导专家与国内近百家水果渠道一起谋划兰考蜜瓜产业新方向。"云瓜园"妃红西瓜和青雨蜜瓜品质稳定，在国内率先通过 SGS 264 项零农残认证，在专业渠道的支持下，他们的产品畅销全国，走进千家万户。

2020 年 7 月，公司获得开封市龙头扶贫企业荣誉，2020 年 10 月，因积极推进兰考蜜瓜产业发展升级，公司获得河南省科技厅100 万元科研经费补贴。

2020 年 11 月，公司主导的睢县西瓜、甜瓜产业高质量发展规划获得全县认可，政府投资 2 000 万元在睢县建设高标准连栋大棚，打造全新的中原地区西瓜、甜瓜产业发展新高地。

作为一名连续创业者，杨超飞在回想创业旅途中谈道："这个过程痛并快乐着，细细品味那些过往的种种，感觉一切都是值得的。格局决定胸襟，一个有格局的人往往懂得什么是取舍，知道在什么时候需要放弃什么事情，这也是我在河南农大六年的学习中不断领悟到的宝贵理念。具体到一名创业者，就应该用成就他人的思想来帮助更多的人成功，帮助客户和伙伴成长成功，坚持利他精神，坚持长期主义，对员工真心，对合作方守信用，是合作最基础的基础，同时始终保持积极乐观的心态，因为创业是一种状态，更是一种人生态度。"

农业创业绝不是一朝一夕就有成就的，必须坚持长期主义，做时间的朋友，做难做的事情，做有门槛的事情，始终坚持价值创造，坚持利他精神，让更多的人因为你的存在生活更美好，这是才是杨超飞长期坚守的核心价值。"千淘万漉虽辛苦，吹尽黄沙始到金"。足够的付出，才能有相应的回报，相信杨超飞和他的"云瓜园"明天会越来越好。

7 培育新型小麦生产经营主体的主要对策

7.1 以供给侧结构性改革为契机，建设优质专用小麦生产基地

河南省一定要抓住农业供给侧结构性改革的历史机遇，彻底实现小麦生产的优质化和专用化，强筋和弱筋小麦分开生产、分开收购、分开贮存、分别加工。实现这一目标的基础是新型农业经营主体，通过利益引导和保障，确保新型经营主体选择生产专用小麦，并且获得相应的利益。因此建议：①将现在的种粮补贴的对象由一般农户调整为新型农业经营主体，或者区分二者之间的补贴标准，鼓励农户联合成立新型农业经营主体；②对优质专用小麦的生产实行专项补贴，如良种补贴、大型机械补贴、保险补贴等；③在全省小麦主产区进行规划，建立优质专用小麦生产基地，今后的农业综合开发项目向这些基地倾斜；④启动优质专用小麦生产先进县建设，对率先建设成大规模生产基地的县市进行表扬和奖励；⑤选派技术及管理人员入驻生产基地，进行现场指导，并帮助当地实现全方位发展。

7.2 以统筹城乡发展为目标，逐步减少传统农户的生产

农户分散生产，难以实现小麦生产的专用化和优质化，为了鼓励农户将土地流转出去，或者建立合作社等新型农业经营主体，使农户逐步淡出小麦生产，河南省应该充分利用国家统筹城乡发展的战略，进一步缩小城乡差别，实现城乡居民流动充分自由化。因此建议：①义务教育城镇化，农村儿童进城上学给予交通住宿等补贴，一方面，实现城乡优质教育资源的共享，另一方面，让一部分

农民进城生活，离开土地；②凡是将土地流转后进城居住就业的，购买住房应获得专项补贴，过去有家电下乡价格补贴，现在应该有农民进城住房补贴，农户也可以将自己的宅基地转化为城市建设用地；③农户进城后，可以通过土地、资本入股的方式，参与新型农业经营主体的经营和利益分配，维持与原有土地与农村之间的联系，并成为记住乡愁的载体。

7.3 加大对合作社和家庭农场的支持力度，使其尽快成为新型小麦生产经营主体中的主力

合作社和家庭农场是小麦生产的重要力量，是农业组织创新的基础源头之一，也是农业社会化服务的重要力量，更是适度规模经营的首选模式。发展壮大家庭农场和合作社，不仅提高了新型小麦生产经营主体的实力和素质，也为培育和打造大型的小麦产业化经营联合体打下了坚实基础。因此，政府可通过专家指导合作社制度建设和运营、示范社奖励、生产经营立项投资和贷款担保及贴息、农业保险费补贴、高标准农田建设、大中型农机具购置、晾晒烘干场地设备建设等，给予更多财政和政策性金融保险支持，减轻其资金压力，为其健康发展保驾护航。同时，通过政策性补贴等重点支持合作社和家庭农场规模化种植优质专用小麦和单收单运单储；实行小麦绿色清洁生产，参与"一控、两减、三基本"行动，尤其是化肥农药零增长行动，开展有机肥替代化肥试点，促进农业节本增效；农作物秸秆沼气化、饲料化、肥料化、食用菌基料化等综合利用，促进农业绿色高效和可持续发展。

7.4 做强面粉加工企业，使其真正成为新型小麦生产经营主体中的龙头

众所周知，二产比一产的利润高，但其投资额巨大、技术工艺复杂、产品市场多变、国内外竞争十分激烈。河南省虽然是粮食大省，但是"麦强面弱"的情况十分严重，亟待提升小麦加工业的整体水平，政府要重点支持日加工小麦 5 000 吨的大型面粉加工企业

做大做强，支持其进行技术更新、股份改造、品牌宣传等工作。加大对骨干面粉加工企业的资金支持，设立专项资金、政策性担保平台以及贷款风险资金补偿池等，引导面粉加工企业与小麦种植业尤其是规模化、良种化种植联姻，让龙头企业引领众多的小麦生产经营主体共同发展，在合作中加强联系、建立互信，引导企业让渡更多的利益给种植户，让企业和合作社、种植户结成牢不可分的利益共同体，从而加快推进"小麦产业化经营联合体"的建设与发展。

7.5 以三产融合为抓手，培育大型小麦产业化经营联合体，在全国确立河南省小麦强省的地位

面向以小麦为原料的面粉与食品的大型加工企业，或者企业联合体，出台优惠政策，鼓励它们建设自己的优质专用小麦生产基地，完全依据市场信号，引导小麦种植向优质、专用、区域性的规模化发展。根据国家的三产融合政策，在现有融合政策的基础上，针对面粉与食品企业，建立专项基金，支持这些企业建立基地，并针对新型农业经营主体实行订单收购。本文专门对永城市一家面粉企业进行了调查，其在生产基地建设方面取得了较好的经验。建议由农业农村厅牵头，成立全省面粉与食品加工企业的联合性组织，在不同小麦主产区，规划自己的生产基地，构建相互合作和竞争的市场机制，通过5~10年的发展，培育出3~5个全国性的优质专用小麦生产基地（豫北、豫东、豫南等），1~2个在全国处于龙头地位的面粉和食品加工企业，专用面粉实现对进口的替代，并打入国际高端市场，1~2个小麦食品品牌在国内处于垄断地位，促进河南省小麦大省向强省的转变。从以下两个方面培育小麦产业化经营联合体。

7.5.1 加大"小麦产业化经营联合体"的宣传，加强政府制度创新

鉴于目前农户对"小麦产业化经营联合体"不了解的现状，课题组建议河南省政府和地市政府层面加大支持力度，推动县级单位

加大对"小麦产业化经营联合体"的宣传,并且出台相关的文件。可以借鉴和推广方城、永城、新蔡经验,特别是方城县借供销社系统大力改革之机,由供销社牵头进行"小麦产业化经营联合体"的制度设计,创新出科学合理的利益分配方式,因为这关系到"小麦产业化经营联合体"能否长远健康发展。

7.5.2 以增加农民收入为核心,探索"小麦产业化经营联合体"

目前,河南省"小麦产业化经营联合体"模式很少,土地股份合作社、土地银行等还是空白,亟待以增加农民收入为核心探索更多的模式。这几年土地流转在河南省多地遭遇困境,究其原因,在于土地流转过程中没有充分考虑到农民的利益最大化,农民获得有限的租金之后,与土地的联系完全割裂,不再关心自己的土地,风险完全转嫁给租地之人。可以看到,方城的土地托管并没有流转土地,农户只是让渡了一部分的经营权,农产品的收益权仍在农户手里,所以托管方经营的是否用心,自然风险大不大,农户自然关心,因为这直接关系到农户的切身利益,于是在风险共担的基础上就容易达成利益共享的制度。土地股份合作社和土地银行等在许多发达地区很早就搞过,也很成功,但是在河南省成功案例很少,主要原因是没有围绕"农民利益最大化"想问题,农民除了土地租金,除了农业打工收入,还可以凭借土地有更多收入,如股份分红,怎能一租了之? 其实如果要想真正获得长久发展,"小麦产业化经营联合体"必须将农民的利益最大化放在首位,多渠道增加农民收入,才能经得起时间的考验。同时,河南省农业保险应该紧紧跟上新型小麦生产经营体系特别是小麦联合体的发展,为其提供更加优惠和优质的服务,真正解决规模化小麦生产经营者的后顾之忧。希望河南省能借鉴其他地方的成功经验,早日培育出土地股份合作社和土地银行等更多的成功典型和模式,促进河南省小麦新型生产经营主体的多元化发展。

8 结 论

通过课题组的研究，可以得到以下结论。

第一，今后一段时间内，新型农业经营主体是连接现代农业和小农户的有效中介和有效载体。培育新型小麦生产经营主体是小麦产业发展的重要条件，也是农业发展的重点。

第二，小麦产业化经营联合体作用巨大，是今后农业发展重要的发展趋势之一。除了主要依靠市场力量之外，还需要政府的大力支持。公司是引领联合体的龙头和核心，合作社是桥梁和纽带，家庭农场是种植主体和联合体的基础和根本。

参 考 文 献

曹海珍，2021. 雪川农业引领马铃薯农业产业化联合体阔步前行 [J]. 河北农业（2）：40-41.

陈博，2021. 农业产业化联合体发展分析 [J]. 农机使用与维修（5）：139-140.

陈春生，2007. 中国农户的演化逻辑与分类 [J]. 农业经济问题（11）：79-84.

陈定洋，2016. 供给侧改革视域下现代农业产业化联合体研究——产生机理、运行机制与实证分析 [J]. 科技进步与对策（13）：78-83.

陈晓华，2014. 大力培育新型农业经营主体——在中国农业经济学会年会上的致辞 [J]. 农业经济问题（1）：23-26.

陈雪琼，毕鹏，2021. 蔬菜产业化联合体发展模式探究 [J]. 南方农业（14）：115-117.

杜妮妮，唐春霞，2019. 定西市安定区肉羊产业化联合体发展模式研究 [J]. 畜牧兽医杂志（6）：23-24.

冯丽丽，贾宪威，许琳，2005. 龙头企业应是农村经济专业合作组织的参与者和引导者 [J]. 农村经济（4）：7-8.

姜长云，2014. 支持新型农业经营主体要有新思路 [J]. 中国发展观察（9）：64-65.

孔祥智，2014. 发展合作社与健全农业社会化服务体系 [J]. 中国农民合作社（3）：33-37.

兰勇，周孟亮，易朝辉，2015. 我国家庭农场金融支持研究 [J]. 农业技术经济（6）：68-72.

李丽荣，2021. 推广今麦郎、金沙河模式推进农业产业化联合体 [J]. 营销界（11）：196-198.

廖祖君，郭晓鸣，2015. 中国农业经营组织体系演变的逻辑与方向：一个产业链整合的分析框架 [J]. 中国农村经济（2）：13-21.

林毅夫，2000. 再论制度、技术与中国农业发展 [M]. 北京：北京大学出版社.

刘君，2011. 农民专业合作社发展中的利益协调问题研究——基于河南安阳、新郑、开封等 8 市的调研 [J]. 农业经济 (9)：62-64.

刘宁，2014. 关于许昌市农业社会化服务体系的研究 [J]. 技术与创新管理 (4)：57-62.

刘子江，2005. 试论化肥企业与农业院所共建新型肥料联合体的作用 [J]. 化肥工业 (2)：1-4.

芦千文，2017. 现代农业产业化联合体：组织创新逻辑与融合机制设计 [J]. 当代经济管理 (7)：38-44.

芦千文，张益，2017. 对现代农业产业化联合体发展的调查与思考——以安徽省宿州市为例 [J]. 农业经济与管理 (2)：24-31.

罗必良，2014. 中国农业经营制度——理论框架、变迁逻辑及案例解读 [M]. 北京：中国农业出版社.

罗必良，李勤玉，2014. 农业经营制度——制度底线、性质辨识与创新空间 [J]. 农业经济问题 (1)：16-17.

马庆岩，刘中才，2011. 葫芦岛市农业科技创新服务联合体探索研究 [J]. 科技传播 (22)：6.

宋安勇，2015. 新型农业社会化服务体系的新鲜血液 [M]. 北京：中国环境科学出版社.

宋瑛，2011. 农民专业合作社主导因素与规范找寻 [J]. 改革 (9)：27-34.

睢利萍，2013. 河南省农民专业合作社融资困境与破解途径 [J]. 农业经济 (6)：12-14.

孙正东，2015. 论现代农业产业化的联合机制 [J]. 学术界 (7)：153-160.

汤文华，2021. 土地租期、土地经营规模与农业产业化联合体成长绩效 [J]. 江西农业学报 (2)：121-129.

仝志辉，2015. 构建服务农户为主的农业社会化服务体系 [J]. 中国合作经济 (1)：42-45.

王国敏，翟坤周，2014. 确权赋能、结构优化与新型农业经营主体培育 [J]. 公共管理 (7)：150-159.

王景新，2005. 乡村新型合作经济组织崛起 [M]. 北京：中国经济出版社.

王志刚，于滨铜，2019. 农业产业化联合体概念内涵、组织边界与增效机制：安徽案例举证 [J]. 中国农村经济 (2)：60-81.

温铁军，2016. 中国农业如何从困境中突围 [N]. 中国经济时报，2016-02-05.

谢恩魁，王军，侯沛，2006. 产学研紧密结合的实践与探索 [J]. 中国农学通报（10）：533 - 536.

徐涛，赵敏娟，2016. 农业生产经营形式选择：规模、组织与效率［J］. 农业技术经济（2）：55 - 58.

徐志连，2015. 你中有我我中有你——安徽宿州构建现代农业产业联合体新实践［J］. 农林经济管理（8）：16 - 17.

禤燕庆，王斯烈，芦千文，2016. 农业产业化联合体是农村产业融合有效模式——安徽调查与思考［J］. 农林经济管理（7）：15 - 17.

杨海滨，邵战林，高雅，等，2021. 焉耆县辣椒产业化联合体发展研究［J］. 中国农机化学报（7）：229 - 236.

苑鹏，2011. 农民专业合作组织开展农业社会化服务具有独特的组织优势［J］. 中国合作经济（10）：66 - 68.

张凤池，2013. 河南农民专业合作社的发育现状、问题与对策［J］. 学术研讨（9）：102 - 103.

张红宇，李伟毅，2014. 新型农业经营主体——现状与发展［j］. 中国农民合作社（10）：48 - 50.

张开华，2005. 农民合作经济组织发展的国际比较及其启示［J］. 中南财经政法大学学报（2）：21 - 26.

张明权，徐志连，2013. 农业产业联合体释放乘法效应［J］. 农村经营管理（7）：39 - 40.

张笑寒，汤晓倩，2021. 农业产业化联合体参与主体的绿色生产行为研究——基于政府激励视角［J］. 农林经济管理学报（2）：187 - 198.

赵鲲，2016. 共享土地经营权：农业规模经营的有效实现形式［J］. 农业经济问题（8）：27 - 31.

郑定荣，2003. 重新构建农村经营新体制——农业产业化联合体问题探讨［J］. 广东经济月刊（10）：26 - 28.

郑风田，乔慧，2016. 农村一、二、三产业融合发展的机遇、挑战与方向［J］. 中国合作经济（1）：27 - 31.

钟真，涂圣伟，张照新，2021. 紧密型农业产业化利益联结机制的构建［J］. 改革（4）：107 - 121.

周立群，曹利群，2001. 农村经济组织形态的演变与创新——山东省莱阳市农业产业化调查报告［J］. 经济研究（1）：69 - 77.

周学勤，汪洋，2014. 产业联合体埆桥现代农业新引擎［J］. 农村工作通讯（12）：21 - 22.

附件：调查问卷

河南省小麦生产经营情况调查问卷

采访地点：_____县_____镇_____村

被访者姓名：_____

手机：_____

家中是否有人是村干部：□有□无

采访日期：_____调查员_____

一、受访者及其家庭基本情况

（一）基本信息

1. 性别：□男□女

2. 年龄：

□25 岁以下

□25～35 岁

□36～45 岁

□46～55 岁

□55～65 岁

□65 岁以上

3. 受教育程度：

□高中以下

□大中专

□本科以上

4. 目前您从事的工作类型（可以多选）：

□自己家务农

□农业打工

□非农业打工

□做生意

□混合

□其他_____

5. 如果您在企业、合作社、家庭农场和种粮大户等地方工作，您从事工作类型：

□企业家

□高管

□一般管理人员

□技术人员

□普通员工

□其他_____

6. 您的家庭人口数_____，其中务农人数为_____人

（二）家庭收入和消费情况

7. 您每年的家庭总收入是多少元？

□1 000 元（含）以下

□1 001～3 000 元

□3 001～5 000 元

□5 001～7 000 元

□7 001～10 000 元

□10 001～30 000 元

□30 001～50 000 元

□超过 50 000 元

8. 您家每年的农业收入为多少元？

□1 000 元（含）以下

□1 001～3 000 元

□3 001～5 000 元

□5 001～10 000 元

□10 001～30 000 元

□超过 30 000 元

9. 每年家庭用于日常吃穿的花费为多少元？

□1 000 元（含）以下

□1 001～3 000 元

□3 001～5 000 元

□5 001～10 000 元

□超过 10 000 元

（三）经营情况

10. 您目前经营的土地情况（共有亩数）？（多选）

□自家拥有土地_____亩

□租入土地_____亩

□互换经营_____亩

□合作经营_____亩

□租出土地_____亩

□其他_____亩

11. 每年一亩地花费的成本是多少元？

□0 元

□1～200 元

□201～500 元

□501～800 元

□801～1 000 元

□超过 1 000 元

12. 每年一亩地的纯收入是多少元？

□0 元

□1～200 元

□201～500 元

□501～800 元

□801～1 000 元

□超过 1 000 元

13. 近三年您家种植农作物的基本情况

年份	种植农作物品种	种植面积 （亩）	每年每亩成本 （元）	每年每亩纯收入 （元）
2014 年	小麦			
	玉米			
	其他			
2015 年	小麦			
	玉米			
	其他			
2016 年	小麦			
	玉米			
	其他			

二、河南省小麦生产经营体系情况认知和行为调查

1. 您是否了解小麦产业化经营联合体？

□非常了解

□比较了解

□一般了解

□听说过，但不清楚

□没有听说过

2. 您知道的小麦产业化经营联合体有哪些？（可以多选）

□合作社＋农户、家庭农场、大户

□公司＋农户、家庭农场、大户

□公司＋合作社＋农户、家庭农场、大户

□合作社联盟

□公司联盟

3. 您认为目前本村小麦生产经营的主要形式是什么？

□普通农户

□家庭农场（50 亩以上，至少有两个家庭劳力在农场）

□合作社

□种植大户

□龙头企业

□小麦产业化经营联合体

□村集体

□协会

□其他

4. 在农业生产中，下列哪种情况符合您的生产经营状况？

□普通农户

□家庭农场

□加入了合作社

□种植大户

□龙头企业

□小麦产业化经营联合体

□加入农业协会

□其他

5. 您对河南省小麦生产经营体系的现状评价如何？

□很好

□较好

□一般

□较差

□很差，十分堪忧

6. 您认为目前河南省小麦生产经营具备什么样的特点？（多选）

□个体农户的单独分散经营为主

□合作社、企业、大户等组织参与，形成规模化种植

□龙头企业缺乏或带动能力不强

□规模化经营应是促进小麦生产的主要形式

□其他

7. 您认为目前小麦生产经营中面临的困难有哪些？（多选）

☐土地流转或土地集中比较困难

☐农民从事农业的积极性不高

☐农业政策不够优惠

☐从事农业的劳动力数量不足且素质不高

☐缺乏规模化组织参与

☐种植成本高

☐市场风险和自然风险较大

☐小麦价格太低

☐利润分配不合理

☐其他

8. 当地是否有小麦产业化经营联合体？

☐很多（≥100 个）

☐较多（51～100 个）

☐一般（20～50 个）

☐较少（≤20 个）

☐无

9. 如果当地有小麦产业化经营联合体？您认为主要原因是什么？

☐彼此信任

☐合作氛围浓

☐政府大力支持

☐资金充足

☐能人多

☐农户素质高

☐社会化服务多

☐有好的利益共享制度

☐当地经济发达或落后

☐其他

10. 如果当地没有小麦产业化经营联合体？您认为主要原因是

什么？

　　□缺乏信任

　　□缺乏合作

　　□政府支持不够

　　□资金不够

　　□缺乏能人

　　□农户素质不高

　　□社会化服务少

　　□缺乏好的利益共享制度

　　□当地经济发达或落后

　　□其他

　　11. 如果您已经加入了某种小麦产业化经营联合体，您认为属于下列哪种联合体？

　　□合作社＋农户、家庭农场、大户

　　□公司＋农户、家庭农场、大户

　　□公司＋合作社＋农户、家庭农场、大户

　　□合作社联盟

　　□公司联盟

　　□其他

　　12. 如果您已经加入了某种小麦产业化经营联合体，您认为您得到了什么实惠？

　　□生产成本降低

　　□省工

　　□收入提高

　　□农产品销售价格提高

　　□创建品牌更容易

　　□要素更容易集约（土地规模化容易、融资容易、劳动力容易集中、农民企业家容易找到）

　　□与各方打交道的交易费用降低

　　□农产品品质有保证

☐其他

13. 您了解现有小麦产业化经营联合体的利益分配方式吗？

☐了解

☐知道一点，不全面

☐完全不了解

14. 您所知道的小麦产业化经营联合体利益分配方式包括哪些形式？（多选）

☐现金分配

☐股利分红

☐免费提供农机、植保等服务

☐提供无偿技术服务

☐农资价格降低

☐销售价格提高

☐前述方式的组合

☐其他

15. 如果您加入了某种小麦联合生产体，您希望小麦联合生产体的分配形式属于什么？

☐现金分配

☐股利分红

☐免费提供农机、植保等服务

☐提供无偿技术服务

☐农资价格降低

☐销售价格提高

☐前述方式的组合

☐其他

16. 若按照货币价值进行衡量，您希望每年能从小麦联合生产体中获得多高比例的总收益分成？（以小麦一年亩收入为基准）

☐5％以下

☐5％～10％

☐11％～20％

□21％～30％

□超过 30％

17. 如果您是小麦联合生产体的负责人，按照货币价值进行衡量，您希望每年总收益按照多大比例分给联合体内的成员？

□5％以下

□5％～10％

□11％～20％

□21％～30％

□超过 30％

18. 您认为现有小麦产业化经营联合体的利益分配如何？

□很好

□较好

□一般

□较差

□没好处

19. 您认为小麦产业化经营联合体的发展前景如何？

□很好

□较好

□一般

□较差

□没前途

20. 您认为当地土地流转容易吗？

□容易

□较容易

□一般

□较困难

□弄不成

21. 您认为当地土地规模化容易实现吗？（不管通过何种方式，例如土地流转、土地股份合作社、土地托管等方式）

□容易

☐较容易

☐一般

☐较困难

☐弄不成

22. 您经营的土地是以何种方式得到的?

☐自家

☐土地流转

☐土地股份合作社

☐土地托管

☐土地互换

☐混合

☐其他

23. 您是否参加了农业保险?

☐参加

☐没参加

24. 当地是否开展了农业保险?

☐有

☐无

☐不知道

25. 您是否愿意参加农业保险?

☐愿意

☐不愿意

☐无所谓

26. 您对当地的农业保险是否满意?

☐满意

☐不满意

☐不清楚

27. 您对当地的社会化服务是否满意?

☐满意

☐比较满意

□一般满意

□不太满意

□不满意

□说不清楚

□无所谓

28. 您对当地政府对农业的支持和服务是否满意？

□满意

□比较满意

□一般满意

□不太满意

□不满意

□说不清楚

□无所谓

29. 您对我国和当地的农业政策是否满意？

□满意

□比较满意

□一般满意

□不太满意

□不满意

□说不清楚

□无所谓

三、意愿调查

1. 您是否愿意加入某一类型的小麦产业化经营联合体？

□非常愿意

□一般

□不愿意

□说不清楚

□无所谓

2. 您愿意加入哪一种小麦产业化经营联合体？

□合作社＋农户、家庭农场、大户

□公司＋农户、家庭农场、大户

□公司＋合作社＋农户、家庭农场、大户

□合作社联盟

□公司联盟

3. 你最看好哪一种小麦产业化经营联合体的发展？

□合作社＋农户、家庭农场、大户

□公司＋农户、家庭农场、大户

□公司＋合作社＋农户、家庭农场、大户

□合作社联盟

□公司联盟

4. 如果您加入了小麦产业化经营联合体，您希望得到什么好处？

□生产成本降低

□农产品销售稳定、农产品价格合理

□创建品牌更容易

□要素更容易集约（土地规模化容易、融资容易、劳动力集中容易、新型农民更易找到等）

□与各方打交道的交易费用降低

□农产品品质有保证

□技术支持

□其他

5. 如果您不愿意加入小麦产业化经营联合体，原因是什么？（可以多选）

□对小麦产业化经营联合体不信任，不如自己种植省事，合作麻烦，交易费用过高

□自身的非农收入比较高，不重视小麦生产

□行为不自由，要受到生产联合体的制约

□认为联合体的利益分配机制不科学，自己可能无法得到应有的利益

□自身能力有限，认为无法达到生产联合体的标准

□其他原因

6. 您是否愿意继续种植小麦等传统粮食作物？

□愿意

□不愿意

□说不清楚

□无所谓

7. 愿意种小麦的原因？（多选）

□没其他门路

□省事简单

□风险小，收益稳定

□专用品种效益高

□规模大效益高

□其他

8. 如果您不愿意种植小麦等传统粮食作物，原因是什么？（多选）

□种粮成本过高，粮价过低，种粮不赚钱

□非农业收入比较高（如加工业、服务业等收入较高）

□高效优质农产品缺乏市场需求

□从事耕作的劳动力匮乏

□经济作物市场较好

□优质、专用小麦与一般小麦价格一样

□其他

9. 如果别人租用您的土地，您最低会以什么价格出租？（每亩价格）

□500 元以下

□500～800 元

□801～1 000 元

□1 001～1 200 元

□超过 1 200 元

10. 如果您租用别人的土地，您愿意给出的最高价格是多少？（每亩价格）

☐500 元以下

☐500～800 元

☐801～1 000 元

☐1 001～1 200 元

☐超过 1 200 元

11. 您希望当地建设小麦产业化经营联合体吗？

☐希望

☐不希望

☐不清楚

☐无所谓

12. 您认为当地可以建成小麦产业化经营联合体吗？

☐根本建不成

☐很难建成

☐有些难度

☐能建成

☐不知道

13. 您希望当地建设合作社、龙头企业等大型农业生产和加工组织吗？

☐希望

☐不希望

☐不清楚

☐无所谓

14. 如果当地已经建设有大型的农业组织（如龙头企业、合作社等），其对您的收入有什么影响？

☐促进收入的增加

☐减少了原来的收入

☐没有影响

☐不清楚

15. 您对河南省小麦生产体系的构建（尤其是粮食生产联合体的发展）有什么好的建议？

_____

_____

_____

_____

_____

后　记

　　本书历经五年完稿，得来非常不易，得到了众多领导、专家学者、亲朋好友和学生的支持，在此深表感谢！

　　河南省农业农村厅集体经济处周艳处长为本书提供了莫大支持。河南农业大学经管学院吴一平教授、唐华仓教授、刘向华教授、俞洋博士参与了课题组的调研，为本书的撰写提出了很多宝贵意见。其中，吴一平教授对本书第7章的对策研究、唐华仓教授对1.1小节（培育新型小麦生产经营主体的重要意义）、俞洋博士对3.4.5小节（参与意愿分析）的撰写提供了巨大支持，做出了重要贡献！尤其值得一提的是，河南农业大学乡村振兴研究院院长张锟教授百忙之中拨冗为本书撰写序言，非常感动！在此对提供支持的各位领导和专家表示最诚挚的谢意！

　　本课题调研过程中得到了以下单位的大力支持：滑县农业农村局、滑县焕永种植农民专业合作社、滑县阳虹家庭农场、长垣市融禾汇种植专业合作社方城组织部和供销社、永城市委和华星集团、新蔡县农业农村局和麦佳集团、南阳市社旗县金叶综合服务专业合作社、南阳社旗小杂粮产业合作联社、河南省嘉源农业发展有限公司、息县息半坡农业专业合作社等。

　　感谢课题组的郭炜、韩瑞、秦晴、季丽华、吴梦真、张彦杰、杨瑞、赵大卓、马利、王梅、汪曼曼等优秀本科生在海量繁杂数据的整理上给予的大力帮助！感谢课题组

后 记

的陟蕊、苏文雅、刘洋、岳怡歆、张婷婷、杨琳、毛琪华等硕士研究生在成书校对工作中给予的大力支持！

感恩真心关心我的亲爱的家人，父母、公婆、哥嫂、先生、两个可爱的孩子乐乐和悠悠，浓浓的亲情是我前进的不竭动力。

感谢各级领导对我工作上一直以来的殷殷嘱托和鼎力支持。

谢谢农业出版社编辑对书稿认真的编辑加工。

还有很多帮助过我的领导、亲朋和好友，篇幅关系，不再一一赘述，在此对所有曾经支持和帮助过我的人真诚地说一声：谢谢！

乡村振兴，舍我其谁！虽然科研工作任重而道远，但我愿将青春热血奉献给一直热爱的"三农"事业。本书是我人生中的第二本独著，吾将不辜负众人对我的帮助和期许，愈加努力，取得更多成绩！

刘 宁

2022 年 5 月 20 日

图书在版编目（CIP）数据

河南省培育新型小麦生产经营主体研究／刘宁著
. —北京：中国农业出版社，2022.9
ISBN 978-7-109-30161-0

Ⅰ.①河… Ⅱ.①刘… Ⅲ.①小麦－农业经营－研究
－河南 Ⅳ.①F326.11

中国版本图书馆 CIP 数据核字（2022）第 182976 号

中国农业出版社出版

地址：北京市朝阳区麦子店街 18 号楼
邮编：100125
责任编辑：姚　佳　　文字编辑：王佳欣
责任校对：刘丽香
印刷：中农印务有限公司
版次：2022 年 9 月第 1 版
印次：2022 年 9 月北京第 1 次印刷
发行：新华书店北京发行所
开本：880mm×1230mm　1/32
印张：8.25
字数：220 千字
定价：78.00 元